LE FRANÇAIS ET LES SIÈCLES

Du même auteur

Esquisse linguistique du TIKAR
Klincksieck, 1969

La langue MBUM de Nganha, phonologie, grammaire
SELAF-Klincksieck, 1970

Profil d'un parler arabe du Tchad
Geuthner, 1973

Le problème linguistique des prépositions
et la solution chinoise
Louvain, Peeters, 1975

La grammaire générative : réflexions critiques
PUF, 1976

La phonologie panchronique
PUF, 1978
(en collaboration avec A. Haudricourt)

Présentation d'une langue amérindienne :
le COMOX laamen (Colombie britannique)
Paris, Association d'Ethnolinguistique Amérindienne, 1981

La structure des langues
PUF, 1982 (2e éd. 1986)

La réforme des langues : histoire et avenir
Hambourg, Buske, 1983
(en collaboration avec I. Fodor)

L'homme de paroles : contribution linguistique
aux sciences humaines.
Fayard, 1985
(2e éd. 1987, Gallimard, Folio Essais)

La langue PALAU (Micronésie) :
une curiosité typologique
Munich, Fink, 1986

CLAUDE HAGÈGE

LE FRANÇAIS ET LES SIÈCLES

ÉDITIONS ODILE JACOB
15, rue Soufflot, Paris Ve

ISBN 2-7381-0015-5

Sommaire

Mes collègues et amis George W. Barlow, Andrée Dufour, Marie Gaudin, Nicole Gueunier, André Haudricourt et Alain Rey ont bien voulu relire le manuscrit de ce livre et me faire profiter de leurs suggestions. Qu'ils en soient ici remerciés.

C.H., *Paris, avril 1987.*

La double brèche

C'est en 1783 que le célèbre *Discours sur l'universalité de la langue française* valut à Rivarol le prix de l'Académie des sciences et lettres de Berlin. Cela fait deux cents ans, donc, ou quasiment. Le présent livre tire son sens, pour une part, de celui même que revêt la célébration (un peu tardive) de ce deuxième centenaire. Mais les temps ont changé. Aujourd'hui, il faudrait, selon bien des apparences, remplacer « française » par « anglaise » et « de l'Europe » par « du monde ». Et le texte de Berlin, ainsi ravaudé, constituerait le sujet d'un concours plus disputé encore que celui qui proposait aux contemporains de Rivarol cette triple interrogation :

« Qu'est-ce qui a fait de la langue française la langue universelle de l'Europe ?

Par où mérite-t-elle cette prérogative ?

Peut-on présumer qu'elle la conserve ? »

Il n'y aurait pas lieu de se demander pourquoi le français en particulier, plutôt que n'importe quelle autre langue, subit la domination de l'anglais si l'histoire n'était celle que l'on sait. A beaucoup, elle apparaît comme celle d'un détrônement. Mais quelle est exactement la situation ? Pour la voir dans son objectivité et pour l'interpréter, il est aussi nécessaire de renoncer aux facilités du sarcasme que de se déprendre des passions partisanes. C'est dans un esprit de vérité que l'on doit analyser l'attitude de ceux qui vivent la présente étape du destin de la langue française comme le temps tragique de la retraite. Retraite sous les coups qui ouvrent une double brèche. Car la vigueur du français serait entamée sur deux fronts. Le premier, interne, serait la langue elle-même, que l'on dit assaillie dans son vocabulaire, et même dans sa grammaire, par une marée d'américanismes menaçant de la submerger. Le deuxième front, externe, oppose l'anglais au français dans une lutte inégale pour la diffusion universelle, autrefois réalisée, répète-t-on, au profit du français, qui s'en trouve, aujourd'hui, évincé par l'anglais.

Est-ce un hasard si cette brèche est double ? Ne peut-on pas suggérer un lien logique entre les deux failles qui paraissent faire ainsi chanceler l'édifice du français ? Les gardiens sourcilleux des emplois les plus purs soulignent que les étrangers ont de moins en moins de raisons de s'attacher à une langue envahie de mots américains, une langue, écrivait naguère l'un des plus connus[1], « que tous les jours bafouent et ridiculisent notre grande presse, notre radio et nos affiches ». La vigilance défensive à l'égard des dérives du franglais apparaîtrait ainsi, pour la francophonie, comme un des moyens principaux d'une restauration.

C'est cette conception qui explique l'attachement de bien des puristes à la sauvegarde d'un certain état de langue immaculé. Ils ne veulent considérer que les périls redoutables qui menacent cette virginité. Or, pour un observateur serein, la défense du français contre l'offensive supposée de l'anglo-américain paraît avoir déjà produit quelques fruits. Il devrait donc sembler qu'elle le cède, en urgence, à l'effort de promotion mondiale de la langue : les épisodes les plus animés de la réaction puriste, et par exemple la campagne de R. Étiemble contre le franglais, appartiennent aux années soixante de ce siècle. Et pourtant, comme si l'on considérait que la résistance, quand l'issue, si peu que ce soit, en est heureuse, doit, d'une même haleine, se poursuivre et s'accroître, on s'enferme obstinément dans un vain combat de sauvegarde. On oublie, par là, qu'aujourd'hui, plus encore qu'aux temps fondateurs de J. Du Bellay, la « défense » ne se conçoit pas sans illustration.

Il y a plus. Les deux entreprises ont, certes, quelques rapports. Mais à trop les souligner, on se masque les différences d'enjeux. Si clairs que soient les liens entre l'emprunt de mots étrangers et la position sur le marché international des valeurs linguistiques, l'opposition est grande entre les stratégies de réponse, essentielle aussi entre les degrés d'urgence. L'emprunt est une donnée quasi permanente de la vie des langues ; cela ne signifie pas, certes, qu'une fatalité s'y attache, mais cela suppose que, même si une

---

1. R. Étiemble, *Questions de poétique comparée, I, Le babélien,* deuxième partie (1960-1961), Causes du phénomène, Paris, Centre de documentation universitaire, 1961, p. 59.

entreprise de régulation peut utilement le contenir dans certaines limites, la réaction qu'il suscite n'a pas lieu de mobiliser des forces qui s'emploieraient mieux dans d'autres engagements. A ceux-là un champ s'ouvre, en effet. Car une action est possible, si peu que l'on doive en attendre, pour favoriser une langue et améliorer sa position dans le monde. L'entreprise d'élargissement de la francophonie n'est pas totalement illusoire, même si elle est marquée de quelque artifice face à l'expansion de l'anglais, naturelle parce qu'inscrite dans un processus économique et politique.

Il se trouve que, dans ce genre d'entreprises, on voit le plus souvent s'engager non des linguistes de profession, mais des amateurs de la langue, qui ne l'ont cependant pas pour métier : tous ces utilisateurs sont épris d'une forme pure dont ils se veulent les dépositaires actifs, ou soucieux de restituer au français son prestige d'autrefois. Le linguiste, pour sa part, considère que la langue est l'objet d'un savoir théorique constitué et que, par conséquent, il n'est question que de l'interroger pour qu'elle livre les précieux enseignements requis par les sciences de l'homme, et non d'agir sur elle. Bien entendu, le linguiste francophone peut, en tant qu'écrivain, choisir dans ses travaux un français d'où sont écartés beaucoup de mots étrangers nettement identifiables. Il peut même souhaiter que le français jouisse derechef, un jour, du privilège de l'universalité. Mais dans l'exercice de son activité professionnelle, il n'est pas d'usage qu'il prenne parti, et encore moins qu'il manipule la matière par un engagement concret dans les processus d'évolution. Ce serait déroger. Il n'est ni un puriste, ni le garant d'une culture. N'attendez donc pas de lui des discours qui bannissent les emprunts à l'anglais, ni qu'il prenne part au combat pour la promotion du français.

A plus d'un titre, il peut sembler que l'auteur de ces lignes demeure ici docile à ce tabou de sa corporation. Car le présent livre, en scrutant le destin de la langue française, n'entend qu'examiner les positions et les entreprises, apparemment. Néanmoins, n'étant pas écrit par un puriste travaillé d'anxiété, il peut faire figure d'exception dans la lignée des travaux qu'a suscités, depuis le début de ce siècle et surtout depuis la fin de la Seconde Guerre, le débat sur le sort du français face à l'anglais dans la vie des nations. En choisissant de l'écrire, on consent à traiter un sujet qui, même à être exposé selon les transparences de l' « objectivité », demeure trop brûlant, implique trop de graves enjeux pour que des affinités n'apparaissent pas en quelques détours de chemin. On en accepte ici le risque. Car c'en est un grand, déjà, que de faire place aux humeurs des puristes, de commenter les entreprises des politiques et les actions des États pour la défense d'une langue particulière, lorsque l'on est non seulement un linguiste au sens défini plus haut, mais encore l'auteur de travaux typologiques où des langues diverses, interrogées chez elles sur des terres lointaines, sont tour à tour étudiées, sous forme de monographies ou de synthèses, pour les problèmes de linguistique générale qu'elles illustrent, et que chacune résout à sa façon[1]. Quoique le présent livre, assurément, réponde bien au désir de contribuer à un débat grave (et plus à la mode, peut-être, qu'il ne conviendrait), il n'est pas l'œuvre d'un polémiste de salon ni d'un arbitre mondain du bel usage, mais bien celle d'un linguiste de profession accoutumé à écrire, mieux, écrivant dans le même temps, des travaux de recherche sur le langage et les langues, où il étudie, à l'aide des instruments de la linguistique moderne, cette mystérieuse faculté de produire du sens avec des sons, qui est propre à notre espèce et lui donne une place si éminente.

Mais en fait, la sollicitude pour les langues ne se divise pas. Une même pulsion l'anime tout entière. En dehors des mobiles que révélerait un autre type d'élucidation, une « raison » a inspiré cet ouvrage. C'est l'amour des langues. L'intérêt pour les plus variées d'entre elles et l'intérêt pour le français sont aujourd'hui, en dépit de ce qu'on pourrait imaginer, tout à fait compatibles, et même peuvent se soutenir l'un l'autre. En effet, l'uniformisation des cultures est un danger pour les très nombreuses langues qui se parlent présentement dans le monde. Leur diversité est un des garants du dynamisme de l'espèce. On en prend conscience dès lors que l'on découvre la vanité des espérances universalistes dont se flatte ingénument une vieille idéologie pacifiste nourrie de bonne volonté plus que d'information. Or le français, on le verra, n'est pas mal placé pour offrir une autre chance que le nivellement linguistique et culturel dont les signes surgissent partout dans le monde contemporain. Car non seulement il est porté par une vocation puisée dans son

---

1. Cf. les travaux cités au début de cet ouvrage sous la rubrique « Du même auteur ».

passé, mais en outre, la menace qui pèse sur lui comme sur les autres langues efface les craintes d'aliénation qui empêcheraient de l'adopter ou de contribuer à le promouvoir. Parce qu'il offre un autre choix, il peut devenir une garantie. S'engager en faveur de son illustration, c'est moins le cultiver pour lui-même qu'accroître son pouvoir de diversion. Cet engagement, donc, si l'on veut bien y réfléchir en gommant les apparences, sert une cause universelle. Cette cause vaut d'être prise en considération, car la diversité des langues nourrit celle des civilisations et par là contribue à façonner les traits uniques qui définissent l'homme.

Tous ces points seront précisés dans le présent livre. Qu'il suffise ici d'ajouter que l'amour du français, si solidaire de la sollicitude envers tout autre idiome, est pour l'auteur de ces lignes celui de sa principale langue maternelle. La langue dans laquelle il écrit le plus volontiers, quand il peut la choisir plutôt que d'autres qu'il pratique. Celle qui, à travers tout ce qu'il a appris à nommer de ses mots, a construit sa personnalité d'enfant et d'adulte, et que cette personnalité elle-même s'est efforcée d'adapter à ses appétits d'expression gourmande. La langue française n'est pas un terroir. Elle est davantage, même, qu'une patrie. Non-lieu, ainsi que toute langue, elle est néanmoins, pour l'auteur, un champ de connivence intellectuelle et affective avec tous ceux qui, de par le monde, l'élisent pour support. Elle est la source, beaucoup plus que métaphorique, qui alimente son expression. Il s'est toujours fait une certaine idée du français. Nulle autre langue ne lui est plus propice, non que certaines ne lui soient également familières. Ce livre sur les destinées de la langue française à une étape délicate de sa carrière peut être reçu comme une manière d'hommage.

I

FRANRICAINEMENT VÔTRE

Le titre de cette première partie, appliquant ce qu'il annonce, dit d'emblée le propos. On choisit ici d'appeler *franricain,* d'où l'adverbe *franricainement,* la version contemporaine de ce qui fut, voici vingt ans, nommé le *franglais.* Il s'agit donc d'un français que les puristes déclarent pénétré d'anglicismes, ou, plus précisément, d'anglo-américanismes. *Franricainement vôtre* est du franricain. En effet, il s'est ajouté aux formules classiques de salutations propres au style épistolaire français, comme « veuillez agréer... », « je vous prie de croire à... », etc., une tournure décalquant celle de l'anglo-américain, et qui consiste à se dire dévoué au destinataire par l'emploi d'un adverbe suivi du pronom possessif de seconde personne polie : « sincèrement vôtre », « cordialement vôtre », « fidèlement vôtre », etc.

On rappelle d'abord ici la tradition défensive dans l'histoire du français. Puis on interroge la réalité de ce que les puristes considèrent comme une « invasion » du français par l'anglo-américain. On analyse ensuite les causes de cette situation, et enfin les réactions qu'elle suscite, ainsi que celles que l'on peut suggérer.

CHAPITRE I

Les « assauts » de l'extérieur et la tradition défensive dans l'histoire du français

L'histoire toute continue des représentations que l'on s'est faites d'une langue dessine le profil d'un État et des mentalités qu'il façonne. Presque aussitôt après les mesures qui font résolument du français la langue du roi, c'est-à-dire en pleine Renaissance, les lettrés se dressent contre la « menace » de l'italien. Mais avant de s'opposer aux idiomes étrangers, le souci d'une langue pure ayant vocation d'unité s'était, depuis fort longtemps déjà, manifesté à l'intérieur même du royaume. Ainsi, dès la fin du XIIe siècle, alors que le francien d'Île-de-France, ancêtre de la langue moderne, commençait de s'imposer en dehors de Paris, les cours puristes comme celle de Champagne ne ménageaient pas leurs sarcasmes aux trouvères écrivant et chantant dans leur parler maternel. De cela l'un d'eux, Conon de Béthune, se plaint amèrement[1].

Quoi qu'il en soit, lorsque l'italien, par un renversement de situation, se met à bénéficier, dans la seconde moitié du XVIe siècle, de l'engouement des modes, c'est une sorte de croisade que lancent contre lui les érudits. Henri Estienne, en particulier, dans une série d'ouvrages couronnée en 1579 par sa *Précellence du langage français*, raille l'italianisme des courtisans et s'efforce de démontrer la supériorité du français[2]. La vigilance ombrageuse des puristes s'en prend même, et continuera plus tard de s'en prendre, aux diverses pénétrations d'emprunts qui ont, assez naturellement, ponctué l'histoire des relations de la France avec ses voisins : emprunts allemands dès le XVe siècle, emprunts

---

1. Cf. A. François, *Histoire de la langue française cultivée des origines à nos jours,* Genève, A. Jullien, 1959, t. I, p. 93.

2. De même, le juriste Estienne Pasquier exalte le français au livre 8 de ses monumentales *Recherches de la France,* fondatrices d'une mémoire nationale.

espagnols au XVIIᵉ siècle. La réaction individuelle d'un
H. Estienne aux quelque quatre cent soixante termes[1] que le
français emprunte à l'italien fait apparemment oublier qu'au
même moment, ou presque, une centaine sont importés de
l'espagnol et environ cent cinquante pris au provençal[2]. Ces derniers sont probablement confondus, dans l'esprit des lettrés,
avec les apports italiens. Car en l'absence d'une réelle politique
de l'emprunt, les savants les plus compétents eux-mêmes sont
peu armés pour entreprendre une étude objective des mouvements du vocabulaire.

Cependant, un autre fait encore est remarquable. On ne semble pas se soucier du sort de l'anglo-saxon, qui a survécu, par
digestion et assimilation pure et simple, à la tempête autrement
violente qu'était pour son « intégrité » (dès lors que l'on adopte
le cadre de pensée sous-jacent ici) le « déferlement » du franco-
normand, consécutif à la conquête de l'Angleterre par Guil-
laume en 1066. Pas davantage ne s'indigne-t-on des humbles origines de la langue française, un « latin » en voie de restructuration croissante, dont nos docteurs auraient pu fustiger la bâtar-
dise, au lieu de la considérer comme « héritière d'une longue
tradition, la tradition gréco-latine qu'elle prolonge immédiatement et indéfiniment, sans rupture véritable, malgré ses fluctua-
tions[3] ». Une langue ainsi exaltée ne saurait, s'imagine-t-on,
demander trop de substance aux idiomes étrangers. Les défenseurs de l'intégrité du français n'ont pas la lucidité de J. Du Bellay, qui écrivait, pour sa part : « Ce n'est point chose vicieuse,
mais grandement louable : emprunter d'une langue étrangère les
sentences et les mots pour les approprier à la sienne[4]. »

La vigilance défensive donne-t-elle de meilleurs résultats que
l'abandon d'une langue à sa pente naturelle ? Si, aux diverses
étapes où l'on s'est efforcé de réduire les influences extérieures,
les usagers du français n'avaient été bridés par aucun contrôle,
rien n'indique qu'il en serait résulté une langue « mauvaise ».

---

1. Cf. T. E. Hope, *Lexical borrowing in the Romance languages,* New York,
New York University Press, 1971.
2. Cf. *ibid.*
3. A. François, *op. cit.,* p. XIII.
4. J. Du Bellay, *Défense et illustration de la langue française,* Paris, A. Ange-
lier, 1549, livre I, chap VIII ; cité d'après l'édition critique publiée par H. Cha-
mard, Paris, Librairie M. Didier, 1948, coll. « Société des textes français
modernes », p. 46-47.

Elle aurait pu être fort adéquate aux besoins de l'expression. Tout comme le fut justement celle qui a précédé le français proprement dit et qui, à l'orée de la Romania occidentale, achevait les dernières étapes d'une route suivie spontanément de haute date.

Au rejet puriste a dès longtemps répondu la tolérance envers l'emprunt. Avant que l'anglais ne commençât à devenir une source privilégiée d'apports, il se trouvait des esprits distingués pour souhaiter, à contre-courant du discours conservateur, un mouvement d'accueil. « Prenons de tous côtés ce qu'il nous faut pour rendre notre langue plus claire, plus précise, plus courte et plus harmonieuse [1] », écrivait Fénelon. Le penchant ombrageusement taxé d'anglomanie par les puristes remonte au moins au XVIIIe siècle. Le rythme des emprunts de vocabulaire se fait alors de plus en plus rapide. De 1650 à 1780, si l'on prend pour critère non pas le nombre absolu (l'anglais contient encore beaucoup plus de mots français que le français n'a de mots anglais), mais la courbe des pourcentages d'emprunts, on peut faire la constatation suivante : alors que ceux de l'anglais au français diminuent de 75 %, ceux du français à l'anglais augmentent de 200 % [2]. Pour ne citer que des cas assez connus, les dictionnaires historiques enregistrent *club, non-résistance* et *paddock* en 1710, *chester* et *flip* en 1720, *cricket, pickpocket, rosbif, toast* en 1730. Voltaire et Rousseau ne répugneront pas à se servir de mots anglais, comme *punch* et d'autres. Mais déjà, des voix se font entendre, qui dénoncent cet engouement : celles de Fougeret de Monbron, dans son *Préservatif contre l'anglomanie* (Paris, 1757), et de Saurin, dans son *Anglomane ou l'orpheline léguée* (Paris, 1765).

Certes, la polémique assez vive qui, depuis la fin du XVIIe siècle, dressait les uns contre les autres partisans et adversaires de la néologie semble se résoudre à l'avantage des premiers si l'on admet qu'après 1750, « la révolution néologique prend la Bastille académique [3] ». Mais ici, ce sont les créations *internes* qui

---

1. *Réflexions sur la grammaire, la rhétorique, la poétique et l'histoire (= Lettre à l'Académie)*, Paris, 1716, chap. III.

2. Cf. K. Gebhardt, « Gallizismen im Englischen, Anglizismen im Französischen : ein statistischer Vergleich », *Zeitschrift für Romanische Philologie*, no 91, 1975, p. 292-309.

3. J.-R. Armogathe, « Néologie et idéologie dans la langue française au XVIIIe siècle », *XVIIIe Siècle*, no 5, 1973, p. 22 (17-28).

sont envisagées, et non les emprunts aux langues étrangères. C'est de ces créations qu'il s'agit dans le discours sur l'*Autorité de l'usage,* dû au secrétaire de l'Académie, Marmontel (1785) : tous les jours, la langue, écrit-il, est « obligée de correspondre à des mœurs étrangères [...] ; tous les jours, l'historien, le poète, le philosophe se transplante dans des pays lointains [...] ; que deviendra-t-il si sa langue n'est pas cosmopolite comme lui, si elle n'a pas les analogues et les équivalents de celle des pays et des temps qu'elle fréquente[1] ? ». Ainsi, le français doit, certes, s'enrichir pour s'adapter aux besoins, mais il n'a pas lieu de le faire par l'emprunt. Cette attitude demeurera, sous la Révolution, celle du plus important des périodiques tenus pour arbitres du bon usage, le *Journal de la langue française* (1784-1795) de F.-U. Domergue, le « grammairien patriote ». Celui-ci, avant la Révolution, avait, dans sa recension du *Discours* de Rivarol, ouvertement pris le parti de la liberté condillacienne contre l'ordre des mots, qui est aussi l'ordre politique traditionnel[2]. Pourtant, il mena, dans le *Journal,* une longue campagne contre l'absorption incontrôlée de mots nouveaux. Il n'accepte que ceux qui font la preuve de leur utilité, et rejette ceux « que la raison désavoue ». Significative est son attitude vis-à-vis des emprunts à l'anglais : « On écrit *roman* sans *t* [...]. On dit *romance, romancier, romanesque, langue romane*; il me semble qu'on devrait dire *romanique.* Je croirais que *romantique* nous a été donné par une femme qui ne savait pas l'orthographe, si je ne savais pas qu'il nous vient du *romantic* des Anglais ; mais *romantic* signifie romanesque[3]. »

En dépit de cette vigilance, les mots anglais, voyageurs tout à fait indifférents aux mauvaises relations entre la France et l'Angleterre, ne cessent, dès le début du Consulat puis sous l'Empire, d'affluer en français, que ce dernier possède ou non des équivalents pour désigner les mêmes notions. On voit aussi s'accroître le nombre des anglicismes subreptices, sur racines

---

1. Cité par J.-R. Armogathe, *op. cit.*
2. Cf. C. Hagège, *L'homme de paroles,* Paris, Fayard, coll. « Le temps des sciences », 1985, p. 168-170 : on rappelle dans ce passage le rapport d'implication entre l'ordre politique et l'ordre des mots.
3. Cahier III, n° 13, 24 septembre 1791, p. 437 ; cité par F. Dougnac « Aspects de la néologie lexicale dans le *Journal de la langue française* (1784-1795) de F.-U. Domergue », *Linx* (Université Paris X), n° 7, 1982, p. 30 (7-53).

identiques mais ayant pris des sens différents dans les deux langues. Déjà les grammairiens vilipendent ces clandestins : à la date de 1810, on peut lire dans *L'hermite de la Chaussée-d'Antin* : « Si l'on veut absolument faire quelques emprunts à la langue anglaise, si riche des larcins qu'elle a faits à la nôtre, on peut essayer d'y naturaliser les mots *confortable, inoffensif, insignifiant* et quelques autres qui n'ont point d'équivalent en français ; mais rions de l'affectation ridicule de ceux qui " déclinent " une visite quand ils peuvent l'éluder, qui sont " désappointés " au lieu d'être trompés dans leur attente, qui se plaignent d'avoir les " esprits bas " quand ils sont tristes et maussades, et qui croient en parlant mal français nous donner la preuve qu'ils parlent anglais à merveille[1]. » Mais la vogue de l'anglais reçoit de précieuses cautions. On connaît l'anglomanie de Stendhal, dont *La vie d'Henri Brulard* (1890, écrit en 1835) accumule les mots d'emprunt purement et simplement insérés au milieu du texte français : « le grand drawback d'avoir de l'esprit ».

Les railleries de Musset n'empêcheront pas le mouvement de croître encore dans la seconde moitié du XIXᵉ siècle, et une partie de l'intelligentsia se reconnaîtra dans le *spleen* baudelairien comme dans le *dandysme*. En dépit de l'alliance franco-anglaise durant la guerre de Crimée, cet engouement pour les mots d'outre-Manche est la cible de certaines attaques, venues d'horizons divers : Béranger s'en gausse dans *Les boxeurs ou l'anglomane,* publié en 1855 ; la même année, l'académicien Viennet lit en séance publique de l'Institut une *Épître à Boileau sur les mots nouveaux,* dont l'indigence poétique accuse encore la charge polémique ; il s'écrie, par exemple :

« Certes de nos voisins l'alliance m'enchante ;
Mais leur langue à vrai dire est trop envahissante
Et jusque dans nos jeux, nous jette à tout propos
Les substantifs sifflants des Saxons et des Scots... »

A l'appui, il fustige *club, gentleman-rider, groom, handicap, sport, sportsman, steeple-chase, turf, truck, whist,* ainsi que les termes du vocabulaire des chemins de fer : *ballast, express, railway, tender, tunnel, wagon*[2]. L'histoire de la réaction défensive contre l'anglais à l'époque moderne, dont ces réquisitoires sont des

---

1. Tome I, p. 154-155. Voir aussi *Vie et langage,* nᵒ 113, août 1961, p. 404.
2. Cf. A. François, *op. cit.,* t. II, p. 298.

jalons parmi d'autres, serait trop longue à exposer dans son détail et ne correspond pas au dessein du présent livre[1]. Qu'il suffise de noter que la courbe des condamnations suit fidèlement celle de l'emprunt. Certes, la campagne n'a pas la violence qui a été et qui sera de nouveau la sienne aux deux temps forts de la réaction puriste, c'est-à-dire de 1550 à 1580 face au « péril » italianisant, et quatre cents ans plus tard devant le mouvement d' « invasion » de l'anglo-américain, entre 1950 et 1975. Mais les préventions s'accroissent. La sixième édition du *Dictionnaire* de L. Larchey (1872, rééd. 1985) précise dans l'Introduction (II. VII) : « L'argot a toujours pratiqué sobrement le libre-échange, sauf toutefois dans le Sport, qu'on peut considérer comme une colonie anglaise (v. *dandy, turf, rider, betting, ring, handicap, flirtation, cab, racer, four in hand, mail coach*, et une foule d'autres). L'industrie a subi depuis longtemps cette influence étrangère. » En 1879, Améro dénonce à son tour *L'anglomanie dans le français.*

Vingt ans plus tard, de Gourmont s'écrie encore : « Coaching, yachting, quel parler[2] ! » Il ne mentionne pas le fait que certains sports qui ne sont pas venus d'Angleterre, comme l'escrime et l'alpinisme, s'expriment en français. Il s'indigne plutôt de constater que le lexique n'est pas seul atteint, et que l'ordre des mots lui-même s'anglicise : il en veut pour preuve les « folles appellations » comme *Artistic-cycle-club* ou *Élysée-Palace-Hôtel*[3]. Persuadé, selon la vue fixiste qui dominait alors, que les germes de « dégénérescence » ne peuvent procéder que d'ailleurs, il écrit : « C'est [...] du dehors que sont venues nécessairement toutes les atteintes portées à la beauté et à l'intégrité de la langue française. Elles sont venues de l'anglais : après avoir souillé notre vocabulaire usuel, il va, si l'on n'y prend garde, influencer la syntaxe, qui est comme l'épine dorsale du langage[4]. » Sur le problème de l'emprunt ainsi considéré, l'ouvrage d'où sont

---

1. Parmi les ouvrages spécialisés qui traitent ce sujet, on peut mentionner, outre A. François, *op. cit.,* les titres suivants : F. Brunot, *Histoire de la langue française des origines à nos jours,* Paris, A. Colin, 1967, et S. Ullmann, « Anglicisms in French, Notes on their chronology, range and perception », *Publication of the Modern Language Association,* n° 4, 1947, p. 1153-1177.
2. R. de Gourmont, *Esthétique de la langue française,* Paris, Société du Mercure de France, 1899, p. 86.
3. *Ibid.,* p. 86-87.
4. *Ibid.,* p. 133.

extraites ces lignes est le plus célèbre, certes, mais n'est qu'un des jalons, d'une longue série qui se poursuit jusqu'à l'orée du XXe siècle avec *Le néologisme exotique* de Vandaele (1902). La solidarité des armes françaises et anglaises durant la Première Guerre mondiale sera ressentie comme un facteur aggravant, de nature à précipiter une pénétration que la dernière décennie du XIXe siècle avait déjà fortement accrue.

Mais en réalité, il semble que les années 1900 à 1920 aient été le temps du reflux. L'accueil des mots anglais atteint vers 1900 un seuil de saturation : 198 mots introduits de 1890 à 1899, mais 132 de 1900 à 1909, 111 de 1910 à 1919, 47 de 1920 à 1929[1]. De cette relative désaffection témoignent différents indices, et par exemple, sur le plan littéraire, l'ironie de Proust, dans les années vingt, à l'égard des parvenus anglomanes que personnifie Mme de Forcheville : son langage est « la trace de son admiration pour les Anglais, qu'elle n'était plus obligée de se contenter d'appeler comme autrefois " nos voisins d'outre-Manche ", ou tout au plus " nos amis les Anglais ", mais " nos loyaux alliés " ». Elle aime à dire, par exemple : « Mon gendre Saint-Loup connaît maintenant l'argot de tous les braves *tommies*. Il se fait entendre de ceux des plus lointains *dominions* et, aussi bien qu'avec le général commandant de base, fraternise avec le plus humble *private*[2]. » Cette affectation anglophile par le biais du langage se raréfie apparemment à cette époque, et Proust fait son profit de ce qu'elle peut alors présenter de dérisoire. Il ne s'agissait pas encore, ici, d'anglais américain. Mais un relais se prépare. Des réactions, autrement violentes, que va bientôt provoquer la nouvelle étape de cette histoire des rejets d'emprunt en France, il est temps de traiter maintenant dans un autre chapitre.

---

1. Cf. F. Mackenzie, *Les relations de l'Angleterre et de la France d'après le vocabulaire,* Paris, Droz, 1939.

2. *À la recherche du temps perdu,* Paris, Gallimard, Bibliothèque de la Pléiade, t. 3, *Le temps retrouvé,* p. 788-789. Il s'agit de l'édition Clarac-Ferré, en attendant la prochaine parution de celle que prépare J.-Y. Tadié.

CHAPITRE II

Réalité de l' « invasion »

La rectitude des désignations

Si l'on en croit les propos alarmistes que le purisme reprend périodiquement avec persévérance, ce qui, jusqu'à la Seconde Guerre mondiale, n'était qu'anglomanie a fait place à une invasion généralisée. Il y aurait lieu d'en concevoir quelque inquiétude s'il était vrai que cette situation fût menaçante au point de mettre la langue en péril et que par là cette dernière ne fût plus apte à satisfaire une exigence de base : la rectitude des désignations. Vieux précepte, dont les civilisations les plus diverses affirment la nécessité. Le *zhèng míng* de Confucius, par exemple, « rendre les noms droits », « rectifier les dénominations », n'est pas simple recommandation de lexicologue ou souci arbitraire d'amateur de beau langage. Il y va de l'harmonie des relations sociales et de la stabilité de la vie publique. Un second enjeu tout aussi crucial est la vérité des rapports avec les autres nations. Quand les francophones appellent certaines zones du monde *pays en voie de développement,* par décalque de l'expression anglo-américaine[1] *developing countries* (où, du reste, le sens

---

1. On parle d'anglo-américain, dans le présent livre, pour tous les cas où le mot ou l'expression empruntés proviennent soit de l'anglais de Grande-Bretagne, soit de l'anglais des États-Unis, soit de l'un par le canal de l'autre. Il s'agira donc soit d'emprunts français concernant des mots communs aux normes des deux principaux pays anglophones, soit de l'emprunt de mots américains, directement ou par le biais de l'anglais britannique, qui les a lui-même empruntés. On signalera, quand ce sera utile, les américanismes *stricto sensu*. Il faut ajouter que la première partie du présent ouvrage ne traite que des emprunts faits à l'anglo-américain par le français de France. Les anglicismes du français canadien auraient à eux seuls, on s'en doute, demandé un livre séparé. Mais il existe également des anglicismes spécifiquement belges, que les francophones non prévenus ne peuvent comprendre : à titre d'exemples, on peut rappeler *boiler* (= *chauffe-eau*), *fancy-fair* (sorte de fête de village), *show*

de *develop* est celui du français classique « être en voie de progrès »), le risque est grand d'altérer les visions. Car il s'agit en fait de pays dans lesquels la majorité, ou une partie importante, de la population a franchi le seuil de la misère absolue. La magie propitiatoire des noms biaisés non seulement ne suffit pas à refouler la réalité, mais encore porte le risque de violents affrontements pour le jour où les faits obstinés perceront brutalement la gaze fragile du discours qui les camoufle. Il importe que les choses aient le nom que leur nature exige. Le diplomate et l'homme d'État pourraient dire, paraphrasant le mot du baron Louis sur les finances : « Faites-moi de bonne langue, je vous ferai de bonne politique ! ». Une langue inadéquate peut conduire à un règlement précaire des affaires publiques, comme lorsque l'on appelle *récession* (anglais *recession*) une grave crise économique. L'inauthenticité des dénominations peut aussi servir, par le culte de l'ambiguïté et la complaisance dans le double-entendre, une Realpolitik aussi cynique qu'efficace dès lors qu'elle exploite l'insécurité du doute quant à la portée des mots.

Mais peut-on dire que les anglicismes comme ceux des deux exemples ci-dessus soient vraiment assez nombreux, dans le lexique français actuel, pour mettre en péril la vérité des discours et, partant, celle des images qu'ils donnent du monde ? Les exemples de ce genre restent isolés, malgré ce que l'on prétend souvent, et ils n'appartiennent pas au vocabulaire de base, qui fournit la matière des échanges de parole dans la vie quotidienne.

Pourtant, ce vocabulaire lui-même contient un certain nombre de mots anglais. Il est naturel que les objets et les notions pénètrent dans le sillage des mots qui les désignent, et réciproquement. Certaines techniques et certains modes de vie américains se sont accrédités dans le monde francophone au gré des noms dont l'anglais les appelle. Certains mots anglais ont spontané-

---

room (« local commercial de démonstration ») et *singlet* (= *maillot de corps,* ou *tricot,* ou, si l'on emploie l'anglicisme « propre » à la France, *tee-shirt*) (on notera que le wallono-anglicisme *singlet* est en principe prononcé avec un *è* final ouvert, mais que, cette dernière voyelle n'étant pas plus systématiquement distinguée du *é* fermé en Belgique qu'elle ne l'est en France, la gênante confusion avec *cinglé* n'est pas partout conjurée). Je remercie M. Bauduin, de Charleroi, du concours qu'il m'a apporté pour l'interprétation de ces wallono-anglicismes. On trouvera des helvéto-anglicismes, absents ou disparus en France, parmi les mots cités p. 150, n. 2 : ils sont aussi courants en Suisse francophone qu'en Suisse germanophone.

ment suivi en France la voie de pénétration empruntée par les objets de civilisation que ces mots désignent. R. Étiemble cite le témoignage de « vrais amis » américains qui déplorent cette situation, comme le professeur Kolbert : « L'invasion des mots anglais existait, certes, il y a cinq ans, mais, depuis notre dernière visite, elle est devenue une avalanche verbale difficile à ignorer. Ce qui nous désole, ce n'est pas seulement que les Français semblent emprunter à d'autres langues des foules de vocables, compromettant ainsi la pureté de leur langue, c'est aussi qu'avec ces mots étrangers ils adoptent en même temps les manières de vie que ces mots expriment[1]. »

Que penser de ces remarques amères ? Y a-t-il ou non péril ? Seuls peuvent apporter une réponse sérieuse l'établissement de critères précis, de dosages et d'évaluations, ainsi que l'examen attentif de la situation telle qu'elle se présente en ces dernières décennies du XXᵉ siècle.

Le noyau dur de la langue

Lorsque l'on parle d'emprunt d'une langue à une autre, ou de pénétration d'une langue par une autre, il convient, pour tenir un discours utilisable, de préciser si les faits dont il s'agit appartiennent ou non aux domaines les plus structurés de la langue emprunteuse. Ces domaines, que l'on peut considérer comme le noyau dur de la langue, sont la prononciation et la grammaire. Il sera question plus loin de la prononciation, dont les linguistes mettent en évidence, par l'étude de la *phonologie,* le caractère systématique, en dégageant les unités de base et les lois de leurs combinaisons. La grammaire, quant à elle, est l'ensemble des règles qui commandent la forme des mots, leurs rapports, leur ordre de succession, leurs possibilités de combinaisons au sein des phrases que constitue leur association et des textes que constitue l'association de ces phrases[2].

---

1. R. Étiemble, *Parlez-vous franglais ?,* Paris, Gallimard, coll. « Idées », 1980 (1ʳᵉ éd. 1964), p. 326.

2. Pour plus de détails sur cet aspect technique, cf. C. Hagège, *La structure des langues,* Paris, PUF, coll. « Que sais-je ? », 1986 (1ʳᵉ éd. 1982), chap. II et III, et *id., L'homme de paroles, op. cit.,* chap. III, VII, IX et X.

Par rapport à la sémantique et aux stratégies d'énonciation[1], la grammaire apparaît comme un champ unifié. Mais en soi, elle est, du moins dans beaucoup de langues, susceptible d'articulation en morphologie et syntaxe. Les langues ont une morphologie plus ou moins développée selon le degré de variabilité du mot, mais elles possèdent toutes des formations par combinaisons, avec des indices divers de cohésion. Ces formations résultent de l'association des mots simples en mots complexes, universellement requise par le renouvellement nécessaire des moyens d'expression. Le français est une langue à morphologie riche. Les formes des verbes, en particulier, varient selon le temps, le mode, la personne, et, le cas échéant, le nombre. Sur la morphologie verbale et sur la morphologie nominale ainsi définies, qui constituent des parties du noyau dur de la langue, l'anglais n'a guère eu de prise jusqu'ici, quel que soit le degré d'emprunt dans le domaine du lexique, dont il sera question plus bas. Cela confirme une tendance dont d'innombrables autres langues offrent aussi l'image, bien qu'il ne s'agisse pas d'une loi et qu'on connaisse des contre-exemples[2] : la morphologie est, au moins sur des périodes mesurables en temps humain, un territoire de clôture. Domaine relativement autarcique, la cohésion de ses structures et l'équilibre longtemps reconduit des sous-systèmes qui la constituent la rendent assez peu perméable aux influences externes.

Cependant, cette autarcie ne s'observe que dans la morphologie au sens étroit, c'est-à-dire dans le domaine des conjugaisons du verbe, de la formation du pluriel des noms et adjectifs, bref dans ce qui touche à la grammaire proprement dite. Qu'en est-il des dérivés et des composés nominaux, champ par lequel la morphologie interfère avec le lexique ? Ce champ est ouvert au changement. En effet, la désignation des objets du monde se

---

1. Sur ces distinctions, voir les ouvrages cités à la note précédente.

2. L'un d'eux est celui des glissements de code, comme ceux qui s'observent en « Spanglish » (espagnol américanisé des Chicanos, population d'origine mexicaine installée au sud-ouest des États-Unis) : des terminaisons verbales américaines y affectent des verbes espagnols (et réciproquement). Un autre cas est celui du dialecte aléoute de l'île Mednyi (mer de Béring), qui emprunte au russe les suffixes personnels de conjugaison et les associe à des racines verbales autochtones : cf. C. Hagège, « Voies et destins de l'action humaine sur les langues », Introduction générale à I. Fodor et C. Hagège, *La réforme des langues : histoire et avenir*, Hambourg, Buske, 1983-1984, vol. I, p. 53 (11-68).

trouve liée aux propriétés indéfiniment changeantes de ces objets.

La frontière entre dérivation et composition n'est pas toujours nette dans les langues, en particulier lorsque l'on examine les faits dans leur dynamique. Ce n'est pas ici le lieu d'un débat technique sur ce point, traité dans les travaux spécialisés[1]. Quoi qu'il en soit, si l'on commence par les composés, définis comme associations de mots existant librement par ailleurs, on peut immédiatement noter qu'un certain nombre de structures sont communes au français et à l'anglais, ce qui conduit à douter que la ressemblance entre les procédés de composition dans les deux langues soit nécessairement explicable par l'emprunt. Il n'y a qu'un petit nombre de termes directement empruntés. Parmi eux se trouvent ceux que l'on appelle les mots-valises, c'est-à-dire des composés formés par condensation de deux mots, soit qu'ils aient en commun une syllabe, soit qu'on ne retienne qu'une partie de chacun d'eux, souvent la première de l'un et la dernière de l'autre : *transistor* (venant en anglais de *trans(fer)* + *(res)istor,* parce que le mécanisme utilisé dans ces dispositifs a pour effet de transférer un courant à travers une résistance), *motel* (de *mo(tor)* + *(ho)tel,* soit « hôtel-[pour véhicule à] moteur »).

Guerre et paix... chez les suffixes

Les composés ne constituant donc pas un champ privilégié d'emprunt, c'est la formation des dérivés à *affixe* qui est surtout en cause ici. Il s'agit de mots constitués d'un nom radical et d'un préfixe ou d'un suffixe qui n'a pas, en principe, d'existence libre.

Les dérivés à *préfixe* sont en voie de régression, à raison même des contingences de la mode qui les avait accrédités, ou parce que la réaction conservatrice a réduit leur usage. Ainsi, c'est durant les années soixante-dix que *mini-* s'est répandu, mais si *minicassette* et *minibus*[2] sont encore usités, *mini-manteau* et *mini-pull,* en revanche, paraissent menacés de vivre une carrière aussi

---

1. Cf. par exemple, pour la théorie générale et son application à une langue particulière, C. Hagège, *La langue mbum de Nganha (Cameroun), Phonologie — Grammaire,* Paris, Société pour l'étude des langues africaines (SELAF) et Klincksieck, « Bibliothèque de la SELAF », n° 18, 1970, vol. I, p. 125-128.

2. On notera l'étrangeté de cette formation et de celles qui, comme elle, sont constituées d'un préfixe et de *bus* : *airbus, abribus.* On sait, en effet, que *bus* est

éphémère que celle des objets qu'ils désignent[1] ; si l'on prend en considération les créations spontanées, assez vivantes dans le français parlé, et même écrit, d'aujourd'hui, et qu'illustrent *mini-jupe,* ainsi que *mini-soutenance* (de thèse) attesté dans la langue des étudiants et universitaires, on n'y trouvera pas d'argument en faveur de l'idée d'une longévité des formations à préfixe *mini-* d'origine anglaise : en effet, il s'agit, cette fois, non plus de mots désignant des objets naguère à la mode, mais bien de créations sans modèle étranger attesté, par recharge fonctionnelle d'une racine latine grâce à l'effet d'activation induit par les formations anglaises. Quant au préfixe *self-,* il paraît en voie d'être supplanté par *libre-,* au moins dans certaines formations très usitées, comme *libre-service,* de plus en plus souvent substitué à *self-service* ou à *self* tout court (mot somme toute assez « français », sinon par sa forme, du moins par le procédé dont il résulte, l'abréviation, bien française [voir plus bas], par suppression de la partie finale, qui aboutit à quelque chose d'incompréhensible pour un anglophone). On ajoutera que le mot *libre,* en admettant qu'on ne lui reconnaisse ici que le statut, dépendant, de préfixe plutôt que celui, plus autonome, d'élément de composition, est d'autant plus aisément disponible pour rendre le *self-* des mots américains qu'il avait déjà servi à traduire, au XIXe siècle, le *free-* des mots d'anglais britannique, comme *free-trade,* c'est-à-dire *libre-échange.*

D'autre part, le français a suffisamment digéré certains préfixes désignant diverses techniques modernes pour en avoir fait lui-même un lieu de créativité. Ainsi, *vidéo-* vient de l'anglais (cf. *videophone*), mais *vidéocassette, vidéodisque* sont des formations françaises et non des calques. Enfin, il est vrai que les préfixes *après-* (*après-vente, après-rasage,* etc.), *anti-, auto-, multi-,* dont le

---

lui-même une abréviation du mot latin *omnibus* « pour tous (usages) », apparue vers 1893 : une désinence latine, celle du datif-ablatif pluriel de troisième déclinaison, *-bus,* semblait ainsi, par l'effet de cette abréviation, apporter un démenti au processus général de grammaticalisation, par l'effet duquel ce sont certains mots du lexique qui, au cours de l'évolution, dégagent des mots grammaticaux (ainsi la racine latine *min(i)* devient préfixe), et non l'inverse.

1. Cf. J. Peytard, « De la diffusion d'un élément préfixal : *mini-* », *Langue française,* n° 17, 1973, p. 4-26. La langue de la publicité continue, certes, de créer des composés comme *mini-prix, mini-Mir,* etc. Tout dépend de leur aptitude à pénétrer dans l'usage : *Minitel* (nom déposé en 1980) est en bonne position.

premier est de forme purement française (anglais *after*), les trois autres étant communs aux deux langues, connaissent une diffusion croissante[1]. Mais celle-ci peut s'expliquer par une dynamique interne au français : cf. *après-midi, antichrétien, automoteur, multisonore,* tous quatre mentionnés par Littré en 1872 dans son *Dictionnaire de la langue française,* le préfixe étant alors assez intégré, déjà, pour y être écrit sans trait d'union dans trois cas sur quatre. Là encore, l'anglais, plutôt qu'il n'exerce une influence directe, joue le rôle d'un adjuvant, puisqu'il fournit au français l'occasion de réactiver une morphologie gréco-latine dont il lui a autrefois emprunté lui-même aussi bien les éléments que les techniques. C'est pourquoi ces sortes d'emprunts-retours se font assez naturellement, le français retrouvant, par le relais de l'anglais, des types de formation qui furent directement productifs durant la Renaissance.

Un cas particulier est celui du préfixe *non-,* moins largement employé en français qu'en anglais dans les noms dérivés. Les grammairiens dénoncent comme anglicismes *non-observance* au lieu de *violation,* ou *non-exécution* au lieu d'*inexécution* (structure attestée, déjà, au XVIIIe siècle !). Mais ces cas demeurent en petit nombre. On peut en dire de même à propos des manifestations d'une tendance de la prose scientifique et journalistique d'aujourd'hui, qui concerne les préfixes *re-* et *dé-.* Cette fois, l'influence de l'anglais ne se traduit pas par l'importation d'un préfixe, mais par le décalque d'une certaine tournure. Dans le cas de *re-,* on tend à le remplacer par *de nouveau* ou *encore une fois,* qui décalquent le mot *again* de l'anglais, d'où *descendre de nouveau* (à propos des cours en Bourse, par exemple), au lieu de *redescendre,* ou *parcourir encore une fois,* au lieu de *reparcourir.* Dans le cas de *dé-,* on constate qu'il s'emploie parfois, à l'imitation de son équivalent anglais *dis-,* devant un mot déjà préfixé, et dont le radical, bien qu'inexistant aujourd'hui, se déduit de l'analyse étymologique, alors qu'en français plus conservateur il apparaît de préférence, en alternance avec le préfixe *en-,* devant ce radical nu : ainsi, s'écartant du modèle illustré par les couples du type *embarrasser/débarrasser,* on crée *désengager* d'après

---

1. C'est ce qu'atteste, pour *anti-,* le chapitre 11 de l'ouvrage d'A. Rey, *Le lexique, images et modèles,* Paris, A. Colin, 1977. Dans le *Grand Robert, Dictionnaire de la langue française,* éd. de 1985, le nombre d'entrées pour *anti-* s'est fortement accru.

engager, et *désengagement* sur *désengager,* au lieu du couple traditionnel *engager/dégager,* d'où *dégagement.* Mais ici encore, il ne s'agit nullement d'un mouvement de grande amplitude, qui soit de nature à altérer les structures préfixales du français.

La vulgarisation des lexiques techniques a introduit dans la langue de nouveaux procédés morphologiques. Ainsi, l'élément *hyper-,* employé d'abord en biologie et dans les sciences du comportement, est passé dans la langue courante comme marque d'intensif antéposée à un adjectif : *hyper-élégant, hyper-analytique* et, sur un autre registre, *hyper-chouette,* etc. Sur ce registre, plus proche de l'oral, on entend surtout aujourd'hui, notamment parmi les jeunes générations, l'équivalent latin *super-* du grec *hyper-,* le premier étant senti comme beaucoup plus familier que le second : *super-chouette, super-bien, super-jolie* ; en outre, *super* est souvent traité comme un pur et simple adjectif : *c'est super!*

Une situation comparable peut s'observer pour les suffixes. En français, comme dans toute langue à suffixes dont les équilibres internes sont indéfiniment remis en question par le contact avec de nombreux autres idiomes ainsi que par le rythme rapide des transformations techniques, politiques, économiques et sociales, le système suffixal a connu depuis le début du XXe siècle des mouvements multiples et profonds de récessions et d'expansions alternées ou conjuguées.

Mais en outre, on trouve aujourd'hui dans les noms et adjectifs français plusieurs suffixes qui sont, apparemment, d'origine anglaise. C'est le cas de *-er,* couramment attesté dans des mots comme *challenger, mixer, reporter, scooter, speaker, supporter, sweater,* etc. Mais il apparaît clairement que ce suffixe n'est pas importé tout seul. C'est solidairement avec les radicaux auxquels il est associé dans des mots usuels en anglais qu'il a été adopté par le français. On ne voit pas que *bulldozer* ait introduit dans son sillage de radical *bulldoze,* en dépit de l'existence de ce verbe en anglais américain. A plus forte raison ne peut-il y avoir de radical verbal susceptible d'entrer en français par analyse du mot *best-seller,* puisqu'en anglais même il s'agit d'une formation originale, et qu'on n'y trouve pas (encore ?) de verbe *to best-sell.* On voit de même, par d'autres mots courants en français d'aujourd'hui, comme *container, docker,* que *-er* n'a pas été introduit seul comme suffixe. En outre, certains francophones le prononcent « à l'anglaise », c'est-à-dire en « eur » plutôt qu'en « aire ». Le témoignage de ces derniers semble attester que *-er* pourrait (bien que *-aire* existe [cf. *secrétaire, volontaire*]) se confondre avec le vieux suffixe *-eur* de *sauveur, coadjuteur, orateur, simulateur,* etc. Il en accroîtrait même la productivité par multiplication, liée aux techniques américaines, des noms d'agents et de machines en *-er*. Au reste, les emprunts plus anciens que *sweater* et *challenger,* comme *revolver* et *gangster,* bien que leur finale soit généralement prononcée « ère » et non « eur », sont depuis longtemps bien intégrés au français. Cependant, le suffixe *-er,* sauf à se confondre définitivement avec le *-eur* du français, n'est pas devenu assez productif à l'état indépendant pour pouvoir former des séries dérivationnelles sur radicaux français et dessiner ainsi un domaine de créativité.

La même chose est vraie du suffixe *-ing*. Ce dernier apparaît dans douze mots sur les soixante et onze anglo-américanismes recensés dans le *Petit Larousse* entre 1960 et 1979 et dans dix-sept des quatre-vingt-sept mentionnés par Giraud[1]. Il est vrai que, dans ce dernier cas, il s'agit surtout de termes de vocabulaires spécialisés : industries aéronautiques, électroniques, pétrolières, etc. Mais même pour les nombreux mots du lexique courant qui se terminent par ce suffixe *-ing,* l'emprunt fait place à la créativité. On peut se demander s'il est vrai, comme le soutient Guilbert[2], qu' « il n'existe pas, chez le locuteur français, à moins qu'il ne soit un spécialiste de la langue prêteuse, une motivation quelconque pour la décomposition [des] bases en [...] éléments simples ». Mais ce qui importe davantage, c'est de constater que le français a donné à des mots anglais un sens nouveau.

Ainsi, il appelle *dancing* non l'activité de danser comme en anglais, mais le lieu où se déploie cette activité (en anglais *dancing hall,* car *dancing* ne peut évidemment y désigner que le fait de danser, et nullement une salle), et de même on entend par *pressing* non pas une opération technique comme en anglais, mais la boutique où s'effectue une de ses applications. Le français dit également *parking,* au sens où l'anglais britannique dit *parking place* (ou *car-park*) et l'anglais américain *parking lot* ou *parking ground*. Cet abrégement par troncation des syllabes finales ou des secondes parties de mots composés est, depuis longtemps, tout à fait caractéristique du français[3], qui le prati-

---

1. J. Giraud *et al., Les nouveaux mots dans le vent,* Paris, Larousse, 1974.
2. L. Guilbert, *La créativité lexicale,* Paris, Larousse, 1975, p. 242.
3. On pourrait évidemment en produire bien d'autres exemples. Mention-

que aussi pour les noms propres[1]. Cette opération défigure, évidemment, le mot anglais, en lui donnant un sens spatial au lieu du sens d'activité qui était le sien[2]. Dans cette mesure, les mots qu'elle produit, bien que sur racines et avec sonorités anglaises, pourraient presque, non sans quelque paradoxe, être considérés comme des mots... « français ». La langue s'est même dotée de mots qui sont, purement et simplement, inexistants en anglais. Et cela par combinaisons originales, c'est-à-dire, en somme, typiquement « françaises », de radicaux et de suffixes anglais les uns et les autres. On dit ainsi *brushing* pour désigner une technique de mise en plis due à l'école parisienne de coiffure : le correspondant anglais de ce mot, que la profession, à la fin des années soixante, trouva judicieux de forger sur la base de sonorités d'outre-Manche et d'outre-Atlantique, donc de sonorités prestigieuses, n'existe pas en ce sens, puisqu'il signifie tout simplement (sur une racine empruntée, d'ailleurs, au français dans la seconde moitié du XVe siècle !) « fait de brosser ». On peut signaler encore *motocross,* forgerie française sur l'abréviation *moto* de *motocyclette* et l'anglais *cross,* et *recordman,* faux anglicisme inventé en France vers 1880[3], par combinaison de *record* avec le suffixe *-man,* dont il sera question ci-dessous.

---

nons seulement, dans le vocabulaire du sport, celui de *goal* : il ne peut s'agir que d'un mot « français », puisque l'anglais dit *goalkeeper,* ou, par dérivation suffixale, *goalie,* mais, en tout cas, ne peut dire *goal* ; ce mot, en effet, signifie « but », et ne saurait, par conséquent, s'appliquer à une personne, c'est-à-dire à celui qui a pour rôle de garder ce but. Précisément, l'expression *gardien de but,* traduction littérale de *goalkeeper,* semble, depuis une vingtaine d'années, en voie de supplanter *goal* en français. Le souci des créateurs de néologie est sans doute moins, ici, d'éviter un mot français *goal* qui trahit le sens du mot anglais en le tronquant, que de s'inscrire dans l'entreprise générale de francisation par calque.

1. On rapporte que le violoncelliste soviétique Rostropovitch s'amusait d'entendre ses collègues français l'appeler familièrement Rostro, par abréviation diminutive, alors que les diminutifs, en russe comme dans beaucoup d'autres langues, s'obtiennent par suffixation, c'est-à-dire par allongement !

2. La troncation d'une partie finale peut aussi, quand cette dernière est un mot en *-ing* (participe présent) désignant une activité, aboutir à conserver ce sens d'activité, mais alors, le mot change de catégorie : ainsi, le français appelle *cross-country* le genre de course à pied sur terrain semé d'obstacles que l'anglais nomme *cross-country running* ; en anglais, *cross-country* à lui seul ne peut évidemment s'employer comme nom : signifiant « (qui) traverse la campagne », il n'a d'emploi qu'adjectival.

3. 1884 selon J. Rey-Debove et G. Gagnon, *Dictionnaire des anglicismes,* Paris, Le Robert, coll. « Les usuels du Robert », 1984.

D'autres cas sont moins clairs, il est vrai. *Footing* n'a guère, au moins en anglais américain, où l'on dit *jogging,* le sens de « marche ou course sportive à pied » qu'il a en français. Mais l'habitude d'abréger en francisant fait que *jogging* lui-même s'introduit au sens de *jogging-suit* anglais, c'est-à-dire « tenue de course sportive à pied ». D'autre part, on peut considérer *forcing* (connu au sens de « forçage » en anglais) soit comme un emploi français (au sens spécial d' « accélération continue du rythme dans un sport, contraignant, le cas échéant, l'adversaire à la défensive ») du participe présent anglais *forcing* du verbe *to force,* « contraindre, forcer », soit comme la suffixation de *-ing* au mot français *force.* Si cette seconde interprétation était la bonne, on aurait alors un nouvel exemple de créativité du français, utilisant un suffixe qu'il a quasiment naturalisé. C'est au compte de la créativité qu'il convient de mettre, également, l'assignation, à des mots de l'anglo-américain, de sens que ces mots n'y possèdent pas : un exemple parmi bien d'autres est celui de *box* au sens d' « emplacement d'une voiture dans un garage ».

La situation du suffixe *-man* apparaît, d'une manière différente, comme une preuve supplémentaire du peu de pénétration de l'influence anglo-américaine dans la morphologie française. Si *tennisman* est une création autochtone, puisque le mot n'existe pas en anglais, où l'on dit *tennis player,* le suffixe *-man,* néanmoins, est apparemment en déclin aujourd'hui. Le vocabulaire britannique des sports l'avait répandu dans les années 1860, relayé plus tard par le vocabulaire américain du cinéma. Mais même dans ce dernier cas, *-man* perd sa vigueur de naguère[1]. Dans d'autres domaines, il en va de même : *joueur de rugby* le dispute à *rugbyman.* P. Trescases, qui expose cette situation, en propose cependant une explication qui appelle quelques réserves : « Le déclin de cet élément », écrit-il à propos de *-man,* « pourrait être une preuve par le contraire de l'influence américaine qui, dans ce cas précis, n'aurait pas pris le relais, du moins après 1945, de l'influence britannique qui, dès la seconde moitié du xixᵉ siècle, avait fait de *-man* un élément suffixal indigène intervenant dans la formation de pseudo-anglicismes[2]. » En fait,

---

1. Les inventions françaises comme *recordman* se raréfient. Cf. aussi p. 127.
2. P. Trescases, *Le franglais vingt ans après,* Montréal-Toronto, Guérin, coll. « Langue et société », 1982, p. 29.

-*man* n'est pas moins employé aux États-Unis qu'en Grande-Bretagne.

Les autres suffixes d'origine anglaise réelle ou supposée donnent encore moins l'impression d'avoir envahi le lexique français. Le -*ex* de *kleenex* ou *spontex* est probablement adaptable à des radicaux français autant qu'anglais, mais, tout comme le -*ic* de *fantastic, automatic,* etc., importation purement graphique prononcée de la même façon que le -*ique* français, il paraît limité à la langue publicitaire et n'a pas pénétré celle de tous les jours. Les puristes s'en prennent, enfin, au suffixe -*rama,* dont Balzac s'égayait dans *Le père Goriot* (1834-1835) : « Un événement politique, un procès en cour d'assises, une chanson des rues, les farces d'un acteur, tout sert à entretenir ce jeu d'esprit qui consiste surtout à prendre les idées et les mots comme des volants, et à se les renvoyer sur des raquettes. La récente invention du Diorama, qui portait l'illusion de l'optique à un plus haut degré que dans les Panoramas, avait amené dans quelques ateliers de peinture la plaisanterie de parler en *rama,* espèce de charge qu'un jeune peintre, habitué de la pension Vauquer, y avait inoculée. " Eh bien ! *monsieurre* Poiret ", dit l'employé au Muséum, " comment va cette petite *santérama* ? " Puis, sans attendre sa réponse : " Mesdames, vous avez du chagrin ", dit-il à Mme Couture et à Victorine. [...] — " Il fait un fameux *froitorama* ! ", dit Vautrin. [...] — " Ah ! ah ! voici une fameuse *soupeaurama* ", dit Poiret en voyant Christophe qui entrait en tenant respectueusement le potage [1]. » Or il se trouve que -*rama* a été remis en vogue par la même fausse coupure qui avait, autrefois, abouti à l'analyse de *panorama* en *pano* + *rama,* au lieu de la véritable étymologie grecque *pan* « tout » + *orama* « vision ». Mais bien qu'un mot comme *cityrama* soit formé sur une racine anglaise, rien n'indique que le suffixe lui-même, depuis longtemps attesté en français comme on vient de le voir, soit importé de l'anglais. Au reste, ce suffixe est moins répandu aujourd'hui, d'une part, que dans les années soixante, et d'autre part, son usage est limité au vocabulaire du spectacle et du commerce audiovisuel et touristique.

Enfin, il existe, pour la formation des noms et des adjectifs, de nombreux suffixes presque identiques en français et en anglais,

---

1. H. de Balzac, *Le père Goriot,* édition de l'Imprimerie nationale, 1910, « Scènes de la vie privée », vol. V, p. 272-273.

et qui, dans l'une comme dans l'autre langue, sont d'origine latine ou grecque, étant, en outre, simples ou complexes : *-able, -age, -al, -ette, -ible, -ibilité, -(ific-)ation, -isant, -isation, -isme, -iste, -ité,* etc. Il est sans doute vain de les pourchasser dans les cas où l'on sait que le dérivé est tout entier, radical et suffixe solidairement, venu d'Amérique en même temps que le phénomène technique qu'il désigne. Au mieux, on considérera que la diffusion de ces suffixes en anglais donne au français l'occasion d'accroître leur fécondité, et que l'on peut désormais voir dans leur vitalité un phénomène linguistique à vocation internationale.

Les nostalgiques de la domination du français le plus pur peuvent, au reste, se réconforter d'une constatation : l'effort des commissions de terminologie aboutit à revivifier d'autres suffixes de fort bon aloi qui ont dans la langue une vieille assise. Ainsi, *-erie* paraissait amorcer naguère un mouvement de récession : pour les noms référant à des qualités ou comportements, on notait seulement cinq entrées entre 1949 et 1961, que rendaient bien négligeables, de surcroît, trente sorties plus ou moins irréversibles pendant la même période ; parmi ces dernières, *écorniflerie, gaudisserie, lutinerie, pointillerie, salauderie.* Mais surtout, on relevait soixante-douze sorties dans le domaine des noms désignant des lieux où s'accomplissaient, autrefois, certaines activités professionnelles aujourd'hui disparues ou erratiques[1] : *boucherie, boulangerie, charcuterie, miroiterie, verrerie* sont certes bien vivants, et probablement destinés à subsister aussi longtemps (mais seulement aussi longtemps) que ce qu'ils désignent, à savoir certains artisanats et, par extension, les lieux qui en commercialisent les produits ; en revanche, *amidonnerie, arquebuserie, clouterie, damasquinerie, damasserie, épinglerie, éventaillerie, ficellerie, heaumerie, lacerie, zinguerie* sont morts ou moribonds, à raison même de l'état d'extinction, d'agonie ou de survivance précaire des techniques correspondantes, au moins dans les pays occidentaux. Tant il est vrai que **les mouvements du vocabulaire,** en particulier pour les mots dérivés formés d'un radical et d'un suffixe, **sont indirectement dépendants de l'évolution des forces de production** et de leurs relations avec l'histoire générale des sociétés. Il se trouve, cependant, que l'on a recom-

---

1. Cf. J. Dubois, *Étude sur la dérivation suffixale en français moderne et contemporain,* Paris, Librairie Larousse, 1962, p. 61.

mandé, et parfois réussi à accréditer, l'emploi de ce même suffixe -erie dans les néologismes destinés à remplacer certains mots anglais. Ainsi, *ingénierie* (approuvé par l'Académie) est en voie de se substituer à *engineering*. Une nouvelle carrière pourrait s'ouvrir à ce suffixe, si le succès, non invraisemblable, d'autres créations, comme *jardinerie* ou *raccorderie,* devait prendre figure d'exemple, de même que celui des mots nouveaux que le regard rencontre de plus en plus souvent dans les rues françaises aujourd'hui, et qui disent les arts ou les commerces de l'alimentation traditionnelle ou de la vie quotidienne : *biscuiterie, briocherie, chausserie, croissanterie, gaminerie* (au sens de « boutique d'articles pour enfants »). Cependant, la plupart de ces mots ne sont, pour l'heure, que des marques déposées non encore admises, dans l'usage, comme noms communs.

Non seulement certains suffixes ont donc été revivifiés, mais, en outre, la productivité, déjà grande, de certains autres a été encore renforcée. C'est le cas, en particulier, pour -*age*. Ce dernier est bien adapté à l'expression d'opérations à phases ordonnées, comme celles qui sont propres à diverses techniques de transformation industrielle. Ainsi, dans l'industrie textile, la diversité et la précision que permet le jeu d'opposition entre -*age* et d'autres suffixes n'a pas son équivalent en anglais : alors que cette langue n'offre que le seul mot *spinning,* le français pourrait opposer *filature,* c'est-à-dire l'ensemble des opérations (déjà fort anciennes) par lesquelles on transforme les fibres textiles discontinues en fils, et *filage,* qui désigne la production de fibres et fils multifilaments par extrusion de polymère fondu ou en solution, à travers les orifices d'une filière. Dans le même ordre d'idées, certains scientifiques recommandent, pour les créations néologiques, des termes où se retrouve ce suffixe -*age*. Ainsi, au troisième chapitre d'un ouvrage sur la microscopie électronique, l'attention est attirée par les lignes suivantes, qui introduisent le passage expliquant comment on inclut dans des résines, afin d'obtenir des coupes minces et ultra-minces, les tissus trop aqueux ou de consistance trop molle (même une fois durcis par l'action d'un fixateur) que l'on doit examiner[1] : « Les Anglo-Saxons, avec le terme d' " embedding " utilisé indifféremment, ne distinguent pas, du moins sur le plan sémantique, le cas où le

---

1. R. et J. Hagège, *La pratique du microscope électronique conventionnel,* Paris, Masson, coll. « Techniques de laboratoire », n° 4, 1980, p. 36.

plastique ne pénètre pas au niveau moléculaire à l'intérieur du matériau à couper ; or ce cas est relativement fréquent : il correspond aux tissus " durs " tels que par exemple les tissus osseux, le tégument des Arthropodes, les fibres, etc. Dans de tels cas, il nous paraît souhaitable de profiter des ressources de notre langue en parlant d' " enrobage " plutôt que d' " inclusion ". »

Même si l'on considère que les recommandations de ce genre reflètent des initiatives individuelles, elles dénotent un certain état d'esprit : beaucoup de francophones pour qui la langue est partie intégrante des instruments de travail font confiance au français et croient à sa capacité d'exploiter au mieux ses propres ressources pour l'expression de diverses activités intellectuelles. Cette confiance trouve une source d'encouragement, autant qu'une justification, dans la manière même dont le français a spontanément intégré les emprunts de préfixes et de suffixes anglais. Deux caractéristiques récurrentes sont apparues dans l'étude qui précède. D'abord, de nombreux phénomènes qu'une vue étroitement contemporaine des faits conduirait à traiter comme des emprunts sont tout autre chose dès lors que l'on consent à tenir compte de la vérité historique : il s'agit, en réalité, de la réactivation de formes qui étaient autrefois françaises ou qu'un stade plus ancien du français employait, les ayant reçues du latin ou du grec. L'anglais, qui a lui-même emprunté au français ces anciennes formes françaises, ou qui en a lui aussi reçu du latin ou du grec et les a conservées les unes et les autres, agit donc ici, pour ainsi dire, par effet de catalyse : c'est lui qui favorise une opération grâce à laquelle le français, plutôt qu'il n'emprunte, ranime et remotive son fonds traditionnel. La seconde caractéristique est la créativité : pour un grand nombre des suffixes que le français emprunte à l'anglais, un processus original s'observe, par lequel l'emprunteur digère et assimile la matière reçue, pour la transformer en un produit nouveau ; ce produit, même si l'on y reconnaît à l'évidence ce qui vient d'ailleurs, n'est pas toujours aisément identifiable pour les anglophones, et doit être tenu pour une création autochtone. De ce phénomène, les mots en -ing nous ont fait apercevoir plus d'une illustration.

La conclusion suit assez naturellement. En dépit de l'apparence, on ne saurait soutenir que le français d'aujourd'hui soit envahi de suffixes anglais. Mieux vaudrait admettre que, dans plus d'un cas, le français a plutôt tiré parti de leur diffusion. Ils n'ont aucunement bouleversé son système morphologique. Le français n'a pas perdu la guerre des suffixes, car il n'y a pas de guerre.

Accords et désaccords

A la frontière de la morphologie proprement dite et de la syntaxe se situent les phénomènes dits d'accord grammatical. L'abandon de certains accords est aujourd'hui caractéristique du français parlé, et même des registres les plus spontanés du français écrit. Bien que condamnées par les puristes, les tournures comme *la maison qu'il a construit* ou *les nouvelles que j'ai appris* sont de plus en plus répandues, rendant précaire, du moins en langue orale, la règle d'accord du participe dans les propositions relatives introduites par *que*. Rien ne permet d'assurer, cependant, que la source de cet usage, ou même l'occasion « favorable », soit l'absence d'une distinction de genre en anglais, et par conséquent l'invariabilité du participe dans les structures anglaises correspondantes. Il peut tout aussi bien, et même plus vraisemblablement, s'agir d'une évolution naturelle du français, qui restaure un vieil usage : selon celui-ci, le complément d'objet est placé après le verbe, et non avant lui, en sorte qu'un type d'accord supposant référence à un complément d'objet *que* apparu précédemment tend à disparaître, comme la plupart des schémas hérités du latin ou des stades anciens de l'histoire du français. Les usagers de la langue nivellent les structures, émondant les excroissances, abolissant les vestiges, réduisant les disparités laissées par l'histoire.

Omissions coupables

En français traditionnel, une préposition comme *de* ou *à* marque obligatoirement la relation entre un nom et un autre qui lui sert de complément. Ainsi, on y dit *bureau de renseignements*. Sous l'influence supposée de l'anglais, qui, quand le nom complément précède le nom complété, n'emploie pas la préposition correspondante *of*, on dit souvent aujourd'hui *bureau informations* (où l'on conserve, cependant, l'ordre des mots propre au

39

français). De même, les expressions suivantes se rencontrent assez couramment : *assurance maladie, budget équipement, catalogue blanc* (= liste d'articles de lingerie), *chronique peinture, costume ville, forfait année, gilet manches courtes, problème saturation, retraite vieillesse, soirée poésie, supplément sciences,* et l'étrange *maître-chien* (= dresseur). Mais ces expressions et les nombreuses autres de type semblable se trouvent surtout dans les styles à la mode de la réclame, ou dans les précipités administratifs ou commerciaux. *De* et *à* demeurent obligatoires dans la langue de tous les jours, où l'on n'entend pas encore dire *l'épouse dentiste,* ni *la planche repasser.* Quant à celles, parmi ces expressions elliptiques, qui appartiennent à la langue courante, certaines ne paraissent pas mal intégrées au français, respectant l'ordre de succession des mots qui lui est propre : tel est le cas, par exemple, pour *station service,* en anglais *service station.*

En outre, la détermination d'un nom par un autre au moyen d'une simple juxtaposition et sans recours à une préposition *de* ou *à* est loin d'être inconnue en français quand il s'agit de l'emploi qualificatif du second nom, fonctionnant alors comme une sorte d'adjectif. On dit *une prose artiste, un style acteur* (= « caractéristique de celui d'un acteur[1] »), *le confort Peugeot,* etc. Enfin et surtout, pendant plusieurs siècles, le français médiéval et préclassique, même après la perte des déclinaisons, utilisa la structure à détermination du nom par pure juxtaposition (cf. *l'hôtel-Dieu,* etc.).

Ordres et désordres

Un important chapitre de la syntaxe est l'ordre des mots. Comme on l'a vu, de Gourmont dénonçait déjà, à la fin du siècle dernier, les « folles appellations », c'est-à-dire les tournures qui violent les lois de l'ordre des mots en français. Mais c'est surtout dans les désignations commerciales que l'on rencontre ces violations inspirées de l'usage anglais : *Fiat Automobiles, Retouch'Service,* etc. Il est vrai, pourtant, que beaucoup de francophones, en

---

1. Cette détermination par un nom employé comme adjectif, à laquelle on voit donc que l'influence de l'anglais est sans doute étrangère, a pour effet intéressant de bloquer l'accord au féminin et au pluriel : on dit *des manières peuple, des pâtés maison,* et même *une femme BCBG* (sigle employé, dans la langue des intellectuels bourgeois, pour *bon chic bon genre*).

particulier dans les milieux de presse, ont adopté des désignations géographiques dans lesquelles le nom du point cardinal précède à l'anglaise, au lieu de le suivre à la française, le nom du lieu. Ainsi, on lit et on entend souvent *le Nord-Cameroun, le Sud-Laos,* là où l'on avait autrefois *le Cameroun du Nord, le Laos du Sud.* Les adjectifs correspondants se sont parfois accrédités, et certains depuis plus d'un siècle, lors même que les noms dont ils devraient être dérivés ne s'emploient pas. On dit ainsi *sud-américain* et *nord-africain,* bien que l'on continue de dire *Amérique du Sud* et *Afrique du Nord,* et non *Sud-Amérique* ni *Nord-Afrique.* Pour d'autres pays, le nom s'est introduit aussi bien que l'adjectif : on dit couramment *Sud-Vietnam* et *Nord-Vietnam,* un indice (?) de l'origine anglaise de ces appellations étant la disparition, dans l'écriture, de l'accent circonflexe, qui, à l'époque coloniale française, était retenu, à l'imitation de la graphie vietnamienne, où il note une voyelle mi-fermée « é ». On trouve encore ces désignations géographiques à syntaxe anglaise dans d'autres secteurs du langage de presse, comme les informations météorologiques : *Ouest-Corse, Sud-Bretagne,* etc.

Ces faits étant constatés, il n'y a pas lieu de s'en alarmer outre mesure. *Américain du Sud* semble pouvoir s'appliquer autant à un habitant du sud des États-Unis qu'à un Chilien ou à un Colombien. Pour désigner spécifiquement ces derniers, on parle plutôt de *Sud-Américains.* Ce mot comble donc une lacune, beaucoup mieux que ne le ferait une périphrase descriptive comme *habitant de l'Amérique du Sud.* Parallèlement, *Nord-Africain* réfère aujourd'hui à quelqu'un ou à quelque chose qui vient de l'Afrique du Nord comme entité humaine et politique, alors que *d(e l)'Afrique du Nord* est une qualification purement géographique. Il s'agit donc de formations dont l'acceptation est liée au fait qu'elles répondaient à un besoin. En outre, si les habitudes françaises peuvent avoir limité le nombre des désignations constituées de deux noms comme *Sud-Laos,* en revanche elles devraient avoir joué en faveur de celles qui contiennent un adjectif. En effet, la structure illustrée par *Moyen-Orient,* à savoir adjectif + nom, est ancienne en français. Ce trait a pu se conjuguer, pour caractériser de nouvelles entités politiques et culturelles du monde contemporain, avec la diffusion des appellations internationales d'origine anglaise.

On peut en dire autant de désignations qui décalquent des expressions anglaises, mais demeurent fidèles aux habitudes françaises quant à l'ordre des mots. Il s'agit des cas où un adjectif de nationalité est accolé à un nom de statut politique : *le Président tchadien, le Premier ministre indien, l'ambassadeur britannique*, soit, en français plus classique, *le Président du Tchad, le Premier ministre de l'Inde, l'ambassadeur de Grande-Bretagne*. Quoiqu'il s'agisse bien d'une traduction de l'anglais, rien ici n'est vraiment insolite : le mouvement est ancien, en français, qui aboutit à une prolifération d'adjectifs dérivés de noms abstraits, comme *obsessionnel, communautaire,* etc. Il faudrait, cette fois encore, parler de **convergence**.

Enfin, dans les cas mêmes où l'ordre des mots est transgressé par imitation de l'ordre anglais, la fréquence de l'emploi peut suffire à tempérer la violence de l'outrage. Qui songe aujourd'hui à s'indigner de *science-fiction* ? Le mot est entré dans les mœurs, comme la chose. Pourtant, il ne traduit correctement ni le mot anglais *fiction,* c'est-à-dire « roman », ni l'ordre anglais des mots. Il s'agit d'un roman sur un sujet relié à la science, et non de science qui est de la fiction, comme le dit (assez peu clairement) l'expression *science-fiction* en français. Mais chacun comprend que l'on se réfère, sous ce terme, à une littérature d'imagination qui met en œuvre des extrapolations fantastiques à partir de connaissances scientifiques. Et nul ne s'avise que la traduction française est doublement fautive, tant son ambiguïté a fait fortune. Le français a encore l'adjectif *air-conditionné,* avec séquence de type anglais. Il a même inventé, sur la base de deux mots dont l'un au moins *(stop)* est d'origine anglaise, et en suivant un ordre de succession qui est également anglais, le composé *autostop* (d'où un dérivé *autostoppeur, autostoppeuse*). L'anglais d'Amérique et celui de Grande-Bretagne disent, comme on sait, *hitchhiking,* et *autostop* est trop « français » pour n'être pas opaque à un anglophone.

Il arrive, à l'inverse, que le français substitue son ordre à celui de l'anglais, tout en gardant la forme anglaise de l'emprunt. Ainsi, c'est *shake-hand* que l'on entend en France pour « poignée de main » chez ceux qui aiment à émailler leur discours de passages anglais prestigieux, alors que l'on dit *hand-shake* en anglais. Dans d'autres cas, le français imprime sa marque en inversant un ordre qu'il aurait tout aussi bien pu conserver : *walkie-talkie* (petit téléphone individuel du combattant ou du civil ayant à communiquer à une courte distance) se dit en « français » *talkie-walkie,* alors qu'on devrait pouvoir, en français comme en anglais, dire, tout aussi bien, que l'on marche en parlant ou que l'on parle en marchant[1].

Selon une vieille tendance du français, l'adjectif mis après le nom prend un sens relationnel, analogue à celui de la structure *de* + nom, toujours postposée, dans la langue moderne, au nom qu'elle détermine : *l'autorité paternelle* = *l'autorité du père*. L'adjectif préposé au nom, quant à lui, est, selon le terme des linguistes, prédicatif, c'est-à-dire qu'il prend un sens de qualification plus inhérente au contenu de ce nom : *une belle audace* n'est pas nécessairement belle ; c'est une audace assez grande pour paraître susceptible d'une appréciation qualitative (en bien ou en mal). Cependant, on tend à antéposer également l'adjectif de sens purement relationnel : *l'actuel gouvernement, les éventuels problèmes, les possibles objections.* Y a-t-il lieu de s'alarmer de cette tendance et d'y déceler une pression de l'anglais, puisque l'adjectif épithète y est normalement antéposé[2] ? A cette question, il convient d'apporter une réponse nuancée. Deux ordres de faits au moins le suggèrent. D'une part, dans certains emprunts directs à l'anglais, c'est non seulement la forme française, mais encore l'ordre des mots français qui tendent à être rétablis : ainsi, *musique pop* fait aujourd'hui une sérieuse concurrence à *pop music.* D'autre part, il n'est pas évident que l'antéposition de l'adjectif provienne d'une pression des structures anglaises[3]. Les oscillations auxquelles est soumise sa position sont un phénomène fort ancien en français. C'est justement parce que les deux positions de part ou d'autre du nom sont disponibles comme sources d'un sens ou bien relationnel ou bien prédicatif, que le français en a toujours tiré parti au cours de son histoire. On dit *l'élection présidentielle,* mais on peut aussi parler d'*une présidentielle assurance* : dans ce second cas, le sens n'est

---

1. A. Arleo me rappelle cependant que l'on dit *she can walk and talk at the same time,* plutôt que *she can talk and walk at the same time* ; de même, on dit plutôt *I was walking down the street, talking to my brother* que *I was talking to my brother, walking down the street.* Cela revient à dire que l'ordre anglais *walkie-talkie* n'est pas fortuit. L'appareil sert à parler, non à marcher, d'où la place du complément *walk.*

2. Encore cette antécédence est-elle loin d'exclure l'autre position. On trouvera dans les bons manuels de langue anglaise une étude des cas où l'adjectif peut, et parfois même doit, suivre le nom.

3. Noter cependant l'ordre dans les doubles antépositions du type *les premiers mille mètres,* anglicisme mis pour *les mille premiers mètres.*

plus « du président », mais « caractéristique d'un président »[1].

Il ne faut donc pas se hâter d'imputer exclusivement à l'influence de l'anglais une position de l'adjectif qui n'est pas un fait nouveau en français. Depuis longtemps la langue puise dans cette alternance de place autour du nom un moyen de répondre au besoin d'expressivité par la réanimation d'anciens usages. Les adjectifs relationnels peuvent, par changement de place, être versés au domaine expressif. Cela fut et continue d'être aujourd'hui un procédé d'enrichissement et de diversification du discours, le choix et la place de l'adjectif faisant partie, en tout état de cause, des traits essentiels qui constituent ce que l'on appelle un style. Il est vrai que ce choix n'est pas toujours libre, puisque, précisément, la polarisation des sens en fonction des deux positions possibles a abouti à la formation de couples où la différence sémantique, parfois considérable et imprévisible, est, pour un même adjectif formellement invariable, liée à la seule place vis-à-vis du nom : *un chaud lapin* n'est pas un lapin, contrairement à *un lapin chaud* ; de même, *un foutu cochon* est loin d'être nécessairement un cochon, ce qui le distingue, le plus souvent, d'*un cochon foutu* ; *un sale gosse* n'implique nullement un gosse sale, ni *une pauvre femme* une femme pauvre. Mais il demeure que le français a exploité sémantiquement cette dualité de positions possibles de l'adjectif par rapport au nom, et cela parce qu'elle était depuis longtemps un trait propre de la langue. Dans ces conditions, il paraît quelque peu hâtif de soutenir qu'il puisse s'agir exclusivement ici d'une influence de l'anglais. Une fois de plus, ce dernier a pu servir seulement de truchement. Il n'a nullement, sur ce point précis, bousculé les habitudes du français. Tout au plus a-t-il été l'occasion, heureuse, d'un renouvellement des moyens d'expression, et cela par l'exploitation de ressources déjà présentes.

Pitié pour l'adjectif

L'adjectif, qui est, comme on vient de le voir, au centre du débat sur l'ordre des mots, est aussi la cible des puristes à un

---

1. D'utiles réflexions sur ce problème sont présentées dans l'ouvrage d'A. Sauvageot, *Français d'hier ou français de demain*, Paris, F. Nathan, coll. « Langues en question », 1973, p. 86-90.

autre titre. L'emploi qu'ils dénoncent est celui selon lequel l'adjectif, se comportant à la manière d'un adverbe et sans changer de forme, vient compléter un verbe au lieu d'un nom, sur le modèle, assure-t-on, de l'anglais, qui dit par exemple *he can do it easy*, « il peut le faire facile », c'est-à-dire « facilement », tout comme il dit, en emploi d'adjectif, *this is easy*, « ceci est facile ». On trouve, en effet, dans le français d'aujourd'hui, des emplois courants comme *il est arrivé facile* (= « il est arrivé sans difficulté »), *vivons jeune* (= « vivons de manière jeune ou comme des gens jeunes »), etc.[1].

Mais ici encore, les dénonciations des censeurs prennent pour intrusion ce qui n'est que réactivation d'un procédé tout à fait connu en français, par le biais d'une langue parente, voisine et structuralement proche, l'anglais. Non seulement les adjectifs *bas, cher, clair, court, droit, dru, dur, franc, haut, juste, lourd, net, profond, sec,* etc., ont normalement aussi un emploi adverbial, mais en outre, on trouve, en français écrit, des usages comme ceux-ci : *la multitude voit bête* (Flaubert, *L'éducation sentimentale,* I, 4) ; *des feux de joie qui flambent rouge* (Loti, *Vers Ispahan,* p. 63) ; *s'efforcer de penser universel* (Bernanos, *La liberté, pour quoi faire ?,* p. 16) ; *Renan pensait cosmique* (Barrès, *Cahiers,* t. XIV, p. 196) ; *je défiais les défenseurs de la prohibition de nommer six États qui voteraient humide* (Maurois, *Chantiers américains,* p. 98)[2]. Certes, il s'agit de styles littéraires, mais comme souvent, l'apparente liberté qu'ils manifestent révèle les possibilités que la langue tient en lisière, et qui s'enracinent dans son histoire.

L'expression de la comparaison et de l'intensité par des adjectifs donne également lieu à des semonces contre l'inféodation

---

1. Dans la langue des médias, assez représentative, on trouve des exemples comme « moi, je ne sais pas si ça marcherait terrible » (France-Inter, 13 février 1984), ou « ça perturbait dur sur la Nationale » (Europe 1, 22 février 1984), ou encore « le texte concerne un problème d'actualité et il sonne plausible » (*Le Figaro,* 12 juillet 1982), ou bien aussi « le nouveau pneu Michelin roule mordant pendant tout l'hiver » (Radio Monte-Carlo, 18 février 1983), ou enfin « il est évident que je ne pourrais plus danser classique » (Antenne 2, 19 décembre 1982) (tous passages relevés par A. Sauvageot, comptes rendus du *Bulletin de la Société de Linguistique de Paris,* 79, 2, 1984, p. 21, et « Le fait de syntaxe », in *Les relations syntaxiques,* Travaux 3 du Cercle linguistique d'Aix-en-Provence, Aix, Université de Provence, 1985, p. 42 (27-46).

2. Cités par M. Grevisse, *Le bon usage,* Paris-Gembloux, Duculot, 1980 (11e éd. rev.), p. 408, § 794.

des usages français à ceux de l'anglais. De fait, on voit le comparatif *meilleur* et le superlatif *le meilleur* s'employer parfois au lieu du positif *bon* ou de l'intensif (dit ampliatif par les grammairiens) *très bon.* Il est possible que cela se fasse sous l'influence de *better* et *the best,* assez prisés aux États-Unis, dans certains styles, pour exprimer, par exagération voulue, ce qui pourrait tout aussi bien être qualifié de *good.* Parallèlement, *vivre mieux* ou, avec le renfort d'un autre intensif, *vivre encore mieux* sont parfois substitués à *bien vivre; le plus connu au monde (in the world)* est préféré au *plus connu* tout court ; *le quatrième meilleur joueur français* remplace *le quatrième joueur français.* En fait, il semble bien que de tels emplois soient essentiellement limités à la langue de la publicité ou du sport et n'appartiennent pas à la conversation courante. Dans une présentation au ton modéré, les auteurs d'un manuel bien connu des anglicistes écrivent[1] : « L'anglais [...] met l'adjectif au comparatif alors que le français le laisse au positif. [...] La réclame anglaise ou américaine fait un large usage de ces comparatifs — ou superlatifs — implicites : " The best coffee in town ", — " Stays clean longer ", — " They (the cigarettes) are milder, smoother, taste better ". Évidemment, on pourrait traduire chacune de ces annonces littéralement, mais il semble plus naturel de dire sans comparatif : " Café de toute première qualité ", — " N'est pas salissant ", — " Elles sont douces, n'irritent pas la gorge et sont fort agréables au goût " ». Dans la publicité française, on lit désormais : « Reynolds, c'est mieux », — « une voiture qui fait encore plus plaisir », — « Omo fait mieux encore qu'Omo ! ». Parfois, cependant, le publicitaire atténue consciemment l'étrangeté d'un comparatif sans complément. Ainsi, on peut lire sur l'étiquette d'un produit de ménage utilisé dans les cuisines et dont il n'est pas nécessaire ici de mentionner le nom de marque, la réclame « dégraisse mieux et plus », suivie d'un astérisque appelant, en bas de texte, cette note : « que d'autres liquides vaisselle » !

Imitant la souplesse de l'anglais américain, qui fait passer les termes d'une classe grammaticale dans l'autre, le français parlé d'aujourd'hui emploie comme de purs et simples adjectifs non seulement le préfixe *super-* déjà mentionné, mais aussi le préfixe

---

1. J.-P. Vinay et J. Darbelnet, *Stylistique comparée du français et de l'anglais,* Paris, Didier, 1977 (nouv. éd. rev. et corr. ; 1ʳᵉ éd. 1958), p. 128.

extra- [1] : *c'est super !, elle a été extra !* Ces préfixes, au reste, figurent aussi en tant que tels dans des mots empruntés à l'américain, comme *supermarché,* et le curieux *supérette,* dont le préfixe latin et franco-anglais *super-* est lui-même traité à la manière d'un nom et reçoit à ce titre un suffixe *-ette,* que l'anglais avait pour sa part emprunté au français, et qui fait ainsi retour, habitant successivement ou simultanément le français et l'anglais pour étapes provisoires de ses nomadisations dans les deux sens. Ce suffixe apparaît encore dans un autre emprunt, *kitchenette,* désignant une petite cuisine comme on en construit aujourd'hui dans beaucoup d'appartements de conception compacte. Les grammairiens et l'administration recommandent *cuisinette,* sentant bien que seul *kitchen* a des relents métèques, et non *-ette.* Mais pour *kitchenette* comme pour tous les mots américains à suffixe *-ette* ou à préfixes *super-* ou *extra-,* il n'y a aucun signe qui soit de nature à faire redouter une invasion. Rien de tout cela, en outre, ne bouleverse les usages du français.

D'autres intensifs d'origine américaine se sont frayé chemin en français contemporain : *cent pour cent, total, absolu,* comme dans *une garantie cent pour cent, sécurité totale,* etc. Eux non plus ne constituent pas de menace, étant restreints au vocabulaire marchand et aux styles de réclamiers. On rencontre parfois en français *top,* de plus en plus utilisé en anglais américain aux sens de « supérieur, premier, situé au plus haut niveau, extrême(ment) ». Mais il ne semble pas que ce terme se soit vraiment accrédité en français comme préfixe à valeur intensive ; il n'apparaît que solidairement avec les adjectifs ou les noms qu'il accompagne dans les mots anglais que le français emprunte entiers sans les analyser : tel est le cas pour *top secret* (« ultra-secret [2] »), restreint, en outre, au langage administratif. On entend aussi, cependant, *top model* et *top niveau* (cf. p. 98).

---

1. On notera qu'il n'en fait pas autant du préfixe *hyper-,* bien que, comme on l'a vu, celui-ci soit passé, en vertu de la vulgarisation continue des lexiques techniques, de la langue savante dans la langue commune, où, comme *super-* et *extra-,* il fonctionne avec valeur intensive.

2. On peut, sans se draper dans la solennité des excommunications puristes, marquer quelque préférence pour *ultra-* par rapport à *top* ; *ultra* existe, certes, en anglais, mais il y fut autrefois emprunté au latin par le relais du français, où son établissement est ancien : que l'on songe à son emploi comme nom sous la Restauration, où il désignait les partisans inconditionnels de la monarchie absolue et de droit divin.

Un dernier emploi intensif sur le modèle de l'anglo-américain est celui de l'adjectif *différent*. L'anglais *different* implique une comparaison entre degrés de qualité ou de quantité, comme le révèle nettement un usage qui, aux États-Unis, se trouve condamné par les puristes à raison même de l'extension croissante qu'il y connaît : celui de la structure *different than*, « différent de », avec le marqueur *than* du comparatif de supériorité ou d'infériorité, au lieu du classique *different from*, où la préposition *from* indique simplement que l'étalon de comparaison est pris comme point de départ, c'est-à-dire comme référence. Étant donné le sens intrinsèquement comparatif de *different*, tel que le révèle cet emploi, l'anglais américain parlé se sert couramment de cet adjectif à l'état isolé. Sur ce modèle, certains registres de français contemporain disent également : *pour une vie différente* ; *une façon de s'habiller différente* ; *un style de vacances différent*, etc. Il n'y a pas lieu de s'émouvoir de cet usage. Il appartient à la langue de la publicité, qui cherche à séduire par l'inédit, c'est-à-dire, dans ce cas particulier, en conférant à *différent* le sens de « supérieur » ou « préférable ». La langue ordinaire, au reste, ne paraît pas avoir adopté cet emploi sur une large échelle.

Les « contaminations » de structures

Si l'on en vient au domaine de la syntaxe proprement dite, on ne trouve pas davantage de raisons solides de sonner le glas du français. Un cas connu est celui du passif. Au français *on*, plus fréquent et d'extension plus vague que le *one* de l'anglais, répond souvent une tournure passive en anglais : « Par contraste avec l'affinité du français pour la forme pronominale », notent Vinay et Darbelnet[1], « nous constatons celle de l'anglais pour la voix passive. De ce fait, bon nombre de passifs anglais ne peuvent se rendre en français sans transposition. » Les auteurs ajoutent même : « La fréquence du passif en anglais [...] s'explique aussi par une attitude de la langue vis-à-vis de la réalité. Il y a une certaine objectivité anglaise qui se plaît à constater un phénomène sans l'attribuer à une cause précise, ou qui ne mentionne la cause ou l'agent qu'accessoirement. On ne peut s'empêcher d'établir un rapport entre cette construction et la

---

1. *Op. cit.*, p. 134-135.

répugnance des Anglo-Saxons à formuler tout de suite un juge-ment ou même une opinion[1]. »

Il est vrai que le langage administratif fait un certain emploi des tournures passives, en particulier impersonnelles, comme *il est reconnu que.* Mais faut-il y voir un péril d'invasion par l'anglais venant contaminer indirectement les structures syntaxi-ques du français ? Certes, on observe une concomitance entre la pression du passif et la chasse au pronom *on,* auquel plus d'un maître décrète que l'écolier devra substituer le pronom *nous,* jugé plus respectable. Mais concomitance n'est pas corrélation. Le passif impersonnel appartient bel et bien au français, s'il y est moins répandu qu'en anglais. Les formules juridiques, conserva-toires d'archaïsmes, attestent l'ancienneté de cette structure. Il est vrai qu'à *il a été créé un nouvel organisme* ou à *il devra être employé un papier épais,* qui paraissent assez pesants, beaucoup préféreront *on a créé..., on devra employer...* Mais la tournure impersonnelle est parfois elle-même celle que l'on choisit, lorsqu'on ne souhaite pas insister sur l'auteur d'un acte, car plus encore que l'emploi du pronom *on,* cette tournure a l'avantage d'autoriser un certain vague. Ainsi, on pourra décider de dire *il avait été promis,* voulant en réalité faire comprendre que celui à qui l'on parle avait promis, mais préférant l'impliquer au lieu de dire, de manière plus directe : *vous aviez promis.* Si le modèle anglais a pu ici et là, dans la langue de la presse en particulier, favoriser l'extension des tournures passives, il ne les a pas créées, ni même répandues à un rythme d'invasion.

Il est possible que certaines structures elliptiques soient des décalques de l'anglais. C'est le cas, surtout, de celles qui omet-tent le verbe *être,* et que l'on rencontre dans le style scientifique : *tel que mentionné ci-dessus* ; *nuisible, même si inconscient* (au lieu de *tel qu'il a été mentionné ci-dessus* ; *nuisible, même s'il est inconscient*), sur le modèle de l'anglais *such as mentioned above* ; *harmful, even though* (ou *even if* ou *if* tout court) *unconscious*[2], etc. On voit qu'il s'agit d'un point particulier, qui ne peut avoir d'incidence réelle sur la syntaxe du français.

---

1. Vinay et Darbelnet, *op. cit.,* p. 136.

2. Il est piquant de rencontrer cette tournure dans un ouvrage consacré à la défense du français contre la « marée montante » des anglicismes, *Langue française à l'épreuve,* de D. Daguet, Troyes, Librairie Bleue, 1984, p. 75 (« il s'agit là [...] d'une agression caractérisée, même si inconsciente »), ouvrage au demeurant plutôt modéré.

Il existe, également, des emprunts ou des décalques de mots grammaticaux, comme *et/ou,* transposition de *and/or,* que l'on peut traduire en français par « au(x)quel(s) s'ajoute(nt) ou bien se substitue(nt) ». Il est possible aussi que la fréquence de *vs,* abréviation de *versus,* adverbe latin dont un certain style d'anglais latinisant a fait une préposition au sens de « par opposition à », « en regard de », soit due en français au modèle anglais. Mais dans ce cas comme dans celui de *et/ou,* il s'agit d'un emploi limité à la prose scientifique, et sans incidence sur le français de tous les jours.

Certains emplois de mots grammaticaux dans des contextes où ils sont inconnus du français traditionnel pourraient également provenir de l'anglais. Ainsi, dans les travaux scientifiques, on rencontre souvent, explicitant le contenu du titre, un sous-titre qui commence par l'article *un,* comme dans *Le bilinguisme au Canada : une étude sociolinguistique,* au lieu de *Le bilinguisme au Canada : étude sociolinguistique,* ou *Les adjectifs français : un essai de classification,* au lieu de *Les adjectifs français : essai de classification*[1]. De fait, l'anglais, ici, emploie régulièrement l'article.

Il existe encore certains décalques grammaticaux, qui ne paraissent pas exercer d'effet sur le système du français. Ainsi, la manière anglaise (britannique, et assez peu répandue aux États-Unis) de rendre l'irréel dans des subordonnées que le français met au subjonctif, ou à l'infinitif, consiste à faire précéder le verbe d'un auxiliaire au passé, de sens final ou volitif, essentiellement représenté par *might* et par *should* : *the UN delayed the session, so that the Soviet delegate might attend,* « l'ONU a reporté la séance, pour que le représentant de l'URSS y assiste », ou *it was decided that the text should be rewritten,* « on a décidé de récrire le texte ». Une traduction hâtive, par économie d'effort mais non de mots, conserve les auxiliaires de l'anglais. De là, sans doute, le grand nombre de verbes *pouvoir* et *devoir* dans la presse francophone d'aujourd'hui. Mais il n'est ni incorrect, ni, par conséquent, dommageable pour la grammaire, de traduire par *puisse y assister* au lieu d'*y assiste* et par *devait être récrit* au lieu de *de récrire.* De même on dit : *du haut de la tour*

---

1. Le même usage paraît attesté dans la presse. G. W. Barlow, que je remercie, me cite l'extrait suivant de *L'Événement du jeudi* (13-19 février 1986) : « Le pouvoir, Frédéric Dard, *un* trésor de tendresse et de loyauté, n'en a rien à cirer. »

Eiffel, on peut voir Paris (from the top of the Eiffel Tower you can see Paris) aussi bien que *du haut de la tour Eiffel, on voit Paris* (certaines langues marquent syntaxiquement la différence : en finnois, l'objet, ici, est un sujet, soit au nominatif, soit au partitif). Certes, le français classique ne faisait pas de *devoir* et *pouvoir* un emploi aussi large que le français d'aujourd'hui. Mais ce changement n'a guère d'incidence sur la morphosyntaxe des auxiliaires modaux en français.

D'autres usages encore peuvent être mentionnés, qui se situent à la frontière de la grammaire et du lexique. Ainsi, le mot *tel* est parfois employé dans celui des sens de l'anglais *such* auquel correspondrait plutôt, en français plus classique, une expression comme *de ce genre* ou *de ce type* : *de tels individus* (au lieu de *les individus de ce genre) devraient être surveillés.* La préposition *à* tend à se substituer à la préposition *sur* dans des expressions courantes probablement inspirées du modèle anglais, qui utilise *at* plutôt que *on* : *au niveau des ventes, à la demande, à vos mesures,* au lieu de *sur le plan des* (ou *en ce qui concerne les) ventes, sur demande, sur mesures,* respectivement. Les mises en facteur commun d'un même régime pour deux prépositions, sur le modèle de l'anglais scientifique, font partie de certaines variantes du style journalistique ou savant : *la croyance en et la révérence pour Dieu,* ou même, avec unification des structures, *est-ce grâce ou malgré ces obstacles que sa personnalité s'est affirmée ?* (suppression nivelante du *à* de *grâce à,* considérée par les grammairiens comme franchement incorrecte). Plus fréquente paraît être la non-reprise de la préposition devant un élément coordonné : *pour votre sécurité et votre confort, par le fer et le feu,* au lieu de *pour votre sécurité et pour votre confort, par le fer et par le feu,* qui sont sans doute plus classiques. Mais il n'est pas évident, bien que cette non-reprise soit l'habitude en anglais, qu'il s'agisse ici d'une influence de cette langue. Enfin, lorsque le français et l'anglais se servent d'un verbe de même racine, on adopte parfois la construction anglaise, même si elle est jugée fautive par nombre d'anglophones : on lit ainsi, dans les textes scientifiques ou dans la presse, *X est substitué par Y (X is substituted by Y),* au lieu du plus classique *Y est substitué à X.*

Tous ces usages constituent-ils une sérieuse menace pour le français ? L'intégrité d'une langue n'est pas une notion aisée à concevoir, en dépit de la passion que certains engagent dans sa défense. Une langue est un état d'équilibre, perpétuellement perdu puis reconquis, entre des pressions contraires. Inscrivant la langue dans le changement, ces pressions en font un objet historique. On peut admettre que pour tous ceux qui assignent à leur langue la définition de leur identité culturelle, des contaminations radicales et fulgurantes soient susceptibles d'apparaître comme de redoutables menaces. Mais chacun voit que les influences dont il vient d'être question ne mettent en cause que certains détails de la morphologie et ne modifient presque rien dans la syntaxe. Même si elles étaient plus importantes, ou qu'il fût clair qu'elles transforment la physionomie du français, les amants de sa pureté devraient, bon gré mal gré, l'admettre, eux qui ne se soucient guère de l'état du latin au moment où les langues romanes s'édifiaient sur ses ruines. Mais il n'est même pas nécessaire qu'ils fassent l'effort qui leur permettrait d'apercevoir la vanité d'une vue statique de la langue. Car aucun des domaines, autres que le vocabulaire, où se perçoivent les appels de l'anglais, au demeurant assez discrets, ne s'est laissé séduire. Son influence reste assez faible sur les parties les plus structurées de la langue, celles-là mêmes qui lui confèrent ses propriétés typologiques : morphologie des composés et des dérivés, règles d'accord syntaxique, emploi des prépositions, ordre des mots, tropismes de l'adjectif, structures de phrases. Sur les marques nominales de détermination, de genre, de nombre, sur les marques verbales de personne, de temps, de mode, de voix, bref sur l'ossature profonde ou sur les nervures ramifiées qui définissent la langue française, l'incidence des importations anglaises, qui font tant gronder les gardiens d'un trésor linguistique sans taches et sans histoire, est, de toutes manières, à peu près nulle. Non seulement le modèle anglais n'a rien altéré, mais il a souvent constitué un apport fécondant, ou l'occasion d'un renouvellement par le retour à des sources taries qui se remettent à jaillir. L'anglais n'a pas atteint le noyau dur de la langue française.

Le lexique, espace topologique

Prêts et emprunts

Il est bien connu que le vocabulaire est beaucoup plus ouvert à l'emprunt et aux influences extérieures que ne l'est la grammaire. La raison principale de cette situation est que le vocabulaire est beaucoup plus malléable, parce que moins rigoureusement structuré. On ne peut donc pas considérer qu'en y pénétrant, même sur une large échelle, les mots et les expressions de l'anglais mettent en péril les structures de la langue, seul domaine important, parce que constituant sa charpente.

Malgré cela, il ne manque pas d'avertissements angoissés sur le destin du français, que l'on dit envahi d'éléments étrangers. Au vrai, selon l'époque et la langue que l'on mettait en accusation, il n'en a jamais manqué. Une évaluation datant du début des années soixante fixait à quelques milliers les mots et expressions de l'anglo-américain introduits en français depuis 1945[1]. Mais si l'on prenait à la lettre ce genre d'évaluation, il faudrait considérer que l'on parle aujourd'hui en France un hybride de deux langues, et non plus le français, puisque c'est à un maximum de quelques milliers, précisément, que se chiffrent les mots de la conversation courante chez un Français de niveau culturel moyen. L'évaluation citée, par conséquent, n'aurait de signification et d'utilité réelles que si l'on identifiait clairement ce qui est inclus dans le décompte, et en particulier si l'on chiffrait exactement les mots courants par opposition aux termes techniques. En outre, même s'il était vrai que la situation fût alarmante, le cas du français serait loin d'être unique : « [...] durant les vingt années qui ont suivi 1945 », écrit un spécialiste de l'allemand[2], « il s'est introduit plus d'anglicismes dans la langue allemande qu'à toute autre époque [...]. Depuis la fin de la Seconde Guerre mondiale, l'Allemagne, elle aussi, est atteinte d'une vague d'anglicismes qui balaie toute l'Europe occidentale. »

Il est vrai, pourtant, que, par un aspect, le cas du français est spécifique : malgré d'importants changements de ce qui s'enseigne à l'école et au sein des familles, les francophones sont élevés encore sur la base de quelques vérités premières, comme le prestige international qui portait partout, autrefois, la renommée de leur langue ; ils ne peuvent donc s'empêcher d'établir des parallèles. De fait, leur intuition peut se soutenir de données chiffrées : le français est certes devenu langue emprunteuse, de

1. R. Étiemble, Le babélien, op. cit., deuxième partie, p. 69.
2. B. Carstensens, Englische Einflüsse auf die deutsche Sprache nach 1945, Heidelberg, Winter, 1965 ; cité par P. Trescases, Le franglais vingt ans après, op. cit., sans indication de page.

langue prêteuse qu'il fut longtemps ; mais si l'on examine les mouvements de vocabulaire sur une large tranche de temps, on découvre que, de 1550 à 1950, le français a emprunté environ 600 mots à l'anglais, alors que les emprunts de l'anglais au français passent de 897 en 1750 à 1 116 en 1800 puis à 1 914 en 1854[1]. Replacé dans ce cadre à grandes unités, l'afflux contemporain de mots anglais en français semble moins impressionnant, même si les raisons qui peuvent l'expliquer (v. chapitre III) ne paraissent pas près de s'effacer.

Cela dit, il est vrai que l'on entend couramment, dans le français d'aujourd'hui, de nombreux mots anglais directement empruntés sans modification autre que de prononciation. Parmi ces emprunts, dont certains sont anciens, on trouve surtout des noms, mais également des verbes et adjectifs (20 % et 25 % respectivement, mais à condition d'y inclure les calques et les traductions, s'ajoutant aux emprunts directs), et même des prépositions ou des adverbes employés comme des adjectifs invariables : *in* (comme dans *c'est tout à fait in, ici*), *off, out*, etc. De la liste des noms, on peut extraire, à titre de simple rappel, les termes suivants, parmi lesquels apparaissent quelques vétérans : *airbus, attaché-case, bacon, badge, boat-people, brain-trust, businessman, clone* (en botanique et en biologie, descendance par reproduction asexuée [1903]), *clown* (1817), *cocktail, copyright, cow-boy, drugstore, duplex, ecu* (ECU, soit « European Currency Unit », par rencontre tout à fait fortuite (?) avec le vieux mot français *écu* donnant à ce sigle une physionomie familière), *ferry-boat, gadget, gag, hold-up, kidnapping, music-hall, planning, pub, racket, reporter, sandwich, standing, starter, suspense, week-end, whisky*, etc.

Peut-on pourtant parler vraiment d'un raz de marée ? En réalité, nombre des emprunts directs à l'anglais sont, comme on peut le voir même dans ce petit échantillon, des mots techniques de certaines professions, que n'emploient pas couramment la totalité des francophones ; ou bien ce sont des mots surtout usuels dans certaines classes sociales, mais non partagés par toutes ; ou enfin, il s'agit de mots de civilisation, désignant des réalités auxquelles les francophones, ou un bon nombre d'entre eux, se sont habitués ou attachés, les ayant à l'origine reçues du monde anglo-saxon. D'autre part et surtout, le nombre de ces

---

1. K. Gebhardt, *op. cit.*

emprunts demeure faible en comparaison de celui des noms, verbes et adjectifs du vieux fonds français qui fournissent le gros de la matière lexicale. *Aller, dire, enfant, entendre, faire, femme, grand, maison, manger, penser, petit, pouvoir, prendre, rouge, savoir, voir, vouloir,* etc., sont des mots que l'on ne remarque pas. Qui prête seulement attention à leur énorme fréquence ? Si les mots anglais se remarquent, s'ils sont la cible des fulminations puristes, c'est que leur nombre et leur fréquence, au moins pour les emprunts les plus récents, demeurent assez périphériques pour que leurs traits en soient plus accusés, surtout lorsque leur prononciation ne s'est pas encore francisée.

La cohorte des clandestins

Il se trouve que les emprunts les moins apparents se rencontrent dans le lexique des demi-lettrés, ou même des lettrés de vieille souche, et non dans celui des usagers les moins cultivés. Il s'agit, en effet, de mots anglais d'origine romane, dont la plupart n'appartiennent pas aux registres les plus courants. Étrange histoire de ces latinismes tardifs, que l'invasion normande fit pénétrer en masse dans l'anglais du Moyen Âge, sans que celui-ci devînt pour autant du français ! Loin d'y perdre son identité, comme on craint aujourd'hui qu'il n'arrive au français dans l'aventure symétrique, l'anglais y gagne au contraire une foule de doublets, ou groupes de deux mots, l'un saxon, l'autre roman, qui aboutissent à étendre immensément son vocabulaire. Ces doublets ne créent pas, comme on aime parfois à dire, de redondance ni de surcharge, mais un enrichissement, même lorsque la nuance qui sépare le mot roman de son équivalent saxon est surtout stylistique ou sociale : ainsi, pour ne prendre que deux exemples, *dolorous,* « douloureux » et *to disseminate,* « disperser » sont plus recherchés que leurs correspondants saxons *sorrowful* et *to scatter* (en admettant que les sens ne soient pas différents).

Or l'anglais, allant, sur certains points, plus loin que le français dans la voie latinisante, a conservé des mots d'origine grecque ou latine que le français d'aujourd'hui ne possède plus[1] ; ou

---

1. Parfois, le français les lui a empruntés depuis longtemps, et ne les possède donc que grâce à ce processus d'emprunt, apte à enrichir la langue, et qu'on devrait, dès lors, éviter de charger de tous les crimes, en particulier quand la

bien il s'est doté de certains mots qui n'existaient pas dans le francien du XIᵉ siècle ; ou enfin, il a donné, selon son évolution interne, des sens nouveaux à des mots romans qu'il partage avec le français. Ainsi s'est creusée une mine inespérée pour la jouissance excommunicatrice des censeurs les plus vétilleux. Ceux-ci, en effet, aiment à débusquer les fautes insidieuses. Or le visage familier qu'arborent pour tout francophone les mots anglais de souche latine, c'est-à-dire de souche semblable à celle de la plupart des mots français, assure auxdits anglicismes l'hospitalité

---

ressemblance des profils a permis aux « intrus » de s'acclimater parfaitement. Qui songerait aujourd'hui à dénoncer l'origine anglaise d'*agnostique* (1884), d'*esthète* (1882), d'*insanité* (1784), de *malnutrition* (années 1950), de *mentalité* (1877) ou de *respectabilité* (1784) (cf. Rey-Debove et Gagnon, *Dictionnaire des anglicismes, op. cit.*, p. VII, 9, 275, 429, 550, 577, 849) ? C'est à peine si l'on remarque *contraception,* terme d'emploi très officiel même, alors qu'il s'agit d'une formation anglaise empruntée dans les années 1930, qui suit (*contra* + *(con)ception*) la technique des mots-valises (cf. ici p. 28), nettement plus familière aux anglophones qu'aux francophones. Un fait, cependant, est intéressant à noter : le français a certes des contraintes, dans son système de composition nominale, qui conduisent les grammairiens à considérer comme « mal formés » les mots-valises d'origine anglo-américaine *électrocution* ou *héliport*, puisqu'on n'y reconnaît que les faux radicaux **cution* (au lieu d'*exécution*) et **héli-* (au lieu d'*hélico-*), et à plus forte raison *pétrochimie*, où *pétro-* fait penser à la racine grecque signifiant « rocher, pierre », alors qu'il s'agit, comme dans *pétrodollar,* de *petroleum* perdant son *l* dans la fusion ; pourtant, la langue a créé des mots-valises : *progiciel* et *didacticiel,* à partir de *programme* ou *didactique* et de *logiciel* ; *reprographie,* à partir de *reproduction* et de *photographie*.

Il existe des cas plus incertains : *velcro,* à partir de *velours* et *crochet* ; *trimaran,* par préfixation de *tri-* au résultat **-maran* de la troncation du mot anglais d'origine tamoule *catamaran,* formé lui-même, dans cette langue dravidienne du Deccan, de *kaṭṭu* « attache » + *maram* « tronc d'arbre », pour désigner une sorte de radeau ainsi confectionné. J. Rey-Debove (« Incidences de l'anglais sur la morphologie française », *Actes* du IIᵉ Colloque du Groupe d'études sur le plurilinguisme européen, « Langue française — Langue anglaise, Contacts et conflits », tenu à Strasbourg en mai 1986) note que les mots-valises de création française *reprographie, trimaran* et *velcro* ont été empruntés par les Américains, « juste retour des choses », car « ce modèle anglophone a été reconnu par les siens ». Mais dans les dictionnaires d'anglais américain qui me sont disponibles, je ne trouve pas *reprography,* et je ne relève pas de mention d'une origine française pour *trimaran* et *velcro.* Cela dit, je pense qu'on peut accepter ses réserves sur ces « coupes sauvages issues d'amalgames », risquant de conduire à une « opacification des unités lexicales dont on ne peut retrouver les formants ». Mais cette vue doit être tempérée par une conception souple de la morphologie : dans la plupart des langues, même non fusionnelles, bien des faits d'évolution occultent les étymologies.

empressée que l'on manifeste aux hôtes avenants. On est à cent lieues de songer, tant leurs traits sont plaisants, qu'ils n'existent pas en français, ou que leur sens n'est pas celui du mot français le plus ressemblant.

Le propos du présent livre n'est pas de dresser des listes exhaustives (tâche sisyphéenne), ni même de longues listes, de semblables usages, comme celles qu'offrent déjà nombre de travaux aussi méticuleux dans leur facture que vifs dans leur ton[1]. On se contentera donc ici de citer certains des plus représentatifs parmi ces réprouvés félons, que les manuels flétrissent ordinairement du nom de « faux amis » ; tous sont des reprises de mots anglais de souche latine ; or, ces correspondants français, quand ils existent, n'ont pas le sens qu'ils ont en anglais et que le français moderne leur attribue sur ce modèle (on indique ici ce modèle anglais et, entre parenthèses, le mot français équivalent que recommandent les gardiens du bon usage) : *actuel,* sur *actual* (au lieu de *véritable* ou *en réalité*), *agrément,* sur *agreement* (au lieu d'*accord*), *approche,* sur *approach* (au lieu de *méthode, manière d'aborder*), *attractif,* sur *attractive* (= *séduisant* ou *sympathique*), *carriériste,* sur *careerist* (= *arriviste*), *clairement,* sur *clearly* (= *il est clair que*), *concerné,* sur *concerned* (= *intéressé*), *contrôle,* sur *control* (= *autorité*), *conventionnel,* comme dans *armements conventionnels,* sur *conventional* (= *classique*), *courant,* sur *current* (= *actuel*), *déception,* sur *deception* (= *tromperie*), *développer,* sur *develop* (= *accroître*), *demande,* sur *demand* (= *exigence*), *diète,* sur *diet* (= *régime*), *discrimination,* sur *discrimination* (= *distinction*), *efficient,* sur *efficient* (= *efficace*), *ignorer,* sur *ignore* (= *abandonner,* ou *ne pas tenir compte de*), *impératif,* sur *imperative* (= *obligatoire*), *information,* sur *information* (= *renseignement*), *initier,* sur *initiate* (= *être le début* ou *la cause de*), *majeur,* sur *major* (= *important*), *mineur,* sur *minor* (= *peu important*), *opportunité,* sur *opportunity* (= *occasion*), *pamphlet,* sur *pamphlet* (= *petit livre*), *papier,* sur *paper* (= *article*), *partition,* sur *partition* (= *partage*), *possible,* sur *possible,* comme dans *un possible retour* (= *éventuel*), *pratiquement,* sur *practically* (= *qua-*

---

1. Le plus connu était, dans les années soixante, l'ouvrage de R. Étiemble *Parlez-vous franglais ?*, *op. cit.* On peut aussi constituer des listes impressionnantes si l'on exploite méthodiquement les articles parus, durant les quarante dernières années, dans les grands journaux francophones du monde, sous les rubriques de langue, dont l'inspiration est généralement plus grammairienne que linguistique. Sur la différence entre ces deux notions, cf. p. 143, n. 2.

siment), *privé,* sur *private,* comme dans *son avion privé* (= *personnel, particulier*), *proéminent,* sur *prominent* (= *en vue, bien connu*), *rampant,* sur *rampant*[1] (= *clandestin, déguisé*), *réaliser,* sur *realize*[2] (= *se rendre compte de*), *réhabiliter,* sur *rehabilitate* (= *restaurer* [*objets*], *guérir d'un handicap*[3] [*individus*]), *relaxation,* sur *relaxation* (= *détente*), *réservation,* sur *reservation* (= *location*), *routine,* sur *routine* (= *règlement* ou *norme*), *sanctuaire,* sur *sanctuary* (= *refuge*), *sévère,* comme dans *une blessure sévère,* sur *severe* (= *grave*)[4], *sobre,* sur *sober* (= *sérieux, rassis, modéré*), *solidement,* comme dans *département solidement socialiste,* sur *solidly* (= *massivement*), *sophistiqué,* sur *sophisticated* (= *raffiné, perfectionné, ultra-moderne*), *suite,* sur *suite* (= *appartement d'hôtel*), *technologie,* sur *technology* (= *technique*).

On peut comprendre que la myopie du contemporain inspire une croisade puriste contre ce type d'usage. Les milieux grammairiens aiment à dire que la corrosion du vocabulaire par des agents externes ne menace pas seulement la rectitude des mots, mais aussi celle de la pensée. Mais pour ces agents, le statut d'intrus n'est que momentané. Ce qui d'abord prend l'aspect peu avenant d'un œdème infectieux est bientôt résorbé, tant est grande la faculté d'assimilation qui caractérise le lexique. La vaste croisade anticancéreuse où s'investissent tant d'énergies est certes interprétable dans une perspective culturelle et politique. Mais elle est vaine, car un bon nombre des anglicismes qu'elle prend pour cibles sont si subreptices que la vigilance la

---

1. Il s'agit d'un cas particulier. L'anglais *rampant,* en effet, n'a pas le sens que l'on donne aujourd'hui à *rampant* en français. L'anglais avait, autrefois, emprunté ce mot au français avec le sens d' « exubérant, effréné, violent », qui est toujours le sien aujourd'hui dans cette langue. Mais c'est avec le sens de « clandestin, déguisé, sournois » que le français l'a repris, peut-être sous la pression sémantique du verbe *ramper.*

2. On donne ici à ce mot son orthographe américaine, avec un *z,* au lieu de l'orthographe en anglais britannique (*realise*), puisque, comme on l'a dit, c'est surtout à partir des États-Unis que se répand aujourd'hui l'influence de l'anglais.

3. Ce mot lui-même est d'origine anglaise, mais il appartient depuis longtemps au vocabulaire français. On le trouve déjà dans le *Dictionnaire* de Littré (1872).

4. La diversité des sens de l'anglais *severe* a pour conséquence, dans les styles les plus marqués par cette influence, la disparition des adjectifs chaque fois différents qui correspondent, en français, à ces sens : on dira ainsi *une crise sévère, un froid sévère, une fièvre sévère,* au lieu d'*une crise aiguë, un froid rigoureux, une forte fièvre* respectivement.

plus alertée ne peut suffire à les débusquer. Les intellectuels, traditionnellement prévenus, dans le soin qu'ils apportent à leur langue, contre ce genre d'infiltrations clandestines, ne sont pourtant pas, eux-mêmes, à l'abri. Le mot *problème,* par exemple, dont le sens français classique correspond assez bien à leur activité réflexive et à leur quête de solutions, leur est si familier, qu'ils tendent souvent, sans y prendre garde, à l'utiliser en son sens anglais de « difficulté, ennui, déficience ». De là une inflation de son emploi : *une situation pleine de problèmes*; *des gens à problèmes,* etc. L'intellectuel ne se distingue qu'à peine, sur ce point, des parvenus de la culture, qui parlent en toute occasion des *problèmes d'alimentation en eau,* du *problème (de) ramassage des ordures,* des *problèmes d'intestins,* etc.

Cette difficulté de déceler un intrus au visage habilement couvert permet de mieux comprendre pourquoi les anglicismes latinisants trouvent tant d'écho. Les linguistes eux-mêmes, dont une des tâches essentielles est d'expliciter les processus inconscients qui commandent l'activité de parole, ne le font pas toujours quand c'est de leur propre inconscient qu'il s'agit : ils ont « traduit » par *performance* (au lieu d'*activité de parole,* justement), sans s'aviser que ce mot en français a un sens tout différent, le mot anglais *performance*; ce dernier représente un des concepts fondamentaux de la théorie dite grammaire générative. Ce sont des linguistes encore qui parlent de *locuteur natif* au lieu de *locuteur indigène.* Il n'est pas jusqu'aux expressions latines elles-mêmes qu'à l'occasion, et sans y prêter attention, ils ne détournent de leur usage français pour leur donner, par un transfert sans traduction, le sens qu'elles ont en anglais : ainsi, *ad hoc,* très courant dans la littérature des linguistes générativistes[1], est appliqué à un procédé sans valeur générale, que l'on adopte pour résoudre un problème ponctuel, alors que le français emploie cette expression latine, en un sens plutôt neutre que péjoratif, pour tout ce qui est adapté à un usage spécifique.

---

1. Cf., par exemple, N. Ruwet, *Théorie syntaxique et syntaxe du français,* Paris, Éd. du Seuil, coll. « Travaux syntaxiques », 1972, *passim.* Cette absence d'effort pour traduire de manière adéquate les termes techniques n'est qu'un cas particulier de la situation que décrit un bon spécialiste de la terminologie et de la morphologie, P. Lerat, dans un article qui dénonce la langue galimatiesque des travaux français où sont présentés les résultats de la linguistique américaine : « Anglicisme et emprunt terminologique », *Le français dans le monde,* n° 183, 1984.

Les intellectuels et tous professionnels de la langue française emploient couramment, ne sachant pas les identifier tant ils se dissimulent bien, non seulement des *mots,* comme on vient de le voir, mais encore des *expressions* de facture anglaise : *j'aimerais appeler votre attention sur* (*I would like to call your attention to*), au lieu de *je voudrais attirer votre attention sur* ; *prendre en compte* (*to take into account*) au lieu de *tenir compte de* ; *paver la voie à* (*to pave the way to*) au lieu d'*ouvrir la voie à* (pour les Anglo-Saxons à l'esprit « pragmatique », diront les amateurs de lieux communs ethnopsychologiques, ouvrir une voie suppose un revêtement qui la rende carrossable !) ; *votre attention, s'il vous plaît* (*your attention, please*), car sous l'envoûtement des voix suaves des hôtesses d'aérogares, que distille un doux et nostalgique écho, quel homme, même cultivé, n'en vient pas à oublier la formule française un peu rude d'autrefois : *attention, attention !*, mise en préambule à toute annonce ou information dans un lieu public ? On trouve encore *rencontrer* au sens de « satisfaire », qui est un des autres sens du verbe signifiant en anglais « rencontrer », à savoir *to meet* : *to meet the requirements,* « satisfaire les exigences » ; ainsi, selon un journaliste, « la volonté des Allemands de se constituer en grand Reich était susceptible, si elle était rencontrée à temps, de servir la paix [1] ». Une autre difficulté vient s'ajouter à l'anonymat de ces mots dont l'estampille est si bien dérobée aux regards les plus pénétrants : on ne peut pas toujours y démêler les parts respectives de l'évolution interne et de l'emprunt. Ainsi, le pluriel *activités,* au sens d' « occupations », pourrait s'être introduit à partir de l'anglais *activities,* mais rien ne permet d'écarter une évolution propre au mot français.

Le texte du présent livre lui-même contient peut-être de ces clandestins qui ont échappé à l'auteur et qui n'auraient pas trompé la vigilance de gardiens plus attentifs. Mais à quoi bon épuiser ses forces dans une battue aussi vaine, contre un gibier aussi insaisissable ? Une autre attitude est possible, que l'on exposera plus loin (cf. p. 140-141).

Il n'a été question, jusqu'ici, que des anglicismes dont un observateur attentif et zélé peut déceler l'origine. Mais que dire des calques, à savoir des traductions mot à mot d'un composé ou d'une expression entière de l'anglais (on ne sait pas toujours, au reste, où s'arrête la traduction proprement dite, qui ne donne

---

1. *Le Monde,* 13 et 14 janvier 1985, p. 2.

pas d'équivalent littéral de chaque élément composant, et où commence le calque, qui donne, en principe, ces équivalents) ? Pour peu que les mots français choisis en tant que calques construisent un ensemble acceptable, et à condition, évidemment, que les évocations liées à des références culturelles souvent irréductibles les unes aux autres ne soient pas trop insolites, il peut arriver que le calque soit assez heureusement façonné pour échapper à la vigilance de la plupart des francophones, et même de nombreux puristes : peut-on identifier avec une égale sûreté comme des anglicismes aussi bien *prêt-à-porter* (*ready-to-wear*), *contrôle des naissances* (*birth-control*) que *soucoupe volante* (*flying saucer*) et surtout *gratte-ciel* (*sky-scraper*) ? Et parmi les locutions usuelles, la chasse aux intrus fera-t-elle découvrir *dites-le avec des fleurs* (*say it with flowers*) et *donner le feu vert* (*to give the green light*)[1] ? Au reste, comment songer un instant à pourchasser les calques, alors que la multiplication des contacts entre groupes humains depuis des temps immémoriaux fait que la plupart des langues humaines en contiennent une quantité considérable, et qu'au bout d'un certain temps, nul ne s'avise, ni n'a le pouvoir, de les démasquer ?

Degrés d'assimilation

Même quand l'action défensive en faveur du français va au-delà de la simple ratification d'usages que l'on juge recommandables, ses résultats demeurent limités. Le lexique est une matière malléable. Il est difficile d'orienter son évolution en la pliant à un dessein général. Le vocabulaire change au gré des modes et des contingences historiques. Les mots nouveaux sont pour lui comme un apport nécessaire d'oxygène. On ne peut diriger tous ses tropismes. C'est un espace topologique. Dès lors que des mots étrangers, ou les sens étrangers de mots que le français partage avec d'autres idiomes, ont reçu dans l'usage la caution du plus grand nombre, ils appartiennent à la langue. La contestation puriste est aussi compréhensible dans ses mobiles que dérisoire par sa portée. On peut, certes, s'expliquer que les censeurs n'aient pas, à chaud, le détachement qu'il faudrait. Mais il en est des mots nouveaux comme de tout ce qui est nou-

---

1. Cf. Rey-Debove et Gagnon, *Dictionnaire des anglicismes, op. cit.,* p. x.

veau. Le même qui condamne aujourd'hui ne songe pas à excommunier ce qui a fait gronder autrefois un censeur animé de sentiments exactement semblables aux siens. Car entretemps, le mot nouveau a perdu sa nouveauté en se creusant, par l'usage, une place dans la langue. Ce qu'on appelle un anglicisme, ce n'est autre chose qu'un mot dont on identifie encore l'origine anglaise ou américaine. Mais dès lors que son emprunt est assez ancien et qu'il a depuis longtemps rallié tous les suffrages, nul ne songe plus à le dénoncer comme un intrus. La notion d'anglicisme est donc étroitement dépendante du degré d'ancienneté. Cette situation recommande une attitude de souplesse. Or, tout à l'inverse, dans la logique de la campagne puriste, une conviction est implicite, qu'il faut rejeter : le français ne peut plus faire autre chose que de se défendre. Vision négative et frileuse, qui méconnaît les ressources vitales d'une langue et sa faculté de digérer les chocs.

On peut en dire autant de la réaction qui est opposée à l'autre type d'emprunts, c'est-à-dire aux mots anglais du fonds saxon, et non plus aux « faux amis » latinisants. Ils s'assimilent assez bien, en général, pour ne pas défigurer le vocabulaire. Le français, d'ailleurs, est « protégé » par sa morphologie, noyau dur de la langue comme on l'a vu plus haut. Cela est vrai, du moins, pour la morphologie verbale. Car elle ouvre la voie à la productivité des mots anglais, dans la mesure où ils donnent lieu à des dérivés typiquement français en -er. Ceux-ci, comme tout verbe français, se conjuguent selon le temps, la personne et le nombre. On peut donc considérer aujourd'hui comme intégrés, à tout le moins dans les registres de langue où ils sont couramment employés, les verbes *filmer* (1908, sur *film*, attesté dès 1889), *flasher* (vers 1960, sur *flash*, introduit lui-même vers 1950 au sens d' « éclair de magnésium produit par un dispositif spécial de photographie sans lumière »), *flipper*[1], *gadgétiser* (sur *gadget*), qui donne un dérivé nominal *gadgétisation*, *jerker* (sur *jerk*,

---

1. Le français distingue un nom *flipper*, prononcé « flippeur », d'un verbe *flipper*. Les sens n'ont à peu près rien de commun, mais les deux mots sont reliés à l'anglais *to flip*, « agiter, faire bouger d'un mouvement vif » : le premier par *flipper*, en anglais « nageoire » et par métaphore « dispositif mobile d'un billard électrique », d'où l'emploi métonymique (prenant la partie pour le tout) en français, alors que le billard lui-même ne s'appelle pas *flipper* en anglais mais *pinball machine* ; le second parce qu'il est la francisation de *to flip* ; mais alors que ce dernier est en anglais un verbe transitif, comme l'indique le sens

emprunt de la fin des années soixante), peut-être appelé à une vie aussi éphémère que le type de danse auquel il réfère, *kidnapper* (vers 1930), *lister, mixer, privatiser, racketter, shampooiner* (inégalement accepté !), *shooter, stresser*[1], *snober* (lancé par Proust en 1921, et formé sur *snob,* emprunt du milieu du XIXᵉ siècle, sans modèle d'origine, puisqu'il existe en anglais *to snub,* non *to snob*), *squattériser* (création « française » par dérivation sur *squatter,* lui-même dérivé du verbe anglais *to squat,* seul attesté, et d'ailleurs intransitif, alors que *squattériser* connaît des emplois transitifs). Même s'il est vrai qu'ils paraissent souvent disgracieux, et que l'orthographe anglaise donne un air insolite à ceux qui s'écrivent avec des lettres ou groupes de lettres peu familiers ou inconnus en français, ils se conjuguent tous comme n'importe quel verbe français du premier groupe à l'infinitif en *-er*[2].

La situation est différente pour les noms anglais empruntés. Certaines langues à déclinaisons naturalisent complètement les emprunts lexicaux quand il s'agit de noms, en les intégrant à leurs systèmes de désinences. Tel est le cas du russe et du polonais, par exemple. Dans cette dernière langue, *szoping* (= *shopping* : la graphie polonaise *sz-* correspond à la même prononcia-

---

qu'on vient de rappeler, le verbe français *flipper* est intransitif et signifie « se sentir déprimé, abattu ». La construction intransitive n'apparaît que vers 1950, en argot américain, avec le sens suivant (donné par le dictionnaire *Webster,* Second College Edition, New York et Cleveland, William Collins & World Publishing Co., 1976, p. 534) : « perdre son contrôle par suite d'excitation, de colère, de folie, etc. ». Ce sens, comme on peut le constater, est fort différent de celui du « français » *flipper,* lequel a en outre l'étrange propriété (en violation de la syntaxe commune) d'avoir, bien qu'intransitif, un participe actif *flippant* = « déprimant » et un participe passif *flippé* = « déprimé ».

1. Bien que dérivé de *stress,* lui-même d'origine anglaise (mais, plus lointainement, ... française, car *distress,* dont il est la forme réduite, remonte à *détresse* et au mot *estrece,* emprunté par l'anglais à l'ancien français vers le milieu du XIIIᵉ siècle), le verbe *stresser* est apparemment une création française. En effet, son sens de « mettre dans un état de stress, c'est-à-dire de tension nerveuse », n'est pas celui de l'anglais *to stress,* qui signifie « fatiguer » ou « mettre en valeur par un accent ou en en soulignant l'importance ». Le français a en outre formé un participe-adjectif dérivé, *stressant,* qui est également une création originale, sans modèle anglais.

2. Il existe aussi des dérivations nominales sur radicaux verbaux ou verbo-nominaux de l'anglais. Certaines peuvent être complexes, comme celles qui s'obtiennent par parasynthèse, c'est-à-dire par affixation simultanée d'un préfixe et d'un suffixe : ex. *surstockage* (mot de spécialité), sur *stock.*

tion que la graphie anglaise *sh-*) fait au cas instrumental, à désinence *-em, szopingem.* D'autres langues, qui sont monosyllabiques, contiennent un nombre clos, *ne varietur,* de monosyllabes. Placé devant l'alternative de traiter phonétiquement le mot étranger par les monosyllabes autochtones qui lui ressemblent le plus ou de traduire sans se préoccuper des sons, le chinois a fini par préférer la seconde à la première solution. Dans son intervention sur « Les problèmes de la standardisation des termes ou locutions de la langue chinoise moderne », lors de la Conférence académique sur la question de la normalisation de la langue chinoise contemporaine (Pékin, octobre 1955), Zheng Jian écrivait : « Quand il existe deux ou plusieurs termes empruntés aux langues étrangères, il faut choisir un de ces termes et abandonner les autres [...]. Il faut garder les expressions qui donnent le sens, plutôt que celles qui donnent le son. » Ainsi ont été évincés, après un temps de vogue éphémère, la plupart des néologismes des années trente : « *bù'ěrqiáoyà* " bourgeoisie " a disparu au profit de *zīchǎnjiējí* " classe qui a les moyens de production " ; *pǔluóliètǎliyà* " prolétariat " s'est, quant à lui, effacé devant *wúchǎnjiējí* " classe qui ne possède pas les moyens de production " ; *kǔdiédǎ* " coup d'État " a laissé la place à *zhèngbiàn* (*zhèng* " politique ", *biàn* " changement ") ; *kǎtōng* " cartoon " est devenu *dònghuàpiàn* (*dòng* " bouger ", *huà* " dessin ", *piàn* " film ")[1]. » On peut encore citer *diànhuà* « téléphone » (*diàn* « électricité », *huà* « conversation »), qui s'est imposé après un succès passager du calque *dé-lù-fēng,* imitant maladroitement la forme sonore de *telephone* et ne faisant aucun sens qui s'en approche ou qui, du moins, ait une cohérence interne, puisque *dé* = « vertu », *lù* = « chemin » et *fēng* = « vent » !

Par opposition à ces langues, le français, pour sa part, n'est pas abrité derrière les murailles des déclinaisons ni derrière celles d'un système clos de monosyllabes. Le français, il est vrai, a montré autrefois quelque aptitude à naturaliser les emprunts. On ne peut deviner, si on l'ignore, l'origine anglaise de *paquebot* (*packet-boat* « navire-[transportant des] colis »), ni celles de *redingote* (*riding-coat* « vêtement-[pour] chevaucher »), de *bouledogue* (*bull-dog* « chien-taureau »), et de *boulingrin* (*bowling-*

---

1. C. Hagège, G. Métailié, A. Peyraube, « Réforme et modernisation de la langue chinoise », in I. Fodor et C. Hagège, *La réforme des langues : histoire et avenir, op. cit.,* vol. II, p. 201 (189-209).

green « gazon-[pour] jouer à la boule »). Littré, qui rappelle que ce dernier mot se trouve déjà chez Mme de Sévigné, dont il donne un passage, cite un texte de 1731, extrait des *Mémoires de la vie du comte de Grammont,* édité à La Haye, dont l'auteur, Hamilton, un grand aristocrate britannique, utilise la forme francisée du mot anglais : « Le jeu de la boule [...] est [...] en Angleterre [...] l'exercice des honnêtes gens ; [...] il n'est d'usage que dans les belles saisons, et les lieux où l'on joue sont des promenades délicieuses : on les appelle boulingrins ; ce sont de petits prés en carré dont le gazon n'est guère moins uni que le tapis d'un billard. »

Si heureuses que soient ces adaptations au phonétisme français, elles demeurent cependant marginales. En outre, elles ne s'accompagnent pas toujours, même dans les cas où ce serait possible, d'une francisation de l'orthographe. D'abord, selon les époques, l'idéologie de l'emprunt varie, tantôt souple, tantôt rigide : parmi les mots dont la prononciation anglaise n'est que légèrement différente de celle qu'on adopte en France, *pickpocket,* introduit en français dès 1792, n'a jamais eu d'orthographe française, alors que *toast,* emprunté vers 1745, s'est d'abord écrit *toste,* pour devenir ensuite, il est vrai (dès 1750), *toast,* à l'anglaise (cf. Rey-Debove et Gagnon, *Dictionnaire des anglicismes, op. cit.,* p. VII et 1039-1040), sans doute à la faveur de la mode anglomane qui régnait alors dans la « bonne » société. En outre, aujourd'hui, l'étroitesse des relations économiques et culturelles, en multipliant les emprunts à l'anglais, rend moins facile la francisation méthodique, qu'il faudrait appliquer à un grand nombre de mots.

A cela s'ajoute que l'écriture française, assez proche de celle de l'anglais du fait d'un alphabet commun, ne permet pas les travestissements qu'autorisent celle du russe ou, plus encore, celle du japonais. Dans ce dernier cas, pour l'oreille déjà, le découpage en syllabes aboutit à une japonisation. Dès lors, même si la langue est pénétrée d'un nombre considérable d'anglicismes, son identité n'est aucunement menacée de s'y dissoudre. Il n'y a plus aujourd'hui au Japon de réaction puriste à indice nationaliste comme il y en eut à la fin de l'ère Meiji et durant la Seconde Guerre mondiale. Si des gardiens du bon usage existent encore à la mode française, ils n'ont pas lieu de condamner leurs compatriotes : malgré l'afflux de mots anglais, il n'y a guère d'offense aux oreilles : *game* « jeu » devient *gamu, jet* « avion à réaction » donne *jetto, microfilm* « microfilm » aboutit à *maikurofirumu,* etc. Et il n'y a nulle offense au regard. En effet, c'est un syllabaire spécial, le *katakana,* typiquement japonais par la forme des signes comme par le découpage syllabique auquel il correspond, qui transcrit ces mots d'emprunt, et les identifie immédiatement comme tels.

Ainsi, l'écriture française est beaucoup moins apte que d'autres à marginaliser les emprunts en provenance de l'anglais. Cependant, les « offenses » au regard ne peuvent s'assortir d'offenses à l'oreille. En effet, le phonétisme du français est trop différent de celui de l'anglais pour que les mots d'emprunt, même lorsqu'ils sont écrits sans changement, soient prononcés comme en anglais. Du moins est-ce ainsi le plus souvent. Seuls échappent à cette habitude quelques mots dont la prononciation est connue de ceux qui les emploient couramment, par profession ou par goût. Ces derniers savent à peu près, même si leur accent n'est pas tout à fait celui d'un anglophone, que dans *design, eye-liner, week-end, feed-back, Irish coffee, flirt, tee-shirt, footing, shooter,* par exemple, « e » et « ee » se prononcent comme un « i », « eye » comme un « aï », « i » tantôt comme « eu », tantôt comme « aï », tantôt comme « i », « oo » comme « ou », « gn » comme « n », « er » comme « eur » (sauf, évidemment, s'il s'agit d'un infinitif français formé sur mot anglais), et que toutes les lettres se prononcent dans *end.*

C'est pourquoi l'esthétique de la langue française, dont R. de Gourmont faisait il y a quatre-vingt-sept ans le sujet et le titre d'un grand livre, n'est pas aussi menacée qu'on le dit. Le seul son anglais tout à fait étranger au système phonologique du français qui paraisse y avoir pénétré est la consonne que les phonéticiens appellent « nasale vélaire » (= articulée par le dos de la langue s'appliquant contre le voile du palais), que l'on trouve dans le suffixe *-ing* de très nombreux mots d'origine anglaise. Encore le processus n'a-t-il pas été très rapide. *Pudding* est signalé dès 1678, mais, à cette époque, la prononciation était « poudingue » (mot attesté en géologie) ; c'est elle que donne encore le *Littré,* deux cents ans plus tard, à l'entrée *pudding.*

Cependant, la multiplication des contacts avec le monde anglophone a eu pour effet de rendre moins exotique la prononciation anglaise du suffixe, en sorte qu'aujourd'hui elle paraît dominante. Sur dix-sept informateurs, douze prononcent le suffixe *-ing* à l'anglaise, c'est-à-dire avec la consonne nasale vélaire notée [ŋ] par les phonéticiens, deux y joignent un -g final, un seul l'articule comme le -igne de guigne, les deux derniers ajoutant un -g à cette prononciation elle-même. Certes, les personnes interrogées dans l'enquête dont il s'agit[1] appartiennent toutes aux classes favorisées des grandes villes françaises, et sont donc fort loin de représenter toute la francophonie, même si on ne considère que la France. Mais qu'elle ne soit encore que très faible ou qu'elle paraisse plus importante, l'intégration de la nasale vélaire [ŋ] pourrait, en tout état de cause, être facilitée par une situation structurale objective : le système phonologique du français, c'est-à-dire celui selon lequel sont organisés les sons et les traits phoniques dont ils sont faits, présente justement, parmi ses articulations les plus courantes, celles qui constituent le [ŋ], à savoir la nasalité, comme dans m ou n, et la vélarité (réalisation du son par la langue appliquée contre le voile du palais), comme dans g. Seule la combinaison de ces deux traits en un même phonème est étrangère. Mais elle ne semble pas créer de difficultés insurmontables, et la fréquence des mots en -ing dans la langue quotidienne est un facteur assez favorable. Cela dit, il n'est même pas évident pour le moment que la nasale vélaire soit assurée d'un brillant avenir en français, puisqu'elle n'apparaît pas ailleurs que dans ce suffixe -ing. Mais on a vu que ce dernier était souvent ajouté à des radicaux avec lesquels il forme des mots originaux, c'est-à-dire inexistants en anglais malgré leur profil anglais, ce qui prouve qu'il est productif.

Quant au tch et au dj des mots anglais introduits en français, comme charter, jean, job, etc., ils sont loin de s'être généralisés dans l'usage : beaucoup de francophones, en particulier en France, prononcent ces mots comme ils sont écrits, c'est-à-dire, selon les habitudes françaises, avec ch et j comme dans chapeau et jeu. Ces sons se trouvent donc traités par le plus approchant ; cela facilite l'intégration des mots qui les comportent, tout comme s'il s'agissait de mots constitués de sons communs au français et à l'anglais et donc peu susceptibles de bouleverser les habitudes articulatoires et acoustiques des francophones.

Puisqu'il est donc établi que les emprunts à l'anglais n'entraînent guère d'offenses aux oreilles dans le vocabulaire du fran-

---

1. Cette enquête est celle sur laquelle se fonde l'ouvrage d'A. Martinet et H. Walter, Dictionnaire de la prononciation française dans son usage réel, Paris, France-Expansion, 1973.

çais contemporain, il n'y a pas lieu de s'alarmer devant les offenses au regard, limitées, d'ailleurs, en nombre : *sexy, cool, off, in, out,* etc. Elles ont en outre elles-mêmes, quelquefois, inspiré des tentatives d'habillage orthographique. Certes, ces dernières ne réussissent pas toujours, et les *boucmacaire, grogue, smoquine, métingue, tramoué,* que proposait R. de Gourmont à la fin du siècle dernier, ont fait long feu. Mais ils sont l'indice d'une tendance à naturaliser par l'orthographe. Cette tendance est bien moins notable en français qu'en espagnol, par exemple (où l'usage est d'écrire *líder, mitin,* ou *fútbol* et non *football*), mais elle existe, et se trouve reflétée dans les graphies populaires de R. Queneau, comme *ouikinde* ou *Nouillorque.*

Le spectre des techniques

En dépit de tous les signes qui invitent à tempérer les prophéties trop sombres, chacun sait qu'un domaine existe bien, dans lequel les américanismes, depuis 1945, accentuent un mouvement d'ascension amorcé beaucoup plus tôt : les termes techniques. Ceux-ci affluent par centaines, sinon davantage. Le français, comme d'autres langues, reçoit en grand nombre les vocables des lexiques spécialisés propres à diverses techniques et professions marquées par le dynamisme et l'innovation[1]. Cependant, il existe des pressions contraires, exercées par des actions dirigistes plus ou moins conscientes. On constate que les nombreux Offices de terminologie qui fonctionnent dans le monde francophone, au Canada et en France surtout, sont déjà parvenus à accréditer des équivalents français. Pour s'en tenir à deux exemples sur un nombre plus important qu'on ne l'imagine, *(salle de) séjour* paraît s'être substitué dans l'usage à *living(-room)*[2], et il semble que *pacemaker* soit en voie d'être évincé par *stimulateur (cardiaque)* (voir p. 128).

Cela dit, il reste qu'un des moteurs de l'évolution du lexique est, comme on sait, le passage du statut de **terme** à celui de **mot** ; pour les unités concernées, il s'agit d'un abandon partiel ou total

---

1. Cf., par exemple, D. Pourquery, *Parlez-vous business ?*, Paris, J.-C. Lattès, 1987.

2. On sait que les Québécois ont créé *vivoir,* adaptation assez heureuse de *living-room* ; mais il ne semble pas que le mot ait rencontré au Québec l'écho que l'on pouvait en attendre.

de l'emploi technique précis tel qu'il se définissait au sein de lexiques spécialisés ; selon un processus imperceptible de banalisation[1], cet emploi est relayé par un autre, plus général ou figuré, qui finit par s'intégrer au vocabulaire commun. Cependant, le passage ne se fait pas mécaniquement ni pour n'importe quel terme technique : les lexiques se stabilisent en fonction des besoins, et leur dynamique interne fixe d'elle-même un seuil de perméabilité. D'autre part, les termes techniques d'aujourd'hui sont loin d'avoir tous une diffusion qui puisse laisser prédire une banalisation générale. Dans un grand nombre de cas, l'usage des termes techniques est limité aux professions correspondantes et à leur clientèle. Il convient de distinguer au moins trois registres : la langue de spécialité ne se confond pas avec la langue commune, et celle-ci diffère, elle-même, de la langue parlée la plus simple. Dans cette dernière, la proportion d'emprunts américains récents demeure faible (moins de 5 %). Les seuls mots d'origine anglaise qui y figurent sont introduits depuis si longtemps et si bien assimilés, qu'on ne les identifie guère : qui songerait à dénoncer comme des intrus les mots *rail* ou *tunnel*?

Une telle situation, au demeurant, fournit des indices sur le proche et lointain avenir : certes, la banalisation des termes techniques peut finir par accréditer en français un nombre considérable d'américanismes ; mais au bout de quelque temps, ils auront, d'une manière ou d'une autre, été naturalisés. Encore leur entrée massive doit-elle avoir pour préalable un nivellement social, dont on ne voit pas forcément les signes aujourd'hui, pour dire le moins. Dans les divers pays francophones, les composantes de la société, reflétées en langue par les trois registres qu'on vient de dire, sont loin d'être identiquement impliquées par les courants qui drainent les mots anglais. L'inégalité devant la langue entraîne l'inégalité devant l'emprunt.

Échanges de bons procédés

Les francomanes outragés ont quelque matière à consolation. Certes, le mouvement de réciprocité par lequel l'anglais lui-

---

1. Cf. R. Galisson, *Recherches de lexicologie descriptive : la banalisation lexicale. Le vocabulaire du football dans la presse sportive. Contribution aux recherches sur les langues techniques,* Paris, Nathan, 1978.

même emprunte au français est loin d'être encore aujourd'hui, ainsi qu'on l'a vu plus haut, ce qu'il fut autrefois : le français n'est plus la langue largement prêteuse qu'il demeura, à partir du déferlement linguistique de la conquête normande, jusqu'au XVIIIᵉ siècle ; les taux se sont inversés depuis cette époque, et si un ralentissement affecte depuis une quinzaine d'années l'extension des américanismes en français, leur courbe n'en est pas interrompue, alors que celle des gallicismes en anglais ne dépasse pas un palier assez modeste. Mais les chiffres, reflets d'une situation objective, impressionnent souvent moins que les expériences individuelles. Or tout lecteur de la presse, des romans, des travaux scientifiques en anglais peut relever dans les textes un grand nombre de mots et expressions directement empruntés au français, sans même l'habillage orthographique qui atténuerait leur effet d'effraction en plein milieu d'une phrase anglaise, puisqu'ils sont écrits, le cas échéant, avec leurs accents aigus, graves ou circonflexes d'origine, ici totalement étrangers.

Seul un ajustement grammatical facilite leur insertion. On rencontre ainsi *à la* suivi d'un nom propre (comme dans *à la Voltaire*), *à la bonne heure, argot, avant-garde, belles-lettres, brioche, brochure, broderie anglaise* (!), *brusquerie, croissant, croix de guerre, débris, dénouement, éclat* (ex. *refinement and éclat*), *en bloc, en passant, entrée* (*to have an entrée into* « avoir ses entrées dans »), *exposé, gauche* (= « maladroit ») et *gaucherie, hors-d'œuvre, impromptu, mélange, œuvre* (plus souvent au sens d'ensemble des réalisations d'un écrivain, d'un artiste ou d'un compositeur, qui est en français celui du masculin *œuvre,* qu'au sens du féminin *œuvre,* qui désigne une réalisation particulière), *panache, par excellence, pâté, pâté de foie gras, pièce de résistance, pot-pourri, précis* (non l'adjectif, mais le nom, comme dans *to make a précis* [c'est-à-dire un abrégé] *of*), *première* (également comme nom), *quiche Lorraine* (l'adjectif désignant l'origine géographique prend ici, selon l'usage anglo-américain et contrairement à l'usage français, une majuscule. On notera que le pluriel anglais est *quiches Lorraine,* l'*s* n'étant ajouté qu'à *quiche*), *raison d'être, régime, savoir-faire, savoir-vivre, tour de force, tout court, vis-à-vis.* On pourrait citer bien d'autres exemples encore, dont le fameux *de luxe* (prononcé *di leuks*), devenu courant, aux États-Unis, dans la langue des marchands, qu'ils vendent des automobiles ou des hamburgers. Il n'est pas sans intérêt de noter que l'acceptation spontanée de la graphie française atteste une moins grande crispation, devant l'emprunt pur et simple, que dans le cas des emprunts anglais en français, à moins que cette sérénité ne soit à la mesure de l'absence de risques.

Un autre cas est celui des mots français utilisés tels quels, eux aussi sans travestissement qui les rende familiers à l'oreille et à l'œil anglo-américains, mais avec un sens qu'ils n'ont pas en français. On connaît, par exemple, l'emploi de *Premier* dans le sens de « Premier ministre ». La naturalisation qui transforme le sens rend certes le mot opaque à un francophone ordinaire. Celui-ci risque fort de ne pas comprendre les mots qui font retour dans le lexique français après un séjour en lexique anglais, par exemple quand il lit dans la presse « le Premier britannique » : au lieu du « Premier ministre britannique », il se pourrait fort qu'il comprenne « le premier des Britanniques (dans un domaine donné) ». Il n'empêche que la nouveauté du sens ne suffit pas à faire oublier la physionomie française du mot, même prononcé à l'anglaise (d'où, peut-être, l'empressement des médias à le rapatrier, malgré les aventures sémantiques qui résultent d'un séjour à l'étranger).

Nul vrai péril à l'horizon

En dépit des prophéties souvent sombres qui s'entendent ici et là, rien n'indique que la langue française soit aujourd'hui submergée par un raz de marée d'anglicismes. Depuis plus d'un millénaire, les usagers du français, surtout ceux qui le parlent avec la spontanéité que des études prolongées n'ont pas entamée, traitent les emprunts en les digérant de mieux en mieux[1]. Ces usagers ne connaissent ni la vigilance inquiète de l'intellectuel prévenu contre les intrus et pourchassant les clandestins, ni le laxisme du marchand qui pense mieux vendre les objets parés de

---

1. Le français, dans ce domaine, est évidemment loin d'être un cas particulier. On peut, parmi une masse d'exemples, retenir celui de l'hébreu israélien qui, du fait du prestige de la langue biblique et de sa pression culturelle, est, comme le français, l'objet d'une attention sourcilleuse de la part de puristes à l'affût de tout écart. Ici aussi, l'anglais est omniprésent et son influence est redoutée par ces censeurs. Pourtant l'hébreu d'aujourd'hui a digéré sans drames et de manière créative bien des mots anglais, comme ce *puncture* qui désignait une crevaison et qui, sous la forme *pantcher,* veut dire à présent « tout ennui ou retard fâcheux ».

noms exotiques. Qui songe, aujourd'hui, à s'en prendre aux mots d'origines germanique, italienne, provençale, espagnole, portugaise, arabe, que le francophone de base a successivement déglutis et assimilés au long des siècles ? La mesure de l'indignation est fournie, en fait, par celle du degré d'ancienneté des naturalisations. Et le débat perdrait, une fois évalué ce degré, une bonne part de son acuité, sinon toute sa charge de passion. Les naturalisations, du reste, sont loin d'être toujours définitives. L'expérience du passé laisse apparaître qu'après les époques d'imprégnation, il arrive souvent que les emprunts reculent fortement : il ne reste qu'un bien petit nombre, en français moderne, des mots italiens tant vilipendés, au XVIe siècle, par H. Estienne. Les rapports entre nations sont un domaine d'infinies variations et de changements imprévisibles. Rien n'indique que les mots anglais dont les plus pessimistes des arbitres du beau langage dénoncent l'invasion en français y soient installés pour toujours, ni même pour longtemps, si évident que soit le lien entre leur pénétration et le dynamisme de la culture américaine.

Ainsi, un relevé pratiqué sur des travaux récents de lexicographie[1] permet d'établir que les suffixes -man et -ing, dont on a vu plus haut la vitalité durant les premières décennies de l'après-guerre, sont aujourd'hui en régression. Mais ce n'est là, dans le domaine des outils grammaticaux, qu'un cas particulier d'un phénomène plus général, dont il est très important de tenir compte lorsque l'on entreprend d'évaluer le degré de pénétration des anglicismes en français ; il en est des emprunts comme de tous les mots, quelle que soit leur origine : pour peu que les réalités qu'ils désignent ne répondent plus à des besoins, ou qu'elles ne soient plus à la mode, ils tombent en désuétude ou dans un demi-abandon, prélude à leur inhumation. L'histoire des mots reflète celle des mœurs et des idées. C'est ainsi que *spleen,* introduit en français dans la seconde moitié du XVIIIe siècle et qui vécut de beaux jours à l'âge romantique en attendant qu'une œuvre célèbre de Baudelaire y associe son nom, l'a depuis longtemps cédé à *cafard,* ou, dans un autre registre, à *déprime.* Le

---

1. Notamment le *Dictionnaire des mots contemporains,* de P. Gilbert, Paris, Société du nouveau Littré, coll. « Les usuels du Robert », 1980, et P. Trescases, « Aspects du mouvement d'emprunt à l'anglais reflétés par trois dictionnaires de néologismes », *Cahiers de lexicologie,* vol. 42, 1983, 1, p. 86-101.

raglan ne se porte plus, et par conséquent, le mot s'est muséifié comme la chose. On ne danse plus guère le *fox-trot* (ou le *fox,* par abréviation), en sorte que le mot est quasiment sorti de l'usage, tout comme son dérivé, le verbe *fox-trotter,* qui fit fureur entre les deux guerres.

Non seulement les anglicismes suivent les aléas de l'histoire des mots et ne sont pas plus préservés que les autres de glisser dans ses chausse-trappes, mais en outre, pour nombre de dérivés et de composés, la quête vétilleuse des origines se révèle un exercice stérile : il y a bien souvent, on l'a montré tout à l'heure, convergence entre les procédés anglais de formation des mots et les techniques qui remontent en français aux modèles latins et grecs, et que l'anglais lui-même avait tout simplement héritées des mêmes sources : certes, le français dit *vision à distance* et non *à distance vision,* mais cela ne suffit pas pour que l'on assigne une origine anglaise à *télévision,* car l'ordre de succession des éléments, s'il est bien celui qui est propre à l'anglais, est aussi celui que l'on trouve dans les termes savants de source grecque. D'où vient, donc, que l'on s'en prenne à l'anglais, alors que s'il a joué un rôle, ce n'est, au mieux, que celui d'un relais sur une voie de transmission à peu près continue ? Sans doute la raison est-elle seulement que l'existence de liens étroits entre la culture française et le vieux fonds des langues classiques laisse croire qu'il s'agit d'un héritage inaliénable ; dès lors, pour peu qu'il emprunte, en faisant retour, des voies étrangères, les censeurs le déclarent impur.

Or même lorsque les modèles d'emprunts ne sont pas gréco-latins mais bien anglais, ils ne mettent en danger, comme on l'a vu, ni le lexique du français, ni, moins encore, sa grammaire. Par suite, toute chasse aux emprunts et toute entreprise de mise en quarantaine ne peuvent avoir d'autre utilité, réelle mais sans doute involontaire, que de contribuer à l'étude évaluative des mouvements du lexique. Isolées d'un examen sérieux des structures morphologiques et syntaxiques, les croisades de cette sorte paraissent obéir à des motivations plus subjectives que scientifiques. Car en réalité, ce que fait apparaître un tel examen, c'est une relative imperméabilité à l'emprunt.

Certes, la conjoncture historique a donné, dans les décennies qui ont suivi la Seconde Guerre mondiale, une impulsion aux anglicismes, depuis les mots purement et simplement introduits avec un vague habillage de prononciation française jusqu'aux clandestins que leur bon air latin rend plus aptes à imposer leur sens bien qu'il soit nouveau en français. Mais il ne s'agit pas d'un déferlement, comme aime à le faire croire la délectation morose des censeurs criant alerte à la calamité. Deux types de fréquences sont à considérer pour se faire une juste idée de la situation. La première, la fréquence dans le lexique, est mesurée par le pourcentage de mots clairement identifiés comme des anglicismes par rapport à l'ensemble du lexique du français contemporain : la proportion est de 2,5 %. Quant à la fréquence dans le discours, elle est de 0,6 %. Selon une étude de 1977, on ne trouve dans le journal *Le Monde,* de janvier à mai 1977, qu'un mot anglais sur 166[1]. En outre, le mouvement est très inégalement réparti selon les genres, les registres de langue, les couches sociales, les thèmes d'entretien : la langue de la réclame contient beaucoup plus de mots anglais que celles du droit canon ou de l'œnologie ; la langue de la critique d'art ou de la littérature en offre beaucoup moins que celles de l'informatique ou de la banque.

Les chiffres de fréquences donnés ci-dessus correspondent à des moyennes. Il est clair que certaines classes d'âge, certaines couches sociales emploient beaucoup plus d'anglicismes que d'autres. Si ce sont elles que l'on considère et si, de surcroît, l'on s'obstine, comme une grande partie des censeurs, à confondre la fréquence d'utilisation dans le discours quotidien avec le pourcentage d'entrées dans le lexique, on aboutit à une image déformée des faits, et aux alarmes qu'elle suscite chez les plus chagrins. En outre, même s'il est vrai que le mouvement de banalisation des termes techniques en mots usuels favorise les emprunts faits à l'anglais (qui fournit la source d'un grand nombre de ces termes), il demeure que le vocabulaire courant du français moderne n'offre pas l'image d'une invasion. Dès lors, et puisque la situation objective ne justifie pas pleinement tant de fracas, il faut se demander quels facteurs ont pu conférer au débat le tour dramatique qu'on l'a vu prendre, au moins dans les années soixante, et encore aujourd'hui ici et là. C'est à quoi l'on va consacrer le chapitre suivant.

---

1. Cette étude, due à G.J. Forgue et V. Klein, est mentionnée dans le *Dictionnaire des anglicismes* de Rey-Debove et Gagnon, *op. cit.*, p. VI.

CHAPITRE III

Les causes du « mal »

La vocation d'emprunt

En dehors du cas très rare des idiomes insulaires totalement isolés, qui, d'ailleurs, ne sont jamais purs, eux-mêmes, de tout contact[1], l'emprunt[2] apparaît comme un processus naturel dans la vie des langues. R. Étiemble, bien qu'il ait été naguère le plus célèbre parmi les pourfendeurs d'anglomanie, n'est pourtant pas aveugle aux conditionnements historiques : « Avant tout », écrit-il[3], « que notre amour de la langue française, que notre volonté de la défendre, au besoin en attaquant ses ennemis, ne nous entraînent pas à perdre le sens de l'histoire, et notamment de l'histoire des langues. Si nous voulons défendre le français contre l'américain, ce ne sera évidemment pas en essayant de le

---

1. On ne connaît quasiment aucun cas de langue dont les usagers n'aient jamais été en relation avec des étrangers. Un cas remarquable de préservation liée à l'isolement insulaire et au souci de s'affirmer contre la langue longtemps dominante (ici le danois) est celui de l'islandais. Les néologismes étrangers y ont toujours, depuis les temps les plus anciens, été en majeure partie rejetés au profit de formations motivées, tirées du vieux fonds de la langue : parmi d'autres exemples, on peut citer *heimspeki,* mot à mot « vision du monde », qui signifie « philosophie » (alors que l'on a tout simplement *filosofi* en danois, norvégien et suédois, langues de la même branche que l'islandais), *smásjá,* mot à mot « petite vue », qui veut dire « microscope », *sími,* formation moderne au masculin sur le féminin archaïque *síma* « corde », ou *smári,* nom du trèfle mais aussi racine du mot signifiant « petit », pour traduire « transistor », parce que les premiers circuits avaient une forme trilobée et qu'ils étaient de petites dimensions. On pourra consulter U. Groenke, « Diachrone Perdurabilität, Sprachpflege und Sprachplannung : der Fall Isländisch », *in* I. Fodor et C. Hagège, *La réforme des langues : histoire et avenir, op. cit.,* vol. II, p. 137-155.
2. Dans ce qui suit, le terme d'*emprunt* s'appliquera, selon l'usage du français, aussi bien au processus d'appropriation des mots étrangers qu'au résultat de ce processus, à savoir le mot emprunté.
3. R. Étiemble, *Le babélien, op. cit.,* troisième partie, p. 20.

figer dans l'état où Littré nous le légua. » Et plus loin, il ajoute[1] : « Ne serait-ce que pour l'avoir depuis plus de trente ans appris chez Vendryes, je sais que " l'évolution des langues n'est [...] qu'un aspect de l'évolution des sociétés ", et qu'il " n'y faut pas voir une marche à sens continu vers un but déterminé ". » Mais c'est pour s'écrier quelques lignes plus bas :

« Que " le rôle du linguiste [soit] fini quand il a reconnu dans le langage le jeu des forces sociales et les réactions de l'histoire ", j'y consens. Mais je ne suis pas un linguiste, moi ; je suis tout simplement un homme, qui se trouve d'autre part être citoyen français, et qui, en tant que tel, ne se sent nullement lié par ce qu'on appellera, selon les cas, la modestie ou l'excessive prudence du linguiste. Je me refuse à considérer que la déchéance de notre langue soit fatale et je crois que si, de la maternelle aux universités, on s'efforce dans toutes les écoles de France de rapprendre aux gens le français, nos enfants, devenus des hommes, sauront rire au nez de ceux qui leur proposeraient de ne point dire *récriture,* mais *rewriting.* »

Les motivations de cette attitude à l'égard du linguiste, personnage à part qui inspirerait au brave citoyen de base un mélange de déférence et d'exaspération, sont plus passionnelles qu'intellectuelles. Si, pourtant, on consent à les examiner, on découvre qu'elles sont fondées sur une hypothèse, selon laquelle l'emprunt, phénomène déclenché par des agents externes, n'aurait pas la fatalité qui l'attacherait à la nature même de la langue. Or les faits sont moins simples. Certes, les systèmes linguistiques devraient logiquement puiser dans les conditions de leur usage en parole, au sein de sociétés qui vivent parfois loin de tout contact, les facteurs de leur équilibre. Pourtant, on doit reconnaître l'existence d'un fait inévitable, avec lequel l'emprunt est fréquemment confondu, bien qu'il n'en soit qu'un des aspects. C'est tout simplement l'évolution des langues. Le texte d'Étiemble passe subrepticement de l'un à l'autre. Et pourtant, les langues ont souvent recours, pour se renouveler, à toute une gamme de procédés en sus de l'emprunt. Comme on l'a vu au chapitre précédent, les formes grammaticales sont celles dont la propension au changement est la plus faible, cependant que, du point de vue du rythme d'évolution, les sons occupent une place

---

1. *Op. cit.,* p. 29.

intermédiaire entre elles et les mots du lexique, lesquels connaissent les évolutions les plus fortes et les plus rapides.

Celles-ci se font souvent par emprunt aux langues étrangères, mais d'autres voies de renouvellement sont celles que peuvent offrir les parlers régionaux, les archaïsmes revivifiés, les transferts de sens, le versement de mots techniques au fonds commun. L'histoire de bien des langues illustre la préférence qui est souvent accordée à ces procédés. M. V. Lomonosov, le grand réformateur du russe au XVIIIe siècle, avait entrepris d'éliminer les mots étrangers, notamment allemands, pour lesquels le russe possédait un équivalent adéquat. Un autre Russe illustre, Lénine, écrira beaucoup plus tard, dans un esprit voisin : « Nous détériorons la langue russe lorsque nous employons sans nécessité des mots étrangers[1]. » Et en écho, Mao Tsé-toung : « En ce qui concerne l'adoption des mots étrangers, il faut assimiler ceux dont nous avons besoin ; il ne convient pas de les importer abusivement[2]. »

Le nationalisme linguistique qui s'exprime dans ces recommandations suggère d'utiliser d'autres procédés que l'emprunt, ou de renoncer à son emploi systématique. Mais évidemment il ne méconnaît pas, car on ne peut la méconnaître, l'importance de l'évolution des langues. Cette dernière est aussi nécessaire aux lexiques que l'est à l'homme le renouvellement de l'air qu'il respire[3]. Un lexique qui serait confiné dans un espace sémantique invariable serait menacé d'asphyxie, faute de s'adapter aux besoins nouveaux créés sans répit par les fractures en chaîne du corps social. Au sein du lexique d'une langue, les glissements

---

1. Cité par R. Étiemble, *Le babélien, op. cit.,* deuxième partie (1960-1961), Causes du phénomène, p. 158.

2. *Ibid.,* p. 160.

3. Dans ses *Selected essays on English usage* (Gainesville [Floride], Florida University Press, 1979, p. 171), T. Pyles expose clairement, non sans quelque polémique, cette réalité, familière à tous les linguistes : les langues sont vouées au changement, ce qui ne veut pas dire à la dégénérescence : « Ce à quoi les dictateurs de la langue s'opposent », écrit-il, « c'est le changement linguistique, ou plutôt tout écart par rapport à ce qu'ils approuvent pour des raisons d'esthétique, de tradition classique ou de pur et simple caprice. Or s'opposer au changement linguistique, cela revient à s'opposer à la réalité. [...] Il est tout à fait vain de s'élever contre la loi de la pesanteur, si déplaisante qu'elle apparaisse quelquefois. Comme l'a fait finement remarquer un observateur de la sottise humaine, on n'infirme pas cette loi en se jetant du haut d'un précipice, on ne fait que la démontrer. »

d'un sens à l'autre sont l'aventure permanente des mots, en deçà même de tout apport étranger. La valeur des mots, face aux réalités complexes et changeantes qu'ils ont pour charge de refléter, subit une baisse qui oblige à les réévaluer, et comme à frapper de nouvelles monnaies, sauf à ne plus pouvoir affronter les besoins du marché des échanges linguistiques, c'est-à-dire à ne plus pouvoir communiquer.

Cela dit, même s'il est vrai que cette évolution, inscrite dans la nature des langues, peut passer par d'autres voies que l'emprunt, ce dernier y tient une place très importante. Le mot étranger pénètre avec la chose lorsque celle-ci appartient à un environnement technique ou culturel trop nouveau pour qu'un mot autochtone la traduise adéquatement. Cela vaut pour toutes les langues. Cela vaut donc pour le français. La chimère qui veut le préserver des maléfices de l'emprunt est sœur de toutes celles qui nourrissent les rêves de pureté. Fantasme adamique de la virginité des langues, protégées par l'amour possessif et platonique du grammairien, même au prix de purges brutales ou de graves amputations, contre toutes les tentations libidinales du contact ! Mais il ne saurait y avoir de langue pure d'apports étrangers. Pas plus qu'il n'y a de race pure. Les langues qui ont donné voix à de grandes civilisations sont toutes, du chinois au sanscrit en passant par le japonais, l'arabe, le javanais, l'hébreu, le persan, le russe, le grec, l'anglais, l'allemand, le néerlandais, l'italien, l'espagnol, le portugais, le français lui-même, des creusets d'influences où se sont mêlés maints apports. C'est justement leur aptitude à digérer successivement ces vagues de mots migrants qui est une des conditions mêmes de leur rayonnement. Aux yeux du puriste radical, leur histoire ne devrait pas pouvoir apparaître autrement que comme celle de misérables aubains.

Il ne s'agit pourtant pas, ici, d'apporter la caution de la linguistique aux inconditionnels de l'emprunt de mots anglais, toujours prompts à pourfendre le conservatisme, et pas toujours désintéressés. Ils auraient beau jeu de se prévaloir de cette caution, venue fort à propos d'une science qui, pour un temps, cesserait, en leur faveur, de se vouer, au-dessus des mêlées partisanes, à la recherche sereine des causes et des effets. En réalité, quand la pression des intérêts économiques qui font affluer les mots commence à se relâcher, le lexique semble rétablir de lui-même un équilibre entre mots indigènes et mots allogènes. Tout se passe comme s'il appliquait une loi des proportions reflétant un seuil de tolérance à l'emprunt. Souligner l'importance de ce dernier dans la vie d'une langue, ce n'est donc pas fournir la clé unique. Le rôle moteur de l'emprunt dans l'histoire de beaucoup d'idiomes n'apparaît clair que pour les pans de leur lexique sur lesquels un consensus s'est dessiné, ce qui ne se fait pas du jour au lendemain.

Le phare-ouest

L'omniprésence de l'anglais américain n'est pas difficile à expliquer. La civilisation américaine a acquis ou consolidé dans de nombreux domaines, depuis plus de quarante ans, une priorité chronologique ou une supériorité qui font quasiment de ces domaines des fiefs des États-Unis. De là les dénominations anglo-américaines qui se proposent, et souvent s'imposent, au monde, et pas seulement aux pays francophones, dans de multiples champs techno-scientifiques ou culturels : parmi les plus évidents, la pétrochimie, l'aéronautique, la physique nucléaire, la biologie, la médecine, l'informatique, le cinéma, la banque, le tourisme, les sports, l'habitation, l'habillement. Dans ces champs et dans bien d'autres, la recherche scientifique, l'invention, la découverte, les méthodes d'action, ainsi que la réalisation, la mise en vente et la diffusion, couvrent l'univers de réseaux commandés en anglais par les États-Unis ou par leurs satellites économiques.

Ce qui est vrai des emprunts terminologiques (sciences et techniques) l'est encore bien davantage des emprunts socioculturels de masse. Les noms anglais d'innombrables objets et notions de la vie courante deviennent vite internationaux. Et comme les noms sont liés à des schèmes de pensée et de comportement, ce qui tend à se répandre sur une grande partie du monde est plus qu'un ensemble de désignations relevant de l'étude lexicale. C'est, quoique les censeurs s'en exagèrent l'influence réelle, un modèle de société, une idéologie, un style de vie, autant de matières pour bien d'autres sciences humaines que la linguistique, de la sociologie à l'économie en passant par la psychologie. Si pourtant cette situation intéresse au premier chef le linguiste, c'est dans la mesure où le mot est lié à la chose par un rapport

79

complexe de réciprocité. Comme on l'a dit, c'est dans son sillage qu'il investit les places ; mais ensuite, les représentations qui s'attachent à lui exercent sur les esprits une pression permanente. La diffusion des emprunts suit la voie ouverte par les objets et les notions que s'est appropriés un large public, à fort recrutement parmi la jeunesse. Mais en trouvant droit de cité dans la langue, ces emprunts, de *baby-sitter*[1] à *unisex(e)* en passant par *clip, cool, hamburger, hot-dog, interview, jean, junkies, leader, look, must, outsider, punk, spot,* etc., créent, comme les objets qu'ils désignent, de nouvelles images culturelles. Car la langue est aussi génératrice de culture, tout autant qu'informée par la culture. Il faut en prendre conscience, bien qu'il n'y ait pas lieu d'en concevoir d'inquiétude exagérée pour l'intégrité du français.

Les voies d'effraction

L'emprunt de mots anglais n'est certes pas pour la langue française le très grave danger que font croire trop de propos alarmistes (cf. chapitre II). Si pourtant il tend à prendre des proportions plus grandes qu'aux autres étapes de l'histoire de la langue, c'est parce que l'époque contemporaine, évidemment, ménage à sa pénétration des voies plus larges que jamais. En effet, ces voies sont celles de la presse et des médias en général, qui, souvent, ne traduisant pas, importent sans changement, et celles de la publicité commerciale. Tous domaines d'activité qui ont connu des progrès énormes au XXe siècle, et particulièrement dans sa seconde moitié.

La situation a radicalement changé, en effet, sur un point capital. Qu'il y ait ou non des moyens réellement efficaces de contrecarrer leur influence, les bâtisseurs de l'usage ne sont plus ceux d'autrefois. Jusqu'au dernier quart du XIXe siècle, l'usage en France était, dans une large mesure, créé par des illettrés. Certes, il importe de rappeler que ces derniers n'en avaient pourtant pas l'exclusivité : contrairement à ce que la tradition gram-

---

1. Ce mot n'est analysable que pour les francophones qui connaissent l'anglais. L'ordre de succession des composants, « bébé + celui qui garde », y est évidemment étranger à la syntaxe française.

mairienne enseigne en France, les « vulgarismes » imputables aux « tendances populaires » ne sont pas les seuls moteurs du changement linguistique, freinés avec plus ou moins de succès par la résistance conservatrice des défenseurs de la norme ; une partie de ces changements est aussi due aux hypercorrections de lettrés, aux interventions savantes comme les italianismes de la Renaissance, et aux usages des classes montantes ou dominantes[1]. Mais il est vrai que les moins lettrés ont pris pendant longtemps une part importante au façonnement de l'usage, dans la mesure même où ils constituaient la majorité des francophones. Or aujourd'hui, l'instruction publique obligatoire a réduit à une minorité le nombre des illettrés véritables (bien que l'analphabétisme fonctionnel[2] soit loin d'avoir disparu). Cette situation fait de la majorité des francophones des lecteurs, réels ou potentiels, de journaux et illustrés.

Mais il y a plus encore : l'immense diffusion des médias crée à grande échelle, dans la population, des récepteurs passifs. Les classes les plus modestes, qui constituent la masse parlante, ne peuvent plus avoir aujourd'hui le rôle qui fut longtemps le leur. La diffusion de certains mots anglais, par les médias tout-puissants et omniprésents, jusque dans les milieux campagnards à la personnalité linguistique autrefois accusée, rend de moins en moins convaincante la sollicitude attendrie pour le langage populaire d'authentique et saine facture française. Cette sollicitude, thème récurrent chez les puristes, et non exempt de quelque condescendance protectrice[3], s'enracine en France dans une

1. Cf. N. Gueunier, « Role of hypercorrection in French linguistic change », in J. A. Fishman *et al.*, eds., *The Fergusonian Impact*, vol. 2, « Sociolinguistics and the sociology of language », Berlin, New York, Amsterdam, Mouton de Gruyter, 1986, p. 124-125 (121-138).
2. Sont définies comme analphabètes fonctionnels, selon les critères américains depuis peu adoptés en France, les « personnes qui ne maîtrisent pas la lecture ou l'écriture, ou sont gravement gênées pour utiliser celles-ci » (*Rapport au Premier ministre*, rédigé par V. Espérandieu et A. Lion, avec la collaboration de J.-P. Bénichou, janvier 1984).
3. Le traitement de ce thème n'est pas non plus exempt de contradictions : d'une part, la sollicitude à l'égard de « la langue du bon peuple » s'assortit de condamnations pour « vulgarisme » ; d'autre part, ces condamnations s'appuient tantôt sur l' « argument » d'archaïsme, tantôt sur celui de progressisme, l'un et l'autre vilipendés. On peut consulter sur ce point B. Muller, *Le français d'aujourd'hui*, Paris, Klincksieck, 1985, ainsi que N. Gueunier, « Présent et avenir du français », *Le français aujourd'hui*, n° 74, 1986, p. 101-108. On voit donc toute l'ambiguïté des nostalgies puristes à l'égard du français sain et

tradition qui pouvait avoir un sens autrefois. Malherbe, au début du XVIIe siècle, recommandait de prendre exemple sur les crocheteurs du Port-au-Foin, en quoi il répétait Ramus, dont la *Gramère* (1562) disait déjà : « Le peuple est souverain seigneur de sa langue, il la tient comme un fief de franc alleu, et n'en doit recognoissance à aulcun seigneur. L'escole de cette doctrine n'est point es auditoires des professeurs hébreux, grecs et latins en l'université de Paris : elle est au Louvre, au Palais, aux Halles, en Grève, à la place Maubert[1]. » Comme on l'a dit plus haut, la situation est moins simple aujourd'hui, et la massification de la culture, autant que le magistère linguistique des moyens audiovisuels, ont pour une part dépossédé l'homme ordinaire de la souveraineté qu'il eut peut-être, autrefois, en matière de langue.

Ceux qui le dépossèdent, ainsi, d'une partie de ses pouvoirs spontanés, et dont il est devenu, souvent, le jouet, ont une énorme puissance. En sorte qu'au lieu de tonner, on devrait s'étonner. S'étonner que le vocabulaire courant du français soit aussi peu atteint, en proportion de ce qu'il devrait être si l'emprunt se répandait aussi vite que se multiplient ses canaux. Quoi qu'il en soit, ce sont ces derniers, c'est-à-dire les voies de pénétration des mots anglais, qu'il faut explorer si l'on veut interpréter le tableau de vie du français contemporain.

Les médias : langue de presse, langue pressée

Ce n'est certainement pas par hasard qu'un parallélisme apparaît aussi clairement entre la courbe des emprunts à l'anglais depuis 1945 et celle des progrès du pouvoir médiatique depuis cette même date. Le taux de croissance annuelle de la consommation en matière de radio et de télévision est de 18,2 % entre 1960 et 1980, cependant qu'en 1981, 93 % des Français possèdent un téléviseur et 95 % un appareil de radio[2]. En quarante ans, le

---

vigoureux du bon peuple de France, lequel, en tout état de cause, n'est plus la source principale de l'usage.

1. Cité par J. Tell, *Les grammairiens français depuis l'origine de la grammaire en France jusqu'aux dernières œuvres connues,* Paris, Firmin Didot, 1874, p. 20.

2. Chiffres tirés du rapport de l'Institut national de la statistique et des études économiques, intitulé « Données sociales », 1984, p. 504 ; cité par N. Gueunier, « La crise du français en France », in *La crise des langues,* textes colligés et présentés par J. Maurais, Québec, Conseil de la langue française, et Paris, Le Robert, coll. « L'ordre des mots », 1985, p. 8 (3-38).

perfectionnement des techniques de communication à distance a été spectaculaire, tant par sa rapidité que par son étendue. La diffusion de l'anglo-américain a suivi sans aucune peine les voies toutes tracées par les progrès de la radio, l'amélioration constante des techniques de télévision, l'apparition des magnéto-phones et leur perfectionnement régulier, l'évolution et la diffusion des arts du cinéma, la multiplication sans précédent des organes de presse écrite. Pour s'en tenir à ces derniers, la portée des quotidiens, hebdomadaires et mensuels de tous bords et de toutes images, aliments uniques de la majorité des francophones de France, qui ne lisent jamais ou presque jamais de livres, a pour résultat d'exposer à l'anglais un nombre d'individus infiniment supérieur à celui des Français qui, poignée de doctes férus de culture transalpine ou amateurs intéressés du jargon courtisan, voyaient fustiger par H. Estienne, dans la seconde moitié du XVIe siècle, leur penchant italianisant. La radio et la télévision, aujourd'hui, sollicitent sans rémission les oreilles françaises.

Certes, une partie du personnel qui officie sur les ondes et sur les écrans réagit contre l'abus d'emprunts. Mais il ne s'agit que d'une partie. Dès lors, les tournures de phrases et les mots américains s'accréditent d'autant plus volontiers et gagnent un public d'autant plus vaste qu'ils reçoivent une caution inestimable : le prestige de ceux qu'on voit et qu'on entend à ne plus pouvoir s'en arracher. Soit dit en passant, l'imprégnation commence dans le lieu même d'où l'américain tire son origine historique, l'anglais d'Angleterre : depuis 1920, un mouvement s'y est amorcé, qu'a précipité, évidemment, la Seconde Guerre mondiale, et en vertu duquel « les journaux, puis la radio, le cinéma et la télévision importent des milliers d'américanismes, dont une bonne partie finit par rester[1] ».

Bien entendu, les réactions n'ont pas attendu longtemps pour se faire jour. Venant après bien d'autres dénonciations, un article de M. Honoré, publié en 1959 dans la revue *Études*[2], disait le pouvoir, à ses yeux redoutable, de la presse écrite et de la radio (on ignorait encore à cette époque, étant donné sa faible diffusion, que la télévision allait un jour décupler cette audience) : « Sans avoir la rigueur des codes télégraphiques, le langage est

---

1. G.J. Forgue, *Les mots américains*, Paris, PUF, coll. « Que sais-je ? », 1976, p. 121.
2. Cité par R. Étiemble, *Le babélien, op. cit.*, troisième partie, p. 5.

lui aussi un code, avec des règles qu'on doit suivre sous peine d'arriver à ne plus se comprendre mutuellement. Si les individus violent ces règles dans la vie courante, leur exemple est déjà nuisible ; s'ils font ces fautes dans un article de journal, c'est bien plus grave, car ils atteignent en quelques heures des centaines de milliers de lecteurs, dont beaucoup ne résistent pas à la contagion ; mais le danger devient extrême si ces individus parlent à la radio qui, touchant immédiatement des millions d'auditeurs, fait incomparablement plus de victimes que la presse. Ainsi le sort de notre langue dépend, pour une très grande part, de la radio. »

Citant de nouveau ce passage dans son *Parlez-vous franglais ?* (*op. cit.,* p. 268), Étiemble ajoute : « Pour des millions d'oreilles non prévenues, elle [la radio] propage le même vocabulaire sabiral que la presse, mais, alors que les journaux n'en proposent qu'une image visuelle (ils donnent rarement la prononciation, sauf quand il s'agit de produits dont la publicité recommande l'achat), la radio propose, c'est-à-dire impose d'un coup, le mot et sa ou ses prononciations. » On préfère ne pas imaginer quels anathèmes cette vertu puriste brandirait à l'encontre de la télévision aujourd'hui !

Mais faut-il ratifier ces sombres avertissements ? Il est vrai que, parfois, le mimétisme anglomane conjugué avec l'ignorance aboutit à des prononciations comiques de noms français ou latins, qu'ils soient propres ou communs. Ainsi celle du *i* qui, au début des années soixante, faisait gronder le même Étiemble parce qu'elle porte avec éclat la marque de la docilité la plus zélée, alors même qu'il ne s'agit pas de choses américaines et que, de surcroît, l'anglais connaît une autre façon d'articuler cette voyelle :

« Au lieu de prononcer à la française, franchement et brutalement, tous les mots étrangers, ils [les " annonceurs français "] ont jugé plus ingénieux, ou plus chic, d'habiller ces mots-là à ce qu'ils croient l'anglaise. C'est ainsi que l'on a pu entendre, ces temps-ci, *Erik Sataïe* pour *Satie, Taïte-Laïve,* pour *Tite-Live.* L'expression *sine die* devint même *saïne daï.* Il est entendu, n'est-ce pas, que tous les *i* se prononcent *aï* en anglais, y compris celui que l'on trouve dans *Sir* et dans *Winston.* Au cours de la première des émissions dont je m'occupe d'autre part à la radio et qui passait le 9 janvier sur France III, j'eus la désagréable surprise d'entendre parler du *Tchanne-Si* et du *Tchenne-Si.* Sous prétexte que ces provinces, nous les transcrivons *Chan-Si* et *Chen-Si,* on leur affecta donc la prononciation *tch* si fréquente en anglais pour les lettres *ch*. Autrement dit, la radio française prononce à l'anglaise la transcription française des mots chinois ! Interprétation d'autant plus maladroite que tant s'en faut que le *ch* anglais se prononce toujours *tch* à l'initiale ; parfois il se prononce *k* comme dans *character,* parfois il se prononce *ch* comme dans *Chicago* que nos ignorantins anglomanes croient devoir prononcer *Tchicago*[1] ! »

On peut s'égayer de ces caricatures. Elles n'ont pas de conséquence durable, et l'on a pu voir au chapitre II que le domaine des sons du français est assez peu pénétrable aux influences étrangères. Il n'est pas vraiment affecté par les manifestations sporadiques d'un commun penchant, chez le Français moyen, à s'identifier aux usages qu'il pare de prestige, y compris quand ils sont purement imaginaires. C'est par des textes, publiés ou lus dans la presse écrite et audiovisuelle, que l'influence de l'anglo-américain sur le français, c'est-à-dire, en fait, sur le *lexique* français, peut le plus sûrement s'exercer. Il s'agit, par exemple, d'adaptations françaises de dépêches d'agences dont beaucoup sont en version originale anglaise, du fait de la puissance et de l'efficacité des moyens d'information maîtrisés par les journalistes américains et britanniques. Les circonstances de la retransmission des nouvelles étant ce qu'elles sont, la caractéristique essentielle tient en un mot clé : la hâte[2]. C'est une course perma-

---

1. R. Étiemble, *Le babélien, op. cit.,* deuxième partie, p. 85 (il convient d'ajouter qu'une des causes de cette prononciation est que jusqu'à l'adoption du système chinois de romanisation, dit *pīnyīn,* on employait à la fois, de manière incohérente, tantôt le système de transcription Wade, système anglais où « ch » se prononce *tch,* tantôt celui de l'École Française d'Extrême-Orient). Des exemples comparables sont cités par D. Daguet, *Langue française à l'épreuve, op. cit.,* p. 88 : « Tel, qui parle de la ville autrichienne d'*Innsbruck,* la transplante sur les bords de la Tamise en prononçant *Innsbreuk* ; tel autre vaticine sur Alexandre *Niouski,* sur Paul *Kli,* et même, ô comble de la bêtise, sur *Bitove* ! Quand on ne connaît pas la prononciation exacte, le mieux est encore de prononcer à la française ! » Certes, mais cette recommandation, bien que sage, ne tient pas compte des effets de l'insécurité linguistique des classes moyennes (cf. plus bas, p. 96). Ces effets assurent la primauté des prononciations « anglaises », dont on attend, pour employer la formule de P. Bourdieu (*La distinction,* Paris, Éd. de Minuit, 1979, p. 252 et *passim*), un profit de distinction.

2. N. Gueunier (« La langue de la presse », *Le français aujourd'hui,* n° 47, 1979) souligne que le mépris de certains puristes pour ce qu'ils appellent « le style journalistique » ou, assez improprement, « la langue de la presse », repose sur la méconnaissance des conditions dans lesquelles sont produits les « discours de presse ».

nente à la nouvelle fraîche. Les plus hardis et les plus prompts mordent à belles dents dans le morceau tout neuf ; les plus poussifs s'essoufflent et n'ont plus que de maigres reliefs pour apaiser leur faim. Pour tous, il est indispensable que la nouvelle paraisse dans l'émission du même soir, ou dans le quotidien du lendemain. Ou bien il est urgent d'avoir traduit avant qu'une semaine ne s'écoule un long rapport de deux cents pages dont l'intérêt et l'actualité auront déjà commencé de décroître si la presse n'en donne le contenu que quinze jours plus tard. Ou bien le feuilleton dont on a avantageusement acquis les droits tient les spectateurs en haleine, et il faut séance tenante traduire en français l'épisode suivant, dont leur anxiété, créée de toutes pièces, décuple la fascination. Des coupures de presse venues du monde entier, la plupart rédigées en anglais, s'abattent sur les tables, exigeant une traduction et une diffusion immédiates, tout comme les lettres de créances des diplomates, les projets de traités internationaux, les listes de produits. Partout s'exercent de fortes pressions politiques, partout sont en jeu de puissants intérêts financiers. Le journaliste, victime expiatoire de la hâte, persécuté sans rémission, n'ose même songer à implorer un délai de grâce.

Une telle situation ne peut que promouvoir la langue dans laquelle on transmet la nouvelle. L'anglais omniprésent fournit même, souvent, la première version d'événements survenus en des lieux francophones ! Pour peu que le correspondant de la grande agence de presse Reuter, anglaise, ait devancé ceux des agences françaises, c'est un texte anglais, transmis par ses soins à son siège, qui est diffusé partout dans le monde. Dès lors, le rédacteur français doit traduire en français ce texte, alors que le français est la langue d'origine dudit événement ! De surcroît, la précipitation a pour effet de cribler ce texte d'anglicismes en français ! Une mauvaise traduction vaut mieux que le silence, mortel, du dictaphone ou de la machine à écrire. Il faut donner pitance à leur trépignante gloutonnerie. Il n'y a d'autre choix que de mettre en ligne les mots après les mots ; et cela sans repenser en français l'ensemble du texte anglais, mais au contraire en profitant avidement de l'heureuse occasion des rencontres entre mots anglais et mots français qui doivent bien se ressembler par le sens, puisqu'ils se ressemblent si souvent par la forme ! On laissera inchangés, en outre, les noms géographiques qui reviennent si souvent dans le métier, et qu'il serait fastidieux de toujours traduire, à supposer que l'on connaisse les équivalents français : ainsi, les *Antilles* seront plus commodément appelées *Caraïbes* et on jugera plus « expéditif », même au prix d'une syllabe supplémentaire dans chaque cas, de désigner le *Siam* et les *Siamois* comme *Thaïlande* et *Thaïlandais*[1]; dans un autre domaine, on fera, faute de temps, l'économie de l'accent aigu pour Kenya et Nigeria, qu'on écrira donc à l'anglaise, imité en cela par les sources autorisées (le *Larousse* et les guides de « bon » usage, notamment). Et pour les noms communs eux-mêmes, on ne prendra guère le temps d'un travail qui les acclimate. Le changement d'habitude est évidemment important, même si ses conséquences sont beaucoup moins graves pour le français qu'on ne l'entend susurrer par ses défenseurs : autrefois, la langue « prenait son temps », comme le montrent la francisation de *packet-boat* en *paquebot* ou celle de *riding-coat* en *redingote* (cf. p. 64). L'emprunt, alors, cheminait sans hâte, par les voix d'hommes de lettres ou de commerce, qui finissaient par l'habiller à la française. Aujourd'hui, l'adaptation tranquille a fait place à la précipitation des médias, dont l'action, pour une partie du lexique, s'est substituée à l'évolution naturelle ; ils implantent dans le vocabulaire français, tels quels ou avec peu de changements, les mots anglais que la langue, jadis, aurait pris le temps de digérer et d'assimiler.

Le journaliste, il est vrai, n'est pas seul en cause. Souvent, son action ne fait qu'avaliser celle d'autres passeurs de mots. Parmi eux, au premier chef, les techniciens qui, au lieu de traduire en un équivalent français les termes de leur spécialité, leur laissent, sans autre procédure, leur forme anglaise, purement et simplement. Le journaliste est parfois plus hésitant. Conscient qu'il agit sans droit de dictionnaire, mais trouvant de quoi s'absoudre dans son état, qui le met aux prises avec le temps en une lutte farouche, il lui arrivera de s'en remettre à des guillemets du soin de faire d'abord piétiner l'étranger sur le seuil. Il n'en provoque que plus sûrement les fulminations des gardiens de l'usage :

---

1. Certains pourraient objecter qu'*Antilles* et *Caraïbes,* de même que *Siam* et *Thaïlande,* ne recouvrent pas exactement les mêmes réalités. Cependant, le témoignage des dictionnaires courants invalide cette distinction : dans le *Grand dictionnaire encyclopédique Larousse* en 15 volumes (1982), on peut lire à « Caraïbes (îles) » : « nom donné parfois aux Antilles », et à « Siam » : « ancien nom de la Thaïlande ». Quoi qu'il en soit, l'auteur de ces lignes, en homme de son temps, s'est habitué à parler de Thaïlande...

« Les guillemets », s'écriait l'un d'eux[1], « signifient : " Je sais que j'assassine la langue, mais je m'en lave les mains. " [...] Quand il [le traducteur] met entre guillemets le mot lui-même ou sa pseudo-traduction, il commet une escroquerie intellectuelle. Les agences reproduisent le mot, le public le remarque ; l'actualité le rend fréquent, personne ne songe à rectifier l'erreur ; peu à peu, l'intrus hésitant, qui se couvrait de guillemets comme d'un voile pudique, devient le mot à la mode. Les guillemets disparaissent. [...] Chaque semaine ou presque, nous sommes les victimes d'une nouvelle agression à coups de guillemets. Nous avons eu la " partition " de la Palestine au lieu de son partage, nous avons les " caches " d'armes quand il s'agit de dépôts ou de réserves, nous avons les inspections de " routine ", qui sont des inspections normales ou réglementaires. »

Certes, le trait est un peu poussé, et en citant ces lignes l'auteur du présent livre n'entend pas s'identifier à leur inspiration. Il existe de bons, d'excellents journalistes. Il en existe même, apparemment, de savants. Il est probable que certains mettent un point d'honneur à éviter les anglicismes, quitte à cultiver une manière surannée. On a fait remarquer que le nombre des emprunts américains anarchiquement accumulés croît souvent en raison inverse de la qualité d'un journal. Les journalistes ne transmettent pas seulement les tournures anglaises. Les meilleurs d'entre eux répandent aussi la norme française elle-même (cf. p. 138-139). Tout ce qu'on peut dire, c'est que les médias (pas d'accent, paraît-il, quand il n'y a pas d'*s*, car alors il s'agit d'un mot anglo-américain, pluriel [latinisant] de *medium*) sont une voie de pénétration privilégiée pour les américanismes, ainsi que pour les produits culturels américains[2]. On peut le regretter ; on peut s'en accommoder. L'un blâmera les journalistes ou ceux d'entre eux chez qui la hâte est l'alibi permanent et trop facile de la demi-culture et de l'inaptitude à traduire élé-

1. J.O. Grandjouan, *Les linguicides*, Paris, Didier, 1971, p. 210-211.
2. La chose est dénoncée dans d'autres pays francophones que la France, et par exemple en Belgique, à propos de la chanson : « La RTBF [Radio-Télévision Belge Francophone] », peut-on lire dans *Le Vif* du 16 février 1984, « fait son possible pour décourager les jeunes artistes francophones, en organisant une publicité massive (et gratuite ?), un vrai bourrage de crâne en faveur des chansons anglo-saxonnes. A ce rythme-là, nous serons bientôt le énième État d'Amérique » (cité par J.-M. Klinkenberg, « La crise des langues en Belgique », in *La crise des langues* (J. Maurais), *op. cit.*, p. 116-117 (94-145).

gamment en puisant dans les ressources du français. L'autre sera prêt à les absoudre en considération des circonstances. Mais quoi qu'il en soit, l'immense diffusion des médias confère beaucoup d'autorité à la parole, orale ou écrite, du journaliste. Les anglicismes qui s'y trouvent captés sont *a priori* assurés d'une large audience, ce qui les met en bonne position pour obtenir le consensus qui leur donnera un droit d'entrée dans l'usage. Certains décalques, au reste, ne sont pas malheureux. Qui songerait aujourd'hui, en dehors de quelques censeurs qu'un rien effarouche, à stigmatiser deux trouvailles thermiques comme *point chaud* (*hot spot*) et *guerre froide* (*cold war*) ? Une traduction aussi hâtive que littérale ne les a pas empêchées de faire fortune, peut-être, notamment, parce qu'elles ont en français le même pouvoir évocateur qu'en anglais.

En outre, une profession dont les journalistes sont assez proches devrait partager avec eux la charge de faire face aux graves accusations dont le purisme le plus ombrageux les accable par excès de pessimisme. C'est celle de traducteur. La traduction de textes anglais, en fait, est loin d'avoir toujours nui au français. Elle a grandement contribué, au contraire, à travers les engouements des philosophes et encyclopédistes, à l'allégement de la prose française au XVIIIe siècle[1]. Les seuls traducteurs professionnels auxquels on puisse imputer une part de responsabilité dans l'aventure du français face au dynamisme de l'anglais sont ceux qui traitent la littérature de grande consommation, policière, de science-fiction, ou romanesque pour kiosques de gare (il ne s'agit que des produits les plus médiocres de genres qui, bien entendu, ont aussi donné des chefs-d'œuvre). Or la situation de ces traducteurs est comparable à celle des journalistes : un public très vaste et très avide ; et par conséquent trop peu de temps pour faire de bel ouvrage.

---

1. Dépassant le cas particulier des profits que le français a tirés de la traduction des textes anglais, il faut rappeler, avec A. Berman (« La terre nourrice et le bord étranger », *Communications*, n° 43, 1986, p. 206), le rôle des traducteurs dans la formation du français : « Notre langue littéraire », écrit-il, « s'est constituée sur la base d'une œuvre autochtone, le *Pantagruel,* qui comporte d'ailleurs de nombreux éléments polylingues et traductifs ; sur celle d'une autotraduction, l'*Institution* de Calvin ; sur celle d'une grande traduction, le Plutarque d'Amyot ».

Les mots à vendre

Hier la *réclame,* aujourd'hui la *publicité* (le sens actuel ne figure pas parmi ceux que donne le *Littré* pour ce mot). On a toujours déployé toutes sortes de moyens pour parvenir à vendre. Mais le progrès des techniques de communication a puissamment aiguisé la tentation d'utiliser la langue à des fins commerciales. Car la langue peut atteindre, si elle est adroitement manipulée, les individus les plus éloignés, les plus inaccessibles. Publicité omniprésente! Qui prétendrait lui échapper, pourvu qu'il ne soit pas privé de l'ouïe et de la vue? On peut s'abstenir de journaux, de radio, de télévision, et par conséquent des réclames qui y découpent un vaste territoire. On ne peut être aveugle aux affiches, détourner les yeux, avant qu'ils n'en aient été investis, des placards qui occupent les murs stratégiques des villes et des villages, ni de ceux qui décorent les mornes rebords des routes, non sans leur donner, il faut le dire, une vie et une allégresse. Le marchand, ainsi, atteint son but : débusquer partout le quidam anonyme pour lui donner le statut d'acheteur. Laminer son jugement, de telle sorte qu'il n'ait plus d'autre réalité que celle de consommateur potentiel. *Homo cliens*[1] ! La publicité, machine génératrice d'une nouvelle espèce de lecture, qui, pour beaucoup de francophones, tient quasiment lieu de toute autre. Comme un *nouveau culte,* dont les grands prêtres seraient les annonceurs, dont les fidèles seraient les acheteurs.

Les marchands n'ont aucune raison d'être les gardiens du bien-dire. C'est assez qu'ils soient des pourvoyeurs d'illusions sur le bien-être. Les scrupules de style ne sont pas leur affaire. Tout est bon qui fait des mots d'efficaces moyens de vente. L'argent est le seul but, et la langue peut bien être vendue, pourvu qu'elle serve à vendre. Cela dit, il faut admettre que le talent des meilleurs publicitaires peut, par l'innovation, servir le français. Mais, quand il ne traduit pas, il sert plutôt l'anglais. Car c'est en anglais qu'ont été baptisés un très grand nombre de produits, à savoir ceux que les pays francophones importent des

---

1. *Cliens,* bien qu'il voulût dire en latin « protégé d'un patron » et non « acheteur », est employé ici au lieu d'*emptor,* « acheteur », qui ne serait pas compréhensible en français moderne.

États-Unis, mais aussi des zones industrialisées d'Asie du Sud, du Sud-Est et de l'Est (Inde, Singapour, Taiwan, Hong Kong, Japon, Corée du Sud), ainsi que d'Allemagne, de Grande-Bretagne, etc. Le commerce international parle, très largement, en anglais, et par conséquent, la publicité également. Les noms américains, ou d'allure américaine, des produits que le marchand est parvenu à vendre ont donc des chances de leur demeurer associés dans l'usage des acheteurs[1]. Le marchand a tout lieu de s'en réjouir, puisque viendront à lui, de la sorte, d'autres acheteurs ; ce qui lui importe, c'est que les premiers attirent les seconds, quels que soient les moyens linguistiques. Ainsi s'accréditent des tournures étrangères au français, comme l'emploi intensif du comparatif : *vivez mieux,* et bien d'autres.

Mais par quelle vertu particulière ces tournures font-elles mieux vendre ? La réponse est simple. Le marchand, en bon usager ordinaire de sa langue, ne fait que ce qu'ont toujours fait les usagers. Il sait, plus ou moins consciemment, qu'en français (comme dans n'importe quelle langue), les mots s'usent, les expressions se figent, et qu'il faut les recharger. D'instinct, il cherche à atteindre ce qui est un des moteurs de l'évolution des langues : **l'expressivité par l'inédit.** Puisqu'il faut frapper l'imagination et la sensibilité pour séduire et convaincre d'acheter, des mots étrangers ou un substitut de traduction qui, en fait, les décalque, feront aussi bien l'affaire (si l'on peut dire). Mieux encore, ils n'ont nul besoin d'être clairement compris. La compréhension rapide et totale emporte un risque de banalisation. *Relax-fauteuil,* bien que non intelligible immédiatement, au moins à l'époque de ses débuts, intrigue bien davantage que *fauteuil de détente,* et *attaché-case* donne beaucoup plus que *mallette* de quoi se rengorger. Le client est sensible à ce halo de brume dont s'enveloppe l'objet. Ce qu'il comprend parfaitement et qui s'exprime à travers des sonorités et des syllabes bien françaises lui paraît beaucoup plus insignifiant, beaucoup moins noble. *Relax-fauteuil* et *fauteuil de détente* désignent strictement le

---

1. Un exemple récent, parmi bien d'autres, est celui de *K-Way.* La dernière édition du *Grand Robert, op. cit.,* à la page 897 du tome V, donne 1965 pour date de son introduction en français, le caractérise comme « marque déposée, formation anglaise », et le définit comme « légère veste imperméable de la marque de ce nom, en nylon, à capuche, sorte d'anorak qui se replie dans une poche qu'on peut attacher à la ceinture ».

même objet, mais, dans l'imaginaire de l'acheteur, il n'en va pas du tout de même : l'objet désigné par le mot anglais est autrement prestigieux. Le mot magique opère donc comme un aimant[1]. Le marchand n'a plus qu'à faire le reste.

L'indignation puriste méconnaît le fondement linguistique de cette quête expressive, n'en retenant que la motivation commerciale. « Les gens du commerce et de la publicité », écrit D. Daguet[2], « ont un goût très prononcé pour la fabrication hors de toutes règles[3] : il ne leur viendrait pas un seul instant à l'esprit que pour construire une habitation — une usine, un magasin — le professionnel sollicité puisse procéder sans tenir compte des règles du métier. Mais la langue, mon bon monsieur ! quelle importance... Désaxer la syntaxe, serait-ce un crime, vraiment ? Pas de quoi fouetter un chat, rien qui vaille de mettre la main au porte-monnaie. Mettre sur le marché des néologismes grotesques ? Mais voilà qui est drôle, plein de fantaisie : c'est la vie de la langue, qui avance ainsi hors des sentiers battus ». Le marchand n'a que faire, en réalité, de la vie de la langue, même s'il y contribue par des inventions quelquefois

---

1. De même, dans des domaines qui ne sont pas directement reliés au langage publicitaire, un *night-club* a des connotations plus prestigieuses (si l'on peut dire !) qu'une *boîte de nuit,* et un *handicapé* évoque plus facilement les thérapeutiques modernes qui peuvent le traiter que ce n'est le cas pour un *infirme* (mais rappelons que le mot *handicap* est depuis longtemps introduit en français). La recherche de l'expressivité par l'inédit s'observe dans bien d'autres cas encore, et peut aboutir non seulement au goût pour les anglicismes, mais aussi, en français même, à l'emploi de mots savants, que pare un prestige d'étrangeté. A. Cailleux, géologue, écrivait en 1962 (*Défense de la langue française,* n° 17, p. 43) : « Lorsque, à des amis non spécialisés dans la recherche scientifique, je déclare m'occuper de *cailloux* et de *sable,* j'ai souvent observé sur leur visage une nuance de condescendance ; rien de tel si je parle de *sédimentologie* ou de *morphométrie des sédiments détritiques.* Les mots difficiles évoquent des études difficiles ; en haut lieu, ils décrochent plus facilement les crédits. » On notera le mécanisme terroriste (inconscient ?) par lequel celui qui emploie un mot savant esquive la définition et impressionne le destinataire, tout ensemble. Un même mécanisme, souvent, est sous-jacent à l'emploi d'anglicismes par ceux qui pensent ne pas avoir à donner une définition que le destinataire n'osera pas réclamer...

2. *Op. cit.,* p. 29.

3. Il convient de rappeler ici, cependant, un fait que D. Daguet paraît ignorer, ou du moins négliger : en matière de noms déposés, l'altération des formes reçues et fixées par la norme de l'usage est la règle *juridique* (remerciements à A. Rey, qui attire mon attention sur ce point).

heureuses. Il constate, ou plutôt il oblige à croire, que *Rapid'lavage, Retouch'Service* ou *Flash'photo* sont plus efficaces que des formules de devantures qui conserveraient les habitudes françaises en matière d'ordre des mots et de lexique. Il n'est pas inutile de rappeler, cela dit, que même indifférents à la langue, certains professionnels de la publicité sont parfaitement conscients de leur puissance. L'un d'eux s'écrie : « Ce que tu feras, publicitaire, je vais te le dire. Hier, tu étais le dernier, tes efforts faisaient sourire, t'en souviens-tu ? Aujourd'hui, tu rencontres approbation et estime. Il est avéré que, derrière des dessins amusants et des textes en apparence anodins, il y a ta pensée qui séduit et convainc les masses tandis qu'elle enrichit qui te paie[1]. »

Singulièrement, l'État français, quelle que soit sa couleur politique, a jusqu'ici conjugué une attitude de protectionnisme linguistique surtout dirigée contre l'anglais américain, et une relative bienveillance à l'égard de la publicité, admise depuis quelque temps à distiller sur les stations nationales non seulement les créations linguistiques des réclamiers, mais encore l'engouement pour divers aspects de la vie américaine, dont elles sont le reflet sonore. Or on peut aisément constater que l'efficacité des marchands de rêves publicitaires n'a pas eu pour conséquence de défigurer le français. La dénonciation puriste, on l'a dit, exagère la gravité des faits. Certes, une action est nécessaire. Mais le français le plus courant se défend mieux qu'on n'aime à croire. En outre, il faut se rendre à l'évidence : la langue de la réclame n'est pas celle qu'on parle couramment. Les formules qui frappent et que les usagers en quête d'expressivité puisent dans les ressources propres de la langue ne s'imposent pas en un jour. Celles que les publicitaires imaginent, en s'inspirant de l'anglais ou en les lui empruntant directement, sont-elles assurées d'un effet plus rapide ? Le mimétisme anglomane alimente, certes, une entreprise commerciale qui est systématique par son intention et radicale par ses résultats. L'intention est de rendre un produit attrayant afin qu'il déclenche un réflexe d'achat ; le résultat est cet achat. Mais si un jargon publicitaire habilement façonné peut créer des mots nouveaux, il n'obtient pas pour

---

1. O.J. Gérin, *Le correspondant de la publicité,* Bulletin quotidien d'information et de documentation professionnelle, 16 mai 1960, p. 14898 (cité par R. Étiemble, *Parlez-vous franglais ?, op. cit.,* p. 257-258).

toute création l'adhésion linguistique qui, en l'intégrant à la parole de chaque usager, finit par lui donner droit de cité dans la langue. Ceux qui lisent ou entendent *relax-fauteuil* ne vont pas pour cela abandonner l'ordre des mots qui est propre au français en faveur de l'ordre anglais : ils continueront de dire *le livre de l'enfant, la faculté des sciences, le théâtre du Châtelet, le Palais des Congrès,* et non *l'enfant livre, la sciences faculté, le Châtelet théâtre* ou *le Congrès Palais.* Comme on l'a dit au chapitre II, la morphosyntaxe n'est pas impliquée : on ne voit pas s'accréditer les structures anglaises, pas plus, du reste, que les inventions proprement françaises, comme les dérivations verbales, à forme pronominale ou non, du type *Euromarchez !,* ou *soldécorons-nous,* ou encore *il faut se moquetter.* Le lexique seul est concerné, et beaucoup moins qu'on ne le proclame.

Il faudrait plutôt se louer, si l'on est soucieux de la pureté française, que le besoin naturel de changement ait produit si peu de bouleversements. Car l'illusion d'une nouveauté de la chose, liée à l'emploi du mot nouveau, est profondément enracinée dans les esprits. Elle explique dans une large mesure la promptitude et la complaisance que l'on met à se saisir de termes étrangers qui paraîtraient, au premier abord, faire double emploi avec un mot français existant. Ce dernier ou bien est tout simplement ignoré, ou bien ne fait plus que piètre figure à côté du nouveau venu, d'autant plus admiré que, n'étant entendu qu'à demi, il est paré de mystère.

Le franricain des sciences

Ce sont, évidemment, l'abondance et la qualité de la recherche scientifique américaine qui expliquent la diffusion des anglicismes dans la prose scientifique en français. Emprisonnés eux aussi dans les étaux du temps, les chercheurs francophones se contentent des formulations les plus expéditives ; et celles-ci leur sont souvent dictées par ce qu'ils trouvent dans la presse scientifique en langue anglaise, leur nourriture quotidienne, qu'ils connaissent vraiment l'anglais ou non. Peu soucieux de faire œuvre littéraire en français, n'ayant pas pour la langue de départ en même temps que pour la langue d'arrivée ce puissant intérêt et cette double sollicitude qui se justifient chez les traducteurs professionnels, la plupart des scientifiques n'ont aucune raison de mener de combat pour la défense et la pureté du français. Loin de condamner les mots anglais d'origine latine que le français ne connaît pas (cf. p. 57-58), ils y trouvent l'aubaine d'un transfert : de là les particules *extrudées* (« projetées à l'extérieur »). Ou bien ils assimilent les inventions : *quarks* « éléments hypothétiques » (emprunt à Joyce), *quasars* « radiosource stellaire » (mot-valise). Des suffixes plus courants en anglais qu'en français se répandent : *hybridiser* (= *hybrider*), et par conséquent *hybridisation,* etc. Des dérivations anglaises sont introduites en français, traditionnellement beaucoup moins souple dans ses latitudes de formations de mots les uns sur les autres : *visualiser,* etc. Des mots du fonds anglais étranger au français sont acclimatés parce qu'un suffixe d'allure gréco-latine les rend familiers : *randomiser* (« traiter en introduisant le hasard »). Des tournures ressemblant à celles du français sauf par un détail viennent remplacer ces dernières : *deux fois autant* (= *deux fois plus*), sur le modèle de *twice as many.* Des noms de mesures s'introduisent également, à raison des progrès techniques[1].

Il n'est pas nécessaire d'allonger cette liste. Comme on peut le voir, aucun des procédés employés n'est propre au langage scientifique. Tous ont déjà fait l'objet d'une mention dans le chapitre précédent. Les hommes de sciences puisent, comme on peut s'y attendre, dans la mine immédiatement disponible qu'est devenu l'anglo-américain par l'effet du dynamisme de la recherche aux États-Unis. C'est évidemment là une source très naturelle d'emprunts, encore qu'il ne faille pas s'en exagérer la gravité.

Profils d'emprunteurs

Les francophones emprunteurs d'anglicismes sont loin de constituer un ensemble homogène. C'est ce que fait bien apparaître, par exemple, l'étude des termes techniques dont une partie est appelée à se banaliser en entrant dans le vocabulaire commun. Ces termes appartiennent au grand nombre des métiers

---

1. Un des plus récents est *pixel,* de *pix-* pour *pics,* abréviation de *picture,* et *-el* pour *element.* Selon le dernier *Grand Robert* (*op. cit.,* t. VII, p. 438), il s'agit de « la plus petite surface homogène constitutive d'une image enregistrée ».

spécialisés qui s'expriment, à l'origine, en anglo-américain, et dont les traductions françaises ne sont pas toujours en mesure de suivre le rythme rapide d'évolution. Bien qu'il ne soit pas question, dans le présent livre, d'examiner le détail des professions concernées, il faut noter qu'elles impliquent souvent des techniques de pointe : recherche pétrolière, énergie nucléaire, industries chimiques, communication, finances, etc. Il s'agit, comme on voit, de métiers qui conduisent les classes moyennes, présentes parmi le personnel, à entretenir des relations privilégiées avec les classes dirigeantes, installées aux postes de commande. Les classes moyennes dont il s'agit ici tendent donc à se solidariser avec les classes dirigeantes du point de vue linguistique. Cette tendance exerce elle-même une pression sur les communautés sociales moins favorisées, qui souhaitent avoir accès aux modes de vie, importés des États-Unis, dont beaucoup de lexiques spécialisés sont le reflet en langue. Les professionnels qui s' « anglicisent » ainsi illustrent un mouvement tout à fait caractéristique, en vertu duquel les classes moyennes aspirent à réduire la distance qui les sépare des classes dirigeantes, dont elles adoptent les modèles linguistiques en écartant autant que possible les usages lexicaux et grammaticaux qui les rapprochent des classes qu'elles considèrent comme les plus populaires[1]. Ce faisant, faute de connaître assez d'anglais, les représentants des classes moyennes dont il s'agit s'exposent à des erreurs comme celle des prononciations « anglaises » de mots ou de noms français qu'ils ne connaissent pas ou n'ont pas identifiés (v. les exemples donnés p. 84-85) : dans l'incertitude, on préfère adopter la prononciation de prestige, pour la dignité qu'on en escompte. Ce comportement est caractéristique de **l'insécurité linguistique des classes moyennes**[2].

En ce qui concerne les langues de spécialités, l'anglomanie,

---

1. Dans les vingt dernières années, le volume des classes moyennes s'est fortement accru en France. On en trouvera une illustration dans le rapport « Données sociales » publié par l'Institut national de la statistique et des études économiques, 1984, cité par N. Gueunier dans « La crise du français en France », *op. cit.*

2. Le concept d'insécurité linguistique a été proposé par le linguiste W. Labov, qui en a donné des illustrations prises parmi les usages des membres de la petite et moyenne bourgeoisie américaine (cf. W. Labov, *Sociolinguistique,* Paris, Éd. de Minuit, 1976 [éd. orig. : *Sociolinguistic patterns,* University of Pennsylvania Press, 1973]).

çertes, est surtout observable parmi le personnel juché au sommet de la hiérarchie des employés ; elle l'est beaucoup moins pour les techniciens de base : en l'absence des termes français disponibles, ces derniers se servent souvent par nécessité des termes anglais, dont certains disent parfois, à l'adresse des non-spécialistes et comme pour s'excuser de faire place à des intrus dans leur vocabulaire, qu'il s'agit de « mots de métier ». Cependant, du haut au bas de l'échelle, la tentation est forte, même si elle est inégalement satisfaite, d'ouvrir un espace au plus grand nombre possible des termes qui façonnent un langage initiatique. La reconnaissance réciproque entre les adhérents sélectionnés d'une secte a toujours pris les codes secrets pour un de ses lieux privilégiés. Les anglicismes techniques tiennent à distance le profane. Ils flattent celui qu'ils distinguent.

Les métiers de pointe, confréries d'initiés, offrent donc un canal tout exprès tracé pour le drainage et la pénétration des anglicismes. Mais les hommes de métier ne sont pas seuls concernés. Dans une partie de la bonne société, celle, du moins, où l'argent est en assez grande abondance pour que l'on puisse s'offrir les plus luxueuses des choses d'Amérique dont on est épris, il est non seulement recommandable de les appeler par leur nom d'origine, et quelquefois même selon leur prononciation de fabrique, mais encore il est de mauvais goût de rechercher des équivalents français à ce nom. Ainsi, on déclarera qu'on organise sur ses terres un *stampede* (jeu équestre), et on évitera d'écrire *coquetel* sur ses cartes d'invitation à de plantureux goûters. On affichera le même mépris pour les entreprises de naturalisation phonique et orthographique comme celles de R. Queneau proposant *Nouillorque* déjà cité ou bien celles de B. Vian. Ces entreprises, on peut le gager, sont considérées comme dérisoires dans leur inspiration autant que « popu » dans leur résultat.

C'est évidemment cette attitude des classes favorisées que les classes moyennes tendent à imiter. Leur motivation est, au sens le plus strict, le snobisme, c'est-à-dire cette pulsion de se saisir des parures d'un autre milieu auquel on prétend s'identifier en le singeant. Les conditions sont alors réunies pour que fleurissent les formations comme *brunch* (mot-valise[1] construit par associa-

---

1. Pour la définition de ce terme technique, voir p. 28. Parmi les mots-valises américains autres que *brunch* et qui ont cours dans la bonne société des initiés,

tion de *breakfast* « petit déjeuner » et de *lunch* « déjeuner » et qui désigne un repas pris le matin mais plus abondant que l'ordinaire[1]), ou les expressions comme *top niveau,* à propos du niveau que l'on veut bien attribuer, par exemple, aux vedettes du sport ou du cinéma que l'on préfère. L'adoption générale de ces formules en français moderne dépendra, évidemment, de l'autorité qu'auront pu acquérir leurs premiers usagers, selon qu'ils auront ou non rallié les suffrages des francophones.

Or un consensus est plus facile à atteindre aujourd'hui qu'hier. En effet, comme on l'a dit (cf. p. 80 s.), la masse des usagers n'est plus le moteur unique de l'évolution. Quoi qu'il en soit, la singerie anglomane[2] est fort répandue chez ceux qui connaissent le moins bien l'anglais, et beaucoup plus rare chez ceux qui le connaissent suffisamment pour ne pas ressentir l'impérieux besoin de publier leur compétence. Les premiers y puisent les moyens qui satisfont l'appétit de se singulariser. Les motivations de cet appétit sont enfouies, pour une part, dans l'inconscient. Mais cette partie de l'inconscient n'est pas difficile à percer. La langue devient ici conduite valorisante. L'adoption voulue d'anglicismes renforce l'assurance. L'affectation anglomane apaise une inquiétude. C'est la hantise d'une affirmation de soi qui se laisse aisément deviner dans ses plis.

C'est pourquoi la contestation puriste, qui désavoue ces conduites, ne doit pas être prise à la lettre. Elle va au-delà du

---

on peut citer encore *fanzine,* de *fan* (lui-même abrégé de *fanatic* « fanatique ») + la syllabe finale *-zine* de *magazine* = « revue de science-fiction fabriquée par des amateurs (donc ronéotypée) », et son symétrique *prozine,* de *pro(fessional)* + *(maga)zine* = « revue du même genre, mais fabriquée par des professionnels ». On a encore, depuis peu, lancé la *swatch,* de *Sw(iss w)atch* = « montre suisse ».

1. A. Rey me signale cependant (correspondance personnelle) que *brunch* est en train d'acquérir, dans la profession hôtelière, une nouvelle valeur, non américaine : celle de buffet-repas à prix fixe servi de 11 h 30 à 14 h. Si cette tendance se confirmait, le terme s'ajouterait au nombre déjà grand de ceux qui, en recevant, par enrichissement de leur sens, une utilité fonctionnelle liée à une valeur professionnelle spécifique, cessent de n'être employés que par appétit de distinction à indice de connotations prestigieuses parce qu'elles sont « étatsuniennes ».

2. Parfois brocardée par les anglophones de naissance, en particulier par ceux qui connaissent bien le français et lui vouent une sorte d'amour puriste de périphériques brandissant des exclusions, y compris à l'encontre de leur propre langue maternelle.

chauvinisme anti-américain, dont elle revêt parfois la forme militante. Par un de ses aspects, elle recèle aussi un conflit de classes : les grammairiens de la moyenne bourgeoisie, isolés par rapport aux anglomanes de leur propre classe, s'en prennent à l'ignorance qui caractérise solidairement, à leurs yeux, la société riche, ceux qu'elle stipendie et une partie des couches laborieuses qu'elle emploie, tous alliés objectifs dans ce que ces grammairiens considèrent comme une conjuration contre la pureté française.

Le ver et le fruit

Les glossiatres (médecins de langue)

Le mythe du corps malade engendre des médecins. Il ne manque pas de glossiatres, aujourd'hui, au chevet du français. Comme leurs confrères d'autres pathologies, ils assurent que le mal, puisqu'enfin l'on juge que mal il y a, ne vient pas seulement d'agents extérieurs, mais aussi d'une mauvaise constitution. Le ver serait dans le fruit. Aux yeux de ces médecins de langue, celui qui s'en prend à l'anglo-américain est trop heureux de pouvoir flageller un aussi bon dos ; au lieu de se réfugier dans l'alibi, mieux vaudrait démasquer les vrais coupables.

Ces coupables, ce seraient, d'abord, les puristes paralysants. Voilà bien ceux qui, à en croire les médecins de langue, hérissent le français d'embûches, terrorisent les bonnes gens et les empêchent de s'exprimer à leur guise. Ces embûches les font vaciller sur le seuil de chacune des phrases naturelles par lesquelles ils pensent qu'ils vont transgresser une « règle ». Par la panique qu'ils créent ainsi, les puristes donneraient, bien involontairement, la maîtrise du terrain à de redoutables adversaires de la langue : les marchands de mots, qui, poètes de l'âge moderne, usurpateurs de la sève créatrice, mais poètes vulgaires, dévoyés et intéressés, vendent des réclames, des produits que chantent ces réclames, des articles de presse à sensation, des histoires à faire palpiter. Les publicitaires font la sourde oreille aux recommandations des puristes, et tout leur est bon pour renouveler la force expressive du français[1], devenu exsangue par la grâce des susdits. Ainsi, le bon peuple, pris entre les feux croisés, bien que rivaux, des Trissotins tyranniques et des malfaisants poètes du boniment, serait systématiquement empêché de donner toute leur mesure aux qualités que la complaisance de bien des lettrés, mal informés des autres langues, attribue traditionnellement au français comme des exclusivités : clarté, concision, finesse, euphonie[2].

En fait, cette apologie de la vieille et bonne langue française, bien qu'elle s'en prenne au purisme sous les formes les plus radicales qu'il adopte souvent, est elle-même d'inspiration puriste et passéiste. La langue française ne serait livrée aux énormes mâchoires des géants yankees avides de tout dévorer que pour n'avoir pas su défendre et conserver ses vertus d'autrefois. Une telle position s'appuie sur la chimère d'une langue idéalement immobile, que l'expérience la plus commune dément à chaque pas.

Le mythe de la puissance

Que peut-on retenir sous la caricature ? Il apparaît vite que la réalité est ici tout à fait méconnue. Loin que les Français aient renié leur passé, c'est au contraire l'illusion nostalgique d'une puissance dont leur aveuglement leur masque le déclin qui les a, jusqu'aux années soixante, empêchés de prendre conscience d'un processus évident : l'emprunt à l'anglais, amorcé dès la fin du XVIIIe siècle, progressant jusqu'à la fin de la Seconde Guerre mondiale et puissamment réactivé, sous les espèces de l'américain, de 1945 à 1970.

La contre-épreuve est fournie par. l'exemple des petites nations défendant leur langue menacée et puisant dans un passé prestigieux les motivations de cette défense. Les langues des nationalités minoritaires d'Union soviétique, comme le géorgien, l'avar (Caucase), le lituanien, l'estonien, ou celles de l'Europe centrale et orientale, comme le tchèque, le hongrois, le polonais,

---

1. Parmi les ouvrages récents sur le sujet, celui de M.-J. Jaubert, *Slogan mon amour*, Paris, Éditions Bernard Barrault, 1985, offre un riche et édifiant catalogue des trouvailles de publicitaires.
2. On trouvera cette conception développée dans Grandjouan, *op. cit.*, p. 32. Cf. aussi O. de Rudder, *Le français qui se cause*, Paris, Balland, 1986.

ont été dans leur histoire l'objet d'un culte qui les préservait contre les tentations de la fusion dans de vastes ensembles impérialistes. D'une manière comparable, ce n'est que lorsque l'on a pris conscience du déclin de la puissance française que les pouvoirs publics, amorçant dans le même temps une politique d'indépendance nationale, ont, au XXe siècle, commencé de porter leur regard sur la réaction puriste attachée à cerner de murailles le territoire de la langue (cf. chapitre IV, p. 108-114).

L'école

Cela étant posé, on peut apercevoir quelque apparence de sens commun dans l'attitude nostalgique qui s'en prend à l'école au nom de la liberté et du naturel, tels que certains se plaisent à les attribuer au français d'antan. Mais d'abord, l'école est une des forces qui stabilisent l'évolution inéluctablement liée à la nature même des langues. La pression sociale que l'école impose fait équilibre à celle des besoins nouveaux : ceux-ci remodèlent sans cesse le visage du français, en sorte que les « fautes » d'aujourd'hui, fustigées par les puristes, sont les expressions correctes de demain. Ensuite, n'est-ce pas privilégier le cas particulier que de prendre pour seule cible l'académisme de l'enseignement du français ? La classe de français n'est pas une cellule isolée. Elle n'est autoritaire que dans la mesure où le sont les structures mêmes de l'école. L'école, une des institutions maîtresses des sociétés industrielles, une de celles, par conséquent, dans lesquelles s'investissent le plus de passions et de controverses. Ceux qui croient à une invasion du français par l'anglais doivent se demander si l'inégalité des chances, masquée par le caractère obligatoire de l'école publique, ne disqualifie pas les moins favorisés, contribuant par là à en faire de dociles intermédiaires. Certes, l'école n'est pas en soi responsable de cette inégalité, et dans les meilleurs cas, elle s'efforce, précisément, de la réduire. Mais il faut bien constater qu'en cours d'études, un grand nombre est éliminé, de sorte que les exilés de l'école sont habités de doutes multiples quant à leurs propres aptitudes : ceux qui auraient pu donner leur mesure en sciences sont fondés à regretter que des structures mieux adaptées ne les aient pas aidés à devenir les ingénieurs dont on a si grand besoin. Et la connaissance qu'ils ont de leur langue maternelle est grevée d'insécurité. Une telle situation sécrète des franricanophones, même si le péril est moindre qu'on ne dit.

Car cette masse, à laquelle on inculque qu'elle parle une langue vulgaire et fautive, risque, sur ce point, de perdre confiance en ses propres capacités. Déconcertés par les campagnes d'intoxication des médias sur la « baisse de niveau [1] », les maîtres eux-mêmes, auxquels cette baisse ne manque pas d'être imputée, n'ont d'autres issues que les risques opposés d'un rigorisme sécurisant [2] mais réducteur, ou d'un laxisme blasé. Fuyant le dialogue, les plus hésitants d'entre eux en viennent à monologuer des règles, même s'ils savent combien il importe de demeurer à l'écoute de la langue des écoliers. La contrainte de ces règles, en muselant la créativité expressive, livre sans défense le pauvre francophone de base à l'anglomanie inventive des marchands. L'enseignement traditionnel ne redoute rien autant que l'irruption des styles parlés dans le style écrit ; toute invention est jugulée par la crainte d'user de mots « qui ne sont pas dans le dictionnaire ». Certes, on trouve de fortes variations individuelles d'une école à l'autre, mais il est souvent vrai que l'école autoritaire, en condamnant au silence les élèves qui seraient tentés d'écrire comme ils parlent, prépare le terrain à ceux qui ne craignent pas de parler pour vendre. La captation féconde de l'oral cède le pas à l'imposition de l'écrit, contrôlable et aisément corrigible. Que convient-il de faire, dès lors ? Il ne s'agit pas ici de préconiser une démagogie à courte vue, ni, évidemment, d'*encourager* les élèves, surtout ceux des milieux sociaux les plus défavorisés, à écrire comme ils parlent. Il convient, en fait, d'enseigner la langue écrite [3], mais sans culpabiliser l'écolier par la disqualification des registres oraux. Il s'agit de laisser ceux qui le veulent s'exprimer d'abondance et sans contrainte, mais en les prévenant de l'importance de la norme écrite qu'on leur

---

1. Cf. à ce sujet A. Prost, *Les lycéens et leurs études au seuil du XXIe siècle*, Rapport du groupe de travail national sur les seconds cycles, Documentation française, 1982. Pour une vue plus générale, voir la bibliographie de N. Gueunier dans « La crise du français en France », *op. cit.*, p. 32-38.

2. Dénoncé notamment par J. Cellard, *Histoires de mots-II*, Paris, La Découverte-Le Monde, 1986. Mais cet archaïsme est moins répandu qu'on ne croit. Une étude récemment conduite en Belgique, celle de D. Lafontaine, *Le parti-pris des mots, Normes et attitudes linguistiques*, Bruxelles, Mardaga, 1986, tend à prouver que les comportements ne sont pas toujours rigides.

3. Cf. E. Genouvrier, *Naître en français*, Paris, Larousse, 1986.

enseigne, en leur faisant apparaître que ceux qui la dominent sont le plus souvent assurés des meilleurs emplois, sinon de l'autorité, là où leur profession les situera. L'entreprise exige d'autant plus de finesse que si l'école doit assouplir ses procédures, elle ne doit pas, pour autant, abandonner le pouvoir qui était traditionnellement le sien. Ce serait ouvrir largement le champ aux **contre-pouvoirs qui ont mis fin à son monopole dans l'enseignement du français : publicité, presse écrite et audiovisuelle**[1].

L'action de ces contre-pouvoirs est justement à l'origine d'une confusion contre laquelle l'école doit réagir : non seulement celle-ci doit enrichir l'expression de l'enfant en ne négligeant pas, au profit d'une compétence passive de l'archaïsme (mots de l'explication de textes) ou de terminologies spéciales que l'écolier domine mal, l'acquisition de la langue moderne et du dynamisme de son usage courant, mais encore elle doit l'aider à prendre conscience d'un changement de statut du français parlé. En effet, les médias audiovisuels, du fait qu'ils mettent sur le même plan, dans les programmes et les répartitions d'horaires, les genres oraux très formels, comme les informations ou les discours présidentiels ou ministériels, et les genres informels, comme l'entretien avec un coureur cycliste, pratiquent l'amalgame entre deux niveaux très différents de français non écrit. Autrefois, cet amalgame n'existait pas. On était conscient de deux oppositions : non seulement entre le français parlé et la langue écrite, évidemment, mais encore entre le français parlé et l'oral public, qu'il se manifeste dans l'éloquence de la chaire et du prétoire, au théâtre, dans l'enseignement ou aux tribunes d'assemblées politiques. Proche de l'écrit, l'oral public doit être présenté aux écoliers comme un registre tout à fait différent de leur oralité spontanée, et dont ils doivent apprendre à se servir en cas de besoin[2].

L'enseignement des moyens linguistiques d'accéder à la vie où

---

1. Cf. J.-F. Batisse, « Le français dans les collèges », *Annales du Centre régional de documentation pédagogique de Strasbourg*, janvier 1986, p. 7 (5-18).

2. On peut, sur ce point, consulter les travaux du Groupe aixois de recherches en syntaxe, *Recherches sur le français parlé*, nos 1 (1975-1976) à 7 (1986), Publications de l'université de Provence, ainsi que C. Blanche-Benveniste, C. Jeanjean, *Le français parlé*, Paris, Institut national de la langue française — Didier Érudition, 1987. Ces travaux étudient ce que je propose d'appeler **hiérarchies d'oralité**. Ils sont d'un type encore trop rare. Le **français parlé** est victime en France, même parmi les linguistes, d'un **inadmissible ostracisme**.

chacun s'accomplira doit être dispensé avec réalisme, certes, mais aussi avec tolérance et sans terrorisme. C'est là un moyen indirect, mais un moyen efficace, pour contenir les vagues publicitaires. Car il n'est d'autre choix, lorsque l'on est pris par la crainte du couperet rectificateur, que de s'effacer devant les trousseurs de nouvelles à sensation et les auteurs de réclames les plus doués. En effet, ces derniers, même s'ils ne prétendent à aucun magistère de langage et se soucient peu d'être des autorités littéraires, même s'ils n'accréditent dans l'usage qu'un petit nombre de leurs créations, sont libres, eux, d'inventer de la parole sans contrainte.

CHAPITRE IV

La riposte

Les Cassandres à cocarde

Le titre de ce chapitre, et quelques-uns de ses sous-titres, disent le ton de passion et de conflit qui a dominé la réaction française, ou du moins la plupart de ses aspects tant privés que publics, devant l'influence de l'anglo-américain, vécue comme une agression. On a cru le français « envahi », et l'on s'est fait un devoir sacré de le « défendre », colorant le rejet nationaliste par les accents véhéments de sombres vaticinations, sous lesquels se cache peut-être une attitude politique. Dès la fin de la Seconde Guerre mondiale, des énergies considérables se sont déployées, des actions multiples ont été entreprises. Il convient de s'interroger sur les fondements et la portée de cette riposte à l' « assaut ».

La littérature puriste des trente dernières années est toute bruissante d'avertissements et de menaces d'apocalypse. Celle-ci, par exemple, qui termine la deuxième partie du *Babélien* d'Étiemble (*op. cit.,* p. 161) : « Le babélien étant aujourd'hui une maladie qui frappe toutes les langues, il est naturel que ceux qui réfléchissent à cette maladie proposent les mêmes remèdes [...] ; il nous faudra lutter contre un ennemi sans merci, l'argent-roi. » Il conviendrait, selon l'auteur, de suggérer « aux enseignants d'appliquer les réformes langagières qu'aurait élaborées une commission compétente. Faute de quoi, la France est foutue ! ».

L'inspiration nationaliste des anathèmes lancés contre l'anglo-américain apparaît clairement aux efforts que chacun déploie pour proposer, au lieu des vocables métèques que l'on honnit, des équivalents de saine facture. A côté de la sollicitude pour le français du bon peuple (cf. p. 81 s.), c'est un thème récurrent, comme ce l'était chez Du Bellay (mais la Pléiade n'excommuniait nullement l'emprunt), que l'attendrissement sur les mots de terroir, les patois, les archaïsmes auxquels il conviendrait de ren-

105

dre droit de cité en français moderne. Les échos s'en prolongent, en ce siècle, jusqu'aux années soixante-dix et même quatre-vingt. « En feuilletant un dictionnaire d'ancien français », écrit C. Duneton[1], « je suis toujours frappé du nombre de verbes concrets, imagés qui ont disparu. [...] Anublir (se couvrir de nuages). Aparler (adresser la parole à quelqu'un). Bersalder (cribler de flèches). Pourquoi n'utilise-t-on plus chevir (venir à bout de quelque chose)?[2] [...] Pourquoi soleiller (s'exposer au soleil, ou se promener au soleil)? [...] Pourquoi dolir (faire mal), liper (boire à petits coups, to sip)? Rondir (parcourir à toute vitesse)[3], qui serait bien utile pour traduire rush. Juper (appeler en criant) qui traduirait shout. » Le même note plus loin[4] : « Qui invente des mots pour la langue française? Parce que, enfin, si on refuse ceux que fabrique joyeusement le peuple français en les appelant " argot ", si les intellectuels s'enferment avec hauteur dans un gréco-latin de laboratoire, il faut bien que quelqu'un s'occupe du tout-venant !... Qui invente des mots pour la langue française? Eh bien! les Anglais !... Oui, c'est curieux, un peu inattendu sans doute, mais c'est ainsi : les Anglais et les Américains ! »

On voit fleurir, aussi, les mots factices, dus à des plumes inventives. Ainsi, au lieu de bureau des dépêches, recommandé pour traduire l'anglais desk, C. Duneton (ibid., p. 231) propose un mot-valise de sa façon : « [...] les journalistes sont des gens pressés [...]. Pourquoi ne pas opérer tout de suite la contraction qui s'impose ? [...] pourquoi ne pas fabriquer " burpêche ", par exemple, ou " burdèche " ? " Apportez ça dans le burdèche " — ce serait commode. » D. Daguet, pour sa part, consacre un chapitre entier de sa Langue française à l'épreuve (op. cit., p. 27-45) à « inventer, créer ou former des mots nouveaux », et il y met autant de talent que d'inquiète passion : parmi ses créations, on trouve retournage pour remake, boutique franche pour duty free shop, bidule pour gadget, minifoute pour baby-foot (lui-même mot

---

1. C. Duneton, Parler croquant, Paris, Stock 2, coll. « Dire », 1973, p. 112.
2. Chevir est signalé dans la dernière édition du Grand Robert, op. cit., t. II, p. 556-557, qui le donne comme « vieux » et mentionne que le Dictionnaire de Trévoux (1704) le qualifiait de « bas et burlesque ».
3. Rondir figure au Grand Robert, mais avec le sens de « s'arrondir » (noté comme « vieux ») et de « tailler (les ardoises) ».
4. Op. cit., p. 225-226.

« français », c'est-à-dire inventé en France à partir de mots anglais, et ne faisant strictement aucun sens pour un anglophone), *mauchant* pour *blues, hors-favori* pour *outsider, tournevire* pour *rock and roll, pénates d'eau* ou *manoir à hélice* pour *house-boat, défieur* pour *challenger.* Faute de se résoudre à des actions comme celle qu'il préconise, les francophones, selon D. Daguet, abandonneront la langue française à un destin tragique, qu'il annonce en accents de sombre prophétie : « Cette langue qui nous a faits plus que nous ne la faisons, voici qu'elle est soumise à épreuves, épreuves multiples, dangers, malheurs, attaques et atteintes, coups, négligences : mise en coupe réglée. Épreuves telles que parfois l'on se demande si elle les surmontera. Sa disparition — ou son amoindrissement durable, son effacement — n'apporterait, dans l'espace culturel qui est le nôtre, que désolation, ruine, perte d'identité, de sens. De liberté » (*ibid.,* p. 9).

Certes, la polémique qui est ainsi entretenue contre l'emprunt rencontre quelque audience. Mais elle est loin d'entraîner l'adhésion massive des francophones de France. La dénonciation puriste et les trouvailles qu'elle entend substituer aux intrus sont le fait d'une minorité de spécialistes. Les emprunts qu'elle condamne ne susciteraient pas cette réaction opiniâtre de rejet s'ils n'étaient assez largement répandus. Certes, les réactions favorables à l'emprunt de mots anglais paraissent beaucoup moins nombreuses que les excommunications. Mais c'est tout simplement parce qu'elles ne sont pas publiées. L'écrit naît d'un questionnement. L'acquiescement ne s'écrit pas. La masse des emprunteurs ne disserte pas sur l'opportunité d'admettre les mots étrangers dont elle juge implicitement qu'elle a besoin. Elle est beaucoup moins grammairienne, beaucoup moins soucieuse de défense et illustration du français, qu'on ne l'imagine à l'étranger, et qu'on n'aime à le dire en France. C'est pourquoi les mises en garde à tonalité nationaliste se rencontrent surtout sous la plume de ceux pour qui la langue française est un objet culturel en même temps qu'un objet de culte. Durant les années soixante et soixante-dix, une conjoncture économique favorable a accru l'engouement pour les modes de vie d'outre-Atlantique, et par conséquent pour les noms des objets et des notions qui les incarnent.

A cet engouement s'opposent, selon une tradition ancienne en France, non seulement de nombreux écrivains, mais encore d'autres intellectuels, universitaires et chercheurs littéraires, d'origine sociale comparable. Ces derniers n'ont pas coutume, pour la plupart, de faire entendre des accents de déploration sur le sort du français. Mais leurs écrits aussi bien que leur parole, parfois ponctuée de désaveux à des usages qu'ils subissent en complices forcés (« ..., comme on dit en franglais »), laissent assez apparaître un choix : bien qu'ils ne fassent pas publiquement profession de purisme, ils sont fort attentifs au terme adéquat ; ayant pour vocation non de nourrir leur jugement de notions superficielles et de contenus sans contours, mais de penser tout concept qu'un mot nouveau supporte, ils pourchasseront, consciemment (il s'agit toujours des littéraires et des chercheurs en sciences humaines ; pour les autres scientifiques, il en va différemment : voir p. 94-95 et 158-163), les traces d'influence de l'anglo-américain. En contradiction, souvent, avec une idéologie de coloration démocratique, ils s'écartent volontairement du parler des masses, spontanément ouvert, sinon offert, aux anglicismes les plus dynamiques.

Ainsi, que ce soit pour prédire explicitement l'apocalypse ou, plus discrètement, pour en limiter les effets, conjurer les risques, différer l'échéance, les défenseurs de la langue française sont objectivement unis, en dépit de la diversité de leurs vocations, contre un péril dont ils s'exagèrent la gravité. Cette union est celle de l'isolement, face aux médias tout-puissants et à la masse anonyme et laxiste qui, avec le peu que ces derniers lui ont laissé de pouvoir, contribue encore à façonner la langue, à la faire évoluer, non à la défigurer. Cependant, les Cassandres, avouées ou discrètes, reçoivent la caution de hautes autorités. Certes, ces dernières sont impuissantes à faire la langue, trop heureuses, déjà, de pouvoir, à l'occasion, en guider le cours. Mais il est utile d'étudier leur inspiration.

Le nationalisme français à l'épreuve de l'Amérique

Puisque l'on a vu (chapitre II) que les faits ne justifient pas tant d'alarmes sur l' « invasion » du français par l'anglo-américain, il faut se demander à quoi correspond, en fait, le propos des Cassandres. Ici se dévoile la puissance symbolique du langage.

Le discours sur la norme, en effet, est le reflet de l'histoire politique. Dès lors, la maladie de la langue, un de ses thèmes de prédilection, devient l'accident fictif vers quoi l'on détourne l'attention que sollicite un autre mal, bien réel quant à lui, et qui atteint le destin même de l'État. L'effacement relatif de la France derrière la puissance américaine exacerbe les sentiments nationalistes et ravive les braises du chauvinisme, jamais éteintes. Sur un canevas ancien, ce dernier prend alors un visage nouveau, celui de l'anti-américanisme. Certes, la réussite américaine n'est pas uniquement le fruit d'un effort spécifique qui prendrait la France pour cible. Mais précisément parce qu'elle est la circonstance contingente qui met en évidence, par contraste, les carences de la politique et de l'économie françaises, elle appelle une riposte. Et, faute de pouvoir porter la lutte sur le terrain où elle devrait se maintenir, les nostalgiques de la puissance française s'emparent de ce domaine innocent de représentations du monde, la langue, toute docile et toute prête à servir comme enjeu. N'est-elle pas le meilleur exutoire des passions, elle qui paraît apporter, de l' « agression » américaine, toutes les preuves que l'on voudra ? Comment ne pas être tenté de donner à l'illusion d'une débâcle du vocabulaire assiégé les traits de la réalité la plus sombre ? Même si le puriste paraît isolé dans cette action spécifique, le nationalisme qui la sous-tend est largement répandu dans le corps social. Une partie importante de la population entonne avec empressement le chant xénophobe, y compris les couches qui prennent pour modèle les usages d'outre-Atlantique. A l'émoi du grammairien, le pouvoir fait volontiers écho. Car de François Ier au général de Gaulle en passant par Louis XIV, c'est une tradition solidement établie, en France, que de voir dans la pureté de la langue l'image de la grandeur de l'État. La croyance en la mission culturelle de la France fait partie des credo du Prince. Et une telle mission ne paraît pas compatible avec l'inféodation de la langue aux diktats des mots métèques, ni avec sa soumission résignée aux assauts lancés pour la défigurer. Une connivence, ainsi, soude deux entreprises : le gardien de la langue et celui de l'État s'accordent implicitement ; le premier procure au second, dans le champ du langage, l'heureuse échappée d'une lutte inégale dans le champ du politique.

Si l'on examine la période qui suit la Seconde Guerre mondiale, ce n'est qu'à la fin des années cinquante et au début des années soixante que l'on observe une véritable levée de boucliers. Les travaux que publiaient, au début des années cinquante, les représentants connus de la tradition puriste notaient, avec une certaine sérénité, que le phénomène de l'emprunt n'avait rien qui fût de nature à susciter l'inquiétude. F. Baldensperger, en 1954, ne décèle pas de sujet d'alarme dans les emprunts anglo-américains dénoncés par des lectrices[1]. A. Thérive juge les anglicismes beaucoup moins abondants qu'on ne l' « imagine d'après des modes passagères lancées par les journalistes et les industriels[2] ». Le Comité d'étude des termes techniques français, fondé en 1954, vise essentiellement les lexiques techniques et les termes de spécialité. Cependant, dès le début des années cinquante, quelques signes discrets apparaissent d'une hostilité qui va s'exprimer plus ouvertement et avec virulence. La contestation de ce que l'on aperçoit au-delà de la langue, c'est-à-dire la culture de masse américaine, ou ce que l'on identifie ainsi, a cette vertu rare de rallier la plupart des opinions, en traversant les clivages idéologiques. Car elle est elle-même une idéologie. Cependant, c'est dans une revue de gauche, *Les temps modernes,* que paraît en 1952 l'article de R. Étiemble « De la prose française au sabir atlantique ». Cet article fait suite à une série d'autres où la mise en cause de l'influence de l'anglo-américain sur le français va de pair avec celle, plus fondamentale, des mœurs que l'on considère comme caractéristiques de la civilisation américaine : n'ayant pas accès à **la production culturelle de qualité, qui met les États-Unis en très haute place,** ou voulant l'ignorer, on dénonce la manie du « digest », la religion des « best-sellers », le Coca-Cola, le culte du dollar.

La chronologie fait clairement apparaître que la défense du français n'est pas un innocent souci de maîtres du beau langage. Car si la menace que l'on dit aussi grave pour le français l'était véritablement, n'aurait-elle pas dû susciter par elle-même des analyses strictement linguistiques, au lieu d'être, ainsi, étroitement mêlée à la mise en accusation d'une culture ? La relation apparaît au grand jour à partir du retour aux affaires du général

---

1. « Emprunts anglo-français », *Vie et langage,* n° 22, janvier 1954, p. 260-261.
2. *Libre histoire de la langue française,* Paris, Stock, 1954, p. 304.

de Gaulle, et durant tout le temps de sa présence à la tête de l'État (1958-1969). L'anti-américanisme comme réaction passionnelle d'une nation dépossédée de son ancienne puissance et supplantée par les États-Unis, soit d'une manière occulte, soit d'une manière qu'elle juge ouvertement humiliante (Indochine, débats sur la Communauté européenne de défense, crise de Suez, troubles en Afrique du Nord, etc.) se saisit de l'alibi linguistique. Les événements se précipitent en 1957. C'est alors que se crée l'Office du vocabulaire français. La revue *Vie et langage,* jusquelà relativement modérée, s'engage de plus en plus clairement en faveur de l'Office, dont elle devient, en cette même année, le porte-parole. Enfin, toujours en 1957, deux ouvrages paraissent, dont l'un, *Jeux de mots,* dû à R. Georgin (à Paris, chez Bonne), entend alerter l'opinion contre l'anglomanie dans le vocabulaire, cependant que l'autre, *Mort ou renouveau de la langue française,* de P. Lalanne (même éditeur), est, comme l'affiche son titre, un pamphlet virulent, appelé à devenir une sorte de bible de la résistance nationale, dans laquelle une bonne partie de la littérature puriste des années suivantes puisera sa manne, et où figurent tous les thèmes de l'anti-américanisme de facture française brevetée, un anti-américanisme culturel, politique et par conséquent linguistique.

L'enchevêtrement des thématiques puriste et américanophobe se trouve singulièrement éclairé si l'on est attentif à la chronologie. Au cours de la décennie suivante, sur l'itinéraire ainsi tracé, les ouvrages de défense du français, pour la plupart, suivent de peu, par leurs dates de publication, les diverses entreprises que conduit la France officielle, soucieuse de réagir au déclin de son influence dans le monde et à la suprématie de plus en plus affirmée des États-Unis : première explosion nucléaire française (1960), accords d'Évian (1962), veto français à l'admission du Royaume-Uni dans le Marché commun (1963), retrait français de l'organisation militaire de l'OTAN (1966). L'harmonie, sinon la relation osmotique, est éclatante entre la foi gaullienne en une mission civilisatrice de la France et le chauvinisme linguistique, qui inspire la conception du français comme bien inaltérable de la nation et précieux héritage culturel. Durant cette période, le large soutien de la population française à la politique d'indépendance du général de Gaulle masque, sous l'élan de revendication nationale face à l'Amérique bouc-émissaire, une réalité plus complexe. Car il n'y a pas d'unité véritable, vis-à-vis de

111

l'emprunt, entre la minorité qui le rejette et la majorité qui le digère.

La France n'est évidemment pas seule à illustrer l'identification entre langue et nation, qui est quasiment universelle. Mais les racines sont ici très anciennes. Étiemble ne dit pas autre chose qu'Estienne et Pasquier au XVIᵉ siècle, lorsqu'il déclare qu'il n'est pas question d'accepter « sans trahir notre langue, et par conséquent notre pays, que des milliers de mots étrangers [...] se substituent à d'excellents tours français[1] ». Cependant, le rejet prend ici des proportions nouvelles, à la mesure même des frustrations nationales. Or il n'est pas vrai qu'il y ait une crise de la langue en elle-même. Ici, comme toujours dans le passé, mais avec plus d'acuité, on assigne à la langue une crise qui lui est étrangère, et l'on en fait l'exutoire d'amères déceptions qui sont en fait politiques. La situation est classique. Aux frontières mêmes de la France, un autre exemple en est fourni par l'Allemagne fédérale, où la « décadence de la langue » est liée à la « décadence morale, historique et politique » par les organisateurs d'une campagne puriste, qui comparent le déclin des valeurs à celui que vécut l'Allemagne en d'autres périodes sombres de son histoire, comme la fin de la guerre de Trente Ans[2]. Certes, dans le cas de l'Allemagne moderne, la défense de la langue que l'on croit menacée est le fait de personnalités conservatrices qui s'en prennent ouvertement aux écrivains et artistes de gauche alors qu'en France il existe une sorte de consensus politique sur ce dossier. Mais, dans les deux cas, on décèle une crise, volontairement ou non, là où elle n'est pas.

Ainsi, un des auteurs les plus célèbres croit, ou affecte de croire, qu'il suffit de pourchasser les américanismes pour affranchir le pays des modèles culturels qui l'envahissent : « Pour peu que nous persévérions à sabirer atlantique, l'antisémitisme larvé, le racisme virulent, la tartuferie sexuelle, la dévotion au dollar, les superstitions scientiste et chrétienne-scientiste seront notre pain quotidien. Toute politique alors nous conviendra qui convient à la dynastie Rockefeller, à la United Fruit, au Réarmement moral, à la John Birch Society[3]. » On note également que

---

1. Le babélien, op. cit., deuxième partie, p. 20.
2. Cf. H. Glück et W. Sauer, « La crise de l'allemand », in La crise des langues, op. cit., p. 258-259 (219-279).
3. R. Étiemble, Parlez-vous franglais ?, op. cit., p. 323.

tout comme il y a quatre cents ans, le rejet simultané du mot
d'emprunt et de la culture qu'il reflète n'exclut pas l'acceptation
occasionnelle, pourvu qu'il s'agisse de termes désignant des
usages inacceptables et caractéristiques de l'autre. « Ce tru-
quage, encore américain », écrit par exemple A. Thérive à propos du terme remake[1], « peut rester sous l'enseigne américaine.
Aucun danger pour la pureté de la langue française ; pas plus
que d'appeler [...] lyncher une coutume yankee [...] ».

Ainsi, la condamnation des emprunts américains, loin d'être
fondée sur la réalité d'une menace, n'est que l'expression détour-
née d'un anti-américanisme nourri par la nostalgie du prestige
d'autrefois. A travers la dénonciation des États-Unis, une autre
se fait jour, plus subtile, articulée, cette fois, sur des luttes
sociales internes : les campagnes puristes soutenues par
l'acquiescement tacite de la classe intellectuelle sont le reflet de
conflits propres à la société française. Le modèle qui se trouve
rejeté n'est pas seulement celui des États-Unis. C'est celui des
configurations sociales les plus perméables à l'influence américaine véhiculée par les médias : comme on l'a vu plus haut, il
s'agit d'abord de la bourgeoisie d'argent, toujours éprise des
signes, tant verbaux que matériels, de son bien-être, et, par ailleurs, de la partie des masses populaires qui, toujours soucieuse
d'améliorer son ordinaire, n'a d'autre rêve que de s'embourgeoi-
ser. Contre ces groupes de solidarités, dont le premier détient
l'essentiel du pouvoir, les intellectuels de moyenne bourgeoisie,
habités d'un sentiment de frustration, apparaissent comme désireux de reprendre en main la grandeur française telle que
l'incarnent la langue et la culture. Mais évidemment, on ne
trouve chez ces défenseurs de la virginité de la langue comme
diagnostic de la santé nationale aucune tentative sérieuse d'analyser les causes de la situation complexe qui a fait de la France
une puissance de seconde zone, ni de proposer une stratégie
d'action qui lui rende la primauté économique et politique, dans
la mesure où cela est possible. Ils préfèrent oblitérer la réalité
sous un gonflement artificiel des problèmes de la langue. Les
seules dénonciations explicites qui ne concernent pas cette der-

---

1. Cité par P. Trescases, Le franglais vingt ans après, op. cit., p. 105-106. Dans
une conférence de presse de novembre 1984, le président F. Mitterrand,
employant ce mot remake, en atténuait l'effet en ajoutant : « pour utiliser un
terme franglais ».

nière sont celles de la civilisation technique, refusée au nom d'une sauvegarde de l'héritage culturel antique, fondement de l'humanisme occidental. Ainsi se trouve mise en accusation « l'hypertrophie de la technique qui pousse au premier plan le parler d'outre-Atlantique et qui, d'autre part, sape, dans un tourbillon matérialiste de l'anticulture, jusqu'aux sources non seulement gréco-latines, mais de notre propre humanisme [1] ».

Formez vos bataillons, ou du repli tactique à l'offensive

La tentation polémique

En 1911, c'est-à-dire à une époque où l'influence de l'anglais (alors britannique) était pourtant en reflux, on créait une « Société nationale pour la défense du génie français et la protection de la langue française contre les mots étrangers, les néologismes inutiles et toutes les transformations qui la menacent ». Ce langage disait déjà la névrose obsidionale que l'on trouve chez certains censeurs. A plus forte raison est-ce en termes d'affrontement et de pugnacité que vont s'exprimer les positions les plus radicales à partir de la fin des années cinquante et durant toutes les années soixante. On peut, par exemple, lire ces lignes dans un texte de J. Duhamel, où se trouve posé un pur rapport de forces : « Importer du vocabulaire, pour une langue, est toujours un signe de faiblesse [2]. » On se lasserait vite, tant la matière est abondante, de relever les formulations qui, dans les écrits puristes, sont propres à la thématique du conflit ou à celle de l'éristique. Dans beaucoup de ces écrits, dont le ton est fort éloigné de l'objectivité d'une analyse appliquée aux faits d'emprunt, il n'est question que de « défense », de « lutte », de « déclarer la guerre », etc. Ou bien les métaphores sont celles du combat médical contre la pathologie : il faut « anesthésier » le

---

1. H. Heim, *Langue française, langue humaine*, Paris, Larousse, préface de J. Duron, 1963, p. 2.
2. « ORTF et langue française », *La Nouvelle Revue des deux mondes*, 1er avril 1968, p. 391 (386-392).

français, « éliminer le virus étranger », « pourchasser le can-
cer ». L'auteur chez lequel ces formulations et d'autres semblables sont le plus fréquentes, R. Étiemble, est aussi un spécialiste
adroit du persiflage. Conscient de la force que confère la caution
des rieurs, il affecte, dans tout un chapitre de *Parlez-vous franglais ?* (*op. cit.*), de recommander, à grand renfort de règles et
d'exercices d'application, un franglais caricatural qui n'existe
nulle part, et dont il peut attendre un assez sûr effet de dérision.
La satire, ici encore, vise, tout autant que l'influence linguistique
et culturelle des États-Unis, le snobisme des composantes de la
société française connues pour leur américanomanie.

Le dirigisme et la langue comme bien naturel de la nation

Selon une conception déjà ancienne, la langue est une res-
source naturelle. Elle doit donc être l'objet d'une surveillance et
d'un entretien permanents, comme les parcs nationaux ou les
monuments classés. Car, comme à ces derniers, il peut lui arriver
d'être en péril. Il est question au Canada, rapportait en 1960 un
amant de la langue française, « d'un Office provincial de la linguistique. J'en suis. La langue est un bien commun, et c'est à
l'État comme tel de la protéger. L'État protège les orignaux, les
perdrix et les truites. On a même prétendu qu'il protégeait les
grues. L'État protège les parcs nationaux, et il fait bien : ce sont
là des biens communs. La langue aussi est un bien commun, et
l'État devrait la protéger avec autant de rigueur. Une expression
vaut bien un orignal, un mot vaut bien une truite[1] ».
Dans cette perspective, l'action consciente sur la langue en
vue de la « préserver » est conçue comme parfaitement justifiée.
« On ne voit pas », écrivait A. V. Thomas à l'époque des campagnes les plus virulentes contre l'emprunt à l'anglo-américain,
« pourquoi la langue française, ou la langue de quelque autre
pays, échapperait à la règle qui veut que l'homme apporte une
contribution active à la bonne marche d'une science ou d'une
entreprise. On ne voit pas davantage quel bénéfice notre langue
tirerait d'une anarchie qui conduirait à la faillite toute autre dis-

---

1. J.-P. Desbiens, *Les insolences du frère Untel,* Montréal, Éditions de
l'Homme, préface d'André Laurendeau, 1960, p. 29. Cette citation ne doit pas
faire oublier que la situation linguistique au Québec est profondément différente de celle que connaît la France.

cipline. Le jardinier taille ses arbres, l'éleveur sélectionne ses produits, le chirurgien intervient dans le corps humain... C'est une loi à la fois naturelle et sociale. Que le linguiste enregistre l'évolution d'une langue, c'est son rôle. Il n'a pas à intervenir [...]. Mais il paraît anormal d'assister sans s'émouvoir à la dégradation d'un patrimoine qui doit nous être aussi cher que la terre de nos aïeux [1]. » Dans le livre d'Étiemble qui, en 1964, devait reprendre à son compte et populariser l'engagement défensif, on peut lire ceci : « Notre gouvernement se soucie du " patrimoine historique et esthétique " de la France *en général*; de la langue française par conséquent qui, ou je me trompe fort, constitue notre *principal* patrimoine historique et esthétique, celui qui commande, organise et permet tous les autres. Non, je ne peux pas supposer que la sauvegarde du patrimoine esthétique de la France consiste à ravaler le Palais Bourbon et le Palais Mazarin, et à faire gagner des millions à ceux qui, par système ou négligence, défont et massacrent la langue française [...]. Rasez Notre-Dame : Chartres nous restera [...]. Détruisez la langue française ; il ne nous reste plus que le patois d'une chétive colonie de l'impérialisme yanqui [2]. » Et plus loin, l'auteur déclare : « Le français n'est pas un don gratuit du libre-échange et du laisser-aller. Il dut constamment se défendre contre la corruption [3]. » Ainsi se trouvent explicitement associés le nationalisme linguistique et l'interventionnisme. Or, bien que ce dernier ne soit pas à rejeter, une contradiction risque de surgir ici. Car comment peut-on s'en prendre, à la fois, aux marchands habiles qui inventent des mots franglais en pure violation de la maxime de Vaugelas, selon laquelle « il n'est pas permis à qui que ce soit de faire de nouveaux mots, non pas mesme au Souverain », et assurer qu'en matière de langue, l'État doit intervenir, car « seul il peut mener une enquête complète, réunir toutes les compétences [...]. Sûr de vivre encore dans cinquante ans, seul il peut prévoir et préparer l'avenir [4] » ?

Le dirigisme est loin d'être nécessairement puriste. Il existe même un dirigisme anti-puriste [5], en vertu duquel la langue doit,

---

1. *Vie et langage*, n° 118, janvier 1962, p. 25.
2. R. Étiemble, *Parlez-vous franglais ?*, *op. cit.*, p. 328.
3. *Ibid.*, p. 337.
4. R. Étiemble, *Le babélien, op. cit.*, troisième partie, p. 14 et 60.
5. Cf. le passage portant ce sous-titre dans C. Hagège, « Voies et destins de l'action humaine sur les langues », *op. cit.*, p. 29-30.

par des actions concertées, être adaptée aux besoins de ses usagers, au lieu d'être soumise aux volontés d'une poignée de grammairiens qui entendent, en fait, imposer leur usage minoritaire. Cette idée d'une adaptation consciente et organisée, par intervention de l'extérieur, suppose une sérieuse révision du dogme de l'intangible, sous-jacent à l'activité de nombreux linguistes (mais non de tous). Selon ce dogme, les langues, objets du monde sensible, doivent être étudiées pour ce qu'elles sont. Il s'agit d'en dégager les lois, et nullement d'en infléchir le cours.

Il semble, à l'opposé, que l'interventionnisme, qu'il soit ou non puriste, puisse se prévaloir de quelques exemples étrangers. L'histoire du hongrois offre à diverses étapes, jusqu'aux temps modernes, l'image d'un constant remodelage du vocabulaire, et même de certaines parties de la morphologie. L'histoire du finnois fait apparaître, notamment, une réforme du système des suffixes casuels et personnels, par restructuration de syllabes atones disparues. L'histoire récente du turc et celle, plus récente encore, de l'hébreu israélien laissent apercevoir une intervention sur le niveau de langue et même sur certains points de la morphologie dérivationnelle. Il existe d'autres cas encore : en morphologie nominale, le féminin a été restauré en néo-norvégien d'après les dialectes conservateurs où il s'était maintenu ; en néerlandais, à l'inverse, la Belgique comme les Pays-Bas consacrent, par une loi de 1955, la disparition du féminin, fortement concurrencé par le masculin dans l'usage courant, en dépit des efforts déployés en sa faveur par les grammairiens, du XVIᵉ au XIXᵉ siècle ; un décret de 1951 remplace, en norvégien, le système de numération du type unité + coordonnant + dizaine par le système dizaine + unité, qui est celui du suédois ; en tchèque, une caution officielle est donnée à une règle d'ordre des mots selon laquelle, dans une phrase à mot tonique initial, un enclitique réfléchi doit être placé, conformément à la langue parlée et contrairement à l'usage littéraire, en deuxième position[1].

Ces exemples paraissent montrer que l'on peut agir non seulement sur le vocabulaire, comme on tente de le faire en France dans une zone lexicale étroitement reliée à l'état de la société,

---

1. Pour plus de détails sur tous ces faits, cf. C. Hagège, « Voies et destins de l'action humaine sur les langues », *op. cit.*, p. 23-24.

celle des noms de métiers au féminin[1], mais même sur le noyau dur de la langue, c'est-à-dire sur la morphologie et sur la syntaxe. Certes, le champ d'intervention demeure limité. Mais les partisans de l'action peuvent se prévaloir de la caution de certains spécialistes de la langue, alors que la plupart de ces derniers sont plus enclins à décrire qu'à juger. R. de Gourmont fait état, dans la préface de son *Esthétique de la langue française,* d'une lettre de G. Paris, où l'on peut lire : « En thèse générale, je ne sais si dans l'évolution linguistique on peut faire autre chose qu'observer les faits ; mais après tout, dans cette évolution même, toute volonté est une force et la vôtre est dirigée dans le bon sens » (p. 9). Il y a sans doute plus, ici, qu'un simple mot de courtoisie concédé du bout des lèvres.

Il faut rappeler aussi l'hypothèse dite « Humboldt-Sapir-Whorf » (du nom de ses principaux tenants), qu'acceptent de nombreux linguistes, et selon laquelle la structure de la langue façonne les mentalités[2]. Cela dit, s'il y a bien une corrélation observable entre les deux, cela n'est pas assez pour que l'on puisse assurer que les emprunts bouleversent tout l'édifice. Il convient donc d'interpréter avec prudence les déclarations d'inspiration dirigiste, comme celle-ci, due pourtant à un grand linguiste : « [Le] trouble peut aller si loin que nous ayons affaire à une transformation complète de la structure de la langue française et par conséquent de la mentalité fran-

---

1. C'est le 16 mars 1986, jour même du changement de majorité à l'Assemblée nationale française, suivi d'un changement de gouvernement et de programme politique, que le *Journal officiel* publie une recommandation de M. L. Fabïus, Premier ministre, sur ce sujet. Cette recommandation constituait le dernier acte d'une entreprise que d'autres relaieront sans doute (la gestion de la langue est un des rares domaines que n'affectent guère, car elle prend ses racines dans une vieille tradition, les modifications de l'échiquier politique). Confiée par Mme Y. Roudy, ministre des Droits de la femme, à Mme B. Groult, cette entreprise (qui, situation peu commune, s'était assuré le concours de linguistes professionnels) aboutit à diverses suggestions sur les féminins de noms d'activités : on devrait désormais pouvoir dire *une écrivaine,* ainsi qu'*éditrice, sculpteuse* et, sans changement par rapport au masculin, *une poète, une proviseur, une professeur, une ingénieur,* que les Québécois, plus « novateurs », ont décidé d'écrire (la prononciation demeurant évidemment la même dans la norme des grandes villes) avec un *e* final *(proviseure, professeure, ingénieure)* (cf. *Le Monde,* 3 avril 1986, p. 21).

2. Sur cette hypothèse et la façon dont on peut apprécier son contenu, cf. C. Hagège, *L'homme de paroles, op. cit.,* p. 139-143.

çaise. Dans ces conditions, il faut réduire les emprunts[1]. »

Les partisans de cette politique d'intervention la justifient, notamment, par une considération déjà mentionnée ici au chapitre III (cf. p. 80 s.) et qu'Étiemble exprime ainsi : « aujourd'hui, malheureusement, la presse, la radio, la publicité faussent le jeu normal, et gênent l'action populaire », en sorte que « le peuple, c'est évident, n'est plus le créateur de sa langue[2] ». Affectant de confondre le dirigisme avec l'effort pédagogique qui définit l'école comme institution, il ajoute : « Si l'on se refuse au dirigisme, il faut être logique : il faut interdire absolument, d'une part [...] toutes les grammaires normatives, [...] d'autre part tous les cours de langue française qui se donnent de l'école primaire à l'université : autant d'intolérables interventions contre la spontanéité, la liberté de la langue française[3]. » Sous ce persiflage, la cause est entendue : citant A. Guillermou, secrétaire général de l'Office du vocabulaire français, Étiemble rappelle que « l'évolution d'une langue n'est pas déterminée seulement par des forces aveugles, irrationnelles, irrésistibles. Un Vaugelas, un Malherbe, l'Académie, les salons, les écrivains, autant de forces lucides et qui ont été efficaces[4] ». Derrière la polémique, on décèle quelque bon sens. Mais il convient de préciser ici que les modèles cités par Étiemble n'ont pas été, le plus souvent, ceux du bon peuple, dont il regrette que les médias, aujourd'hui, aient jugulé l'initiative. Et le fameux exemple des Guaranis, qu'il cite en exergue de la partie finale de son livre *Parlez-vous franglais?* (p. 283), peut soulever quelques doutes, car c'est celui d'une société tribale où les décisions étaient arrêtées par des conseils de notables, sans compter qu'il s'agit des nomenclatures d'espèces naturelles, et non de l'ensemble du vocabulaire courant[5].

---

1. A. Sauvageot, dans *Vie et langage*, n° 66, septembre 1957.
2. *Le babélien, op. cit.*, deuxième partie, p. 2.
3. *Ibid.*, p. 6-7.
4. *Ibid.*, p. 8.
5. L'exemple apparaît dans un passage de *La pensée sauvage* (p. 61), où C. Lévi-Strauss cite Dennler, *Los nombres indígenas en guaraní* : « Ces Indiens (les Guaranis) n'abandonnaient pas au hasard la dénomination des choses de la nature, mais ils réunissaient des conseils de tribu pour arrêter les termes qui correspondaient le mieux au caractère des espèces, classant avec beaucoup d'exactitude les groupes et les sous-groupes. »

Les remparts institutionnels

A la menace supposée, on répond par une série de défenses qui doivent, sinon rendre le français inexpugnable, du moins mettre des obstacles à la poursuite de sa « dégradation ». Ces défenses représentent un effort pour aller au-delà des vœux pieux et recommandations utopiques que l'on trouve dans les ouvrages puristes. Car il n'en est pas un seul qui ne prescrive de mesures destinées à endiguer la « marée. montante » des emprunts. A cette fin, les uns souhaitent que l'on exige des journalistes de toutes les presses une bonne connaissance du français le plus pur, et une vigilance sans faille à l'égard des invasions étrangères, les plus subreptices comme les plus obvies. D'autres vont jusqu'à recommander que partout où s'écrivent des textes assurés d'une large audience (ministères, salles de rédaction des journaux, etc.), on rende obligatoire un lexique purifié des mots intrus (en admettant qu'ils soient toujours identifiables !). Ces contraintes artificielles, difficiles à imposer, demeurent pour une large part utopiques sous la forme que les censeurs préconisent.

Mais sous d'autres formes, elles ne le sont peut-être pas complètement. C'est parce qu'ils croient à l'efficacité d'une résistance institutionnelle, épaulée par le pouvoir, que certains se sont engagés dans une autre voie : celle de la création d'organismes spécialisés. Il existe entre deux cents et trois cents associations, dont il n'est évidemment pas question de fournir ici une liste, même fortement abrégée. On peut du moins, en mentionnant quelques jalons, faire apparaître la ligne générale d'une action persévérante dont on verra plus bas qu'elle a produit quelques résultats. Pour s'en tenir aux cinquante dernières années, c'est en 1937 que les efforts conjugués de grammairiens comme A. Dauzat, A. Thérive et F. Brunot, désireux d'apporter à l'action continue de l'Académie le renfort d'une entreprise convergente, aboutissent à la création de l'Office de la langue française. Mais cette date, précédant de peu les embrasements de la Seconde Guerre mondiale, n'était pas heureuse, et l'Office disparut au milieu de la tourmente, sans avoir pu tenir ses promesses[1]. Ce fut pourtant dans son sillage que fut fondé en 1957

---

1. Son inspiration se perpétua cependant durant cette sombre période, qui fut marquée par une guerre des ondes, dans laquelle les radios francophones

l'Office du vocabulaire français. Un phénomène essentiel y contribua : la pression exercée par une forte demande du Québec, soucieux de voir la France s'engager plus nettement dans une politique de défense et s'affirmer comme modèle selon la vocation qui est celle d'un centre historique. L'inquiétude des Canadiens francophones sur le sort du français dans l'environnement nord-américain est bien connue, ainsi que leur souci de préserver la langue de la trop forte influence exercée, à leurs yeux, par l'anglais. Ce qu'on sait moins, c'est que cette sollicitude est fort ancienne, et que le contact avec l'anglais fut très tôt ressenti dans les milieux lettrés comme une menace [1].

Quoi qu'il en soit, le nom d'Office du vocabulaire français indique une visée plus nettement circonscrite que celui d'Office de la langue française. On a vu que le périodique *Vie et langage*, devenu l'organe du nouvel Office, déploya une intense activité à la fin des années cinquante et durant les années soixante, celles-là mêmes où fut lancée la plus populaire des campagnes puristes, celle d'Étiemble. Pendant cette période, quatre organismes surtout mènent le combat. Outre l'Office, ce sont d'une part l'association Défense de la langue française, créée en 1953 sous les auspices de l'Académie et qui prit pour organe une

---

appartenant au camp des Alliés conjuguèrent avec la lutte des communiqués et des nouvelles une action de défense de la langue française.

1. Dès 1803, l'écrivain Joseph-François Perrault notait à propos d'une traduction d'anglais en français qu'il venait de publier : « J'ai mis la plus scrupuleuse attention à conserver la pureté de la langue française, d'autant que je m'aperçois qu'on l'anglifie tous les jours inconsidérément, et que si l'on continue ainsi, nous nous rendrons inintelligibles aux étrangers. » Même écho soixante-dix-sept ans plus tard chez le journaliste Jules-Paul Tardivel, qui écrit en 1880 : « Le principal danger auquel notre langue est exposée provient de notre contact avec les Anglais. » Incriminant la traduction, lieu privilégié des contaminations, P. Horguelin, qui cite le texte de Perrault, écrit en 1984 (« La traduction à l'ère des communications », *in* Société des traducteurs du Québec et Conseil de la langue française, *Actes du colloque « Traduction et qualité de langue »*, Québec, document n° 16 du Conseil de la langue française, p. 25 [24-35]) : « Si l'on exclut le domaine littéraire, très marginal puisqu'on ne recense que trois ouvrages traduits en français, et le domaine législatif, où quelques grands traducteurs parlementaires maintiennent une certaine qualité de langue, force est de constater une anglicisation rapide du vocabulaire et de la syntaxe. Parallèlement, la multiplication des journaux favorise la diffusion rapide de cette langue de traduction parmi une population en voie d'urbanisation. » (Tardivel et Horguelin sont cités par J. Maurais, « La crise du français au Québec », *in La crise des langues, op. cit.*, p. 43).

revue du même nom, d'autre part le Comité d'étude des termes techniques français, créé en 1954, et enfin le Comité consultatif du langage scientifique. Ces associations, toutes privées mais bénéficiant de la bienveillance du pouvoir, furent relayées en 1966 par un organisme officiel qui s'accordait à la fois avec la logique d'un mouvement bien engagé et avec le nationalisme français, tel que le reflétaient, en harmonie, aussi bien l'opinion publique que l'ensemble de la politique du général de Gaulle : le Haut Comité pour la défense et l'expansion de la langue française (nom qui indique assez le lien entre les deux entreprises dont traitent successivement les deux parties du présent livre). Un an plus tard était fondée une Association pour le bon usage du français dans l'administration. Bien entendu, la lutte contre les anglicismes n'est pas explicitement l'unique raison d'être de toutes ces créations. Mais elle y tient une place essentielle, et la chasse aux impropriétés de vocabulaire, aux confusions morphologiques ou aux erreurs de syntaxe est partout conçue comme insuffisante, sinon sans objet, si elle laisse subsister les tournures ou mots anglais. De nouveaux organismes ont, d'autre part, été créés récemment, dont il sera question en seconde partie du livre.

Les actions et leurs résultats

Jusqu'à la création du Haut Comité, l'État s'était contenté d'approuver implicitement, sans beaucoup intervenir de façon directe. La seule disposition appliquée à la langue française qui, au XXe siècle, soit antérieure à 1966, est l'arrêté ministériel du 26 février 1901, « relatif à la simplification de l'enseignement de la syntaxe française » où l'on ne trouve rien sur la défense contre l'anglais[1]. En dépit de l'introduction déjà importante de mots anglais, la réaction, alors, n'avait pas encore pris, aux yeux des garants de la pureté, la dimension d'un problème national.

Les dispositions officielles qui visent à réduire l'influence de

---

1. Dans cet arrêté, dont on trouvera le texte dans la 8e édition de M. Grevisse, *Le bon usage, op. cit.,* 1964, p. 1122-1127, il est, essentiellement, question des substantifs dont le genre change au pluriel, de l'accord du verbe selon le nombre du sujet, de l'emploi de *ne* dans les complétives de verbes à implication négative (crainte, doute, etc.), et de divers points d'orthographe (absence ou présence d's au pluriel de diverses constructions, trait d'union dans les noms composés).

l'anglais[1] sont postérieures à 1966. La France, comme la plupart des autres pays francophones, fut partie prenante au Conseil international de la langue française, qui fit beaucoup pour démontrer, par un enregistrement soigneux des innovations spontanées, le pouvoir de création néologique du français. Une série d'actions furent accomplies dans diverses directions durant les années suivantes. La multiplication des concertations et des demandes en faveur d'un corps de dispositions légales finit par aboutir à la célèbre loi du 31 décembre 1975 relative à l'emploi de la langue française, dite loi Bas-Lauriol. Elle était pour une large part inspirée par les campagnes conduites aux États-Unis par R. Nader en faveur des consommateurs (ce qui rend surprenants les brocards et les invectives qui, dans une partie du monde anglophone, « saluèrent » sa promulgation). Elle avait, en effet, pour objectif immédiat, de rendre obligatoire l'emploi du français dans les échanges commerciaux, la publicité et les contrats de travail ; sept ans plus tard, la circulaire du 20 octobre 1982 devait étendre aux étrangers, exportant en France leurs produits, ces dispositions déjà applicables aux importateurs français ; l'année suivante, le décret du 25 mars 1983 imposait dans l'enseignement et la recherche, pour ce qui est des établissements dépendant de l'État, ou auxquels il accorde son concours, l'emploi des terminologies créées par les commissions officielles.

On pourrait considérer la loi Bas-Lauriol comme la troisième grande loi linguistique de l'histoire du français. En effet, cent quatre-vingt-deux ans après la loi adoptée par la Convention le 2 thermidor an II (1793) et quatre cent trente-six ans après l'ordonnance de Villers-Cotterêts (cf. p. 194-7), elle est, comme ces dernières, inspirée par le souci de préserver le français contre la diffusion d'une langue étrangère sur le territoire national. Les temps ont changé, certes : le péril n'est plus incarné par le latin, mais par l'anglo-américain. Pourtant, la continuité est remarquable. C'est dans les articles 1, 2, 4 et 6 que l'on fait obligation aux importateurs et fabricants de toutes marchandises dont le mode

---

1. Une seule est étrangère à cette entreprise. Il s'agit de l'arrêté Haby (du nom du ministre de l'Éducation de l'époque), paru dans le *Journal officiel* de la République française du 9 février 1977, et relatif à diverses tolérances grammaticales et orthographiques, dont une partie reprend celles qui étaient contenues dans l'arrêté de 1901 cité à la note précédente. On trouvera le texte de l'arrêté Haby dans la 12e édition de M. Grevisse, *Le bon usage,* 1986, p. 1696-1708.

d'emploi, la publicité, les garanties, les factures sont rédigés en anglais, ainsi qu'aux partenaires des contrats de travail, de ne plus diffuser que les seuls textes français correspondants. L'article 5, le plus difficile à faire appliquer, interdit la publication « dans un journal, revue ou écrit périodique, [...] d'offres d'emploi ou d'offres de travaux à domicile comportant [...] un texte rédigé en langue étrangère ou contenant des termes étrangers ou des expressions étrangères ».

L'effet psychologique produit par la promulgation de cette loi galvanise les énergies d'intervention. Durant la fin des années soixante-dix, on voit se coordonner de façon toujours plus cohérente les efforts des diverses associations de défense du français : Centre de traduction des Commissions européennes de Bruxelles et Luxembourg, Association française de terminologie à Paris, Régie de la langue française à Québec. De 1970 à 1981, une quinzaine d'arrêtés sont pris, qui créent des commissions de terminologie, aux fins de fixer et diffuser des lexiques proprement français, en remplacement des termes anglais, dans les domaines les plus variés : industrie pétrolière, économie et finances, transports, santé, communication, travaux publics, tourisme, techniques nucléaires et spatiales, audiovisuel, défense, télé-détection, informatique, etc. En application des décisions prises par ces commissions, les termes dus aux experts qui y siégeaient ont été rendus obligatoires ou recommandés par une douzaine d'arrêtés de 1973 à 1982.

Il n'est pas facile de mesurer le degré de diffusion et d'acceptation réelles des néologismes de substitution ainsi proposés. Ils sont loin, en effet, d'être tous bien connus du public. Quant à la loi Bas-Lauriol, elle paraît fort peu appliquée, à en juger seulement par le nombre des offres d'emploi partiellement ou totalement rédigées en anglais dans la presse française. Les seules transgressions de l'article 5, si les dispositions légales et l'appareil répressif n'étaient pas lettre morte, auraient fourni, pour garnir les caisses de l'État, au moins autant et peut-être beaucoup plus, depuis 1976 (car le délai d'un an n'était accordé que pour les articles 1, 2, 4 et 6), que les redressements d'impôts ou les procès-verbaux pour contraventions au code de la route... Cela dit, il est vrai que l'application d'une semblable loi est loin d'être aisée. L'identification des cas de transgression ne va pas toujours de soi ; et, en tout état de cause, rien n'a permis, jusqu'ici, de résoudre la contradiction entre deux sentiments dont le premier s'arrête où commence le second : le désir de défendre la langue française et la crainte de décourager les investisseurs étrangers...

Les campagnes conduites par les organismes privés paraissent plus efficaces. Les résultats obtenus peuvent en partie s'expliquer par l'ardeur combative qui les animait au point culminant de l'entreprise de défense, c'est-à-dire au début des années soixante. En fait foi, par exemple, cette adresse « aux membres consultants de l'Office du vocabulaire français[1] » : « On nous demandera peut-être pourquoi nous donnons tant d'importance à l'éviction du mot *speaker* [...]. En vérité, nous croyons qu'un succès remporté par *annonceur* sur *speaker* prendrait une signification considérable. Tout favorise ce succès : la décision administrative, les préférences du public averti, la collaboration certaine des annonceurs eux-mêmes. [...] Qu'un mot, un seul, soit remplacé par un autre, et la preuve sera faite qu'on peut agir sur la langue, qu'elle n'est pas le jouet de forces aveugles sur lesquelles on n'a aucune prise. »

Speaker n'est pas le seul exemple. Des efforts comparables ont fini par accréditer *oléoduc,* au lieu de *pipe-line,* aujourd'hui de moins en moins fréquent en France dans la littérature spécialisée, après y avoir un temps régné en maître. La même revue *Vie et langage* qui avait tant fait pour *annonceur* s'est battue pour *oléoduc,* organisant une enquête référendaire qui a servi le néologisme en affectant de laisser le libre choix aux usagers. D'autres exemples connus de termes français qui offrent une nouvelle voie par rapport à des termes anglais d'abord dominants sont ceux de *logiciel* et *matériel.* Ces mots dus à d'ingénieux informaticiens français suscitèrent d'abord quelques sarcasmes. Mais aujourd'hui, non contents de coexister en France avec les mots abrégés *soft* et *hard,* que l'on entend encore souvent parmi les techniciens, ils ont inspiré des formes anglaises qui concurrencent, aux États-Unis mêmes, les mots *software* et *hardware,* qu'on y avait d'abord employés, et que les Français avaient importés en même temps qu'ils se procuraient les machines américaines : *logistics,* en particulier, inspiré de *logiciel,* tend à rendre désuet le terme *software,* jeu de mots sommaire sur le terme anglais *hardware,* utilisé depuis longtemps au sens de « quincaillerie » avant sa spécialisation dans le vocabulaire de l'informati-

---

1. *Vie et langage,* n° 116, novembre 1961, p. 594.

que. Ce terme même d'*informatique* a, semble-t-il, ouvert la voie à toute une série d'autres termes à suffixe -*ique*, lesquels, sans être d'une confondante beauté, ont cependant un profil plus français que de purs emprunts : *bureautique, distributique, productique, promotique,* etc. Certes, les efforts déployés n'ont pas tous abouti, et par exemple, *mercatique,* bien qu'un arrêté du 2-4-1987 l'ait imposé, n'a pu encore supplanter *marketing,* probablement parce que **le rythme des apports étrangers, accrédités par les médias, est aujourd'hui trop fébrile pour laisser place aux créations lexicales qui arrivent longtemps après la chose.** Mais, pour en revenir au domaine de l'informatique, *computer,* qui avait évincé l'éphémère *calculateur*[1], son équivalent parfait pourtant, a été à son tour évincé par *ordinateur*[2], sans qu'il ait été besoin de promouvoir le mot francisé *computeur,* que l'on avait, sur le modèle de *supporteur* et d'autres de ce type, proposé comme pis-aller. Il est vrai qu'au même moment, l'industrie française s'était mise à produire des ordinateurs en série...

Dans des domaines autres que l'informatique, on observe d'intéressantes évolutions. Les emprunts sont certes en bonne place. Parmi beaucoup d'autres exemples, *hit-parade* a rendu bien précaire la situation d'un vétéran plein de mérite, *palmarès,* dont on entend dire qu'il recouvre des réalités beaucoup moins spécifiques. D'autre part, les longues listes de néologismes concoctés par de savants aréopages ont besoin, pour que s'accréditent les termes qu'elles contiennent, qu'un large consensus les consacre dans l'usage : ainsi, on ne peut prédire avec certitude le sort des mots de l'audiovisuel et de la publicité dont le *Journal officiel* des 11, 12 et 13 novembre 1985 a publié la liste : *spot* est-il vraiment menacé par *message publicitaire,* qui contrevient à cette **tendance au mot court (donc moins coûteux à produire),**

---

1. On notera, cependant, que *calculateur électronique,* traduction directe d'*electronic calculator,* a fait place depuis environ 1970, quand il s'agit d'une petite machine de poche, au mot *calculette,* accrédité par les marchands auprès de leur clientèle, et promu à une reconnaissance de fait dans le *Journal officiel* du 10 février 1984. Cela dit, les termes techniques périodiquement recommandés ne sont pas assurés d'obtenir l'accord des spécialistes. Les mondes de la finance et du pétrole préféreront-ils *cession-bail, crédit-bail, affacturage* (*Journal officiel* du 29 novembre 1973) à *lease-back, leasing, factoring,* et *duse, esquiche, gerbage* à *choke, squeeze, racking*?

2. Proposé en 1955 par le latiniste J. Perret. L'ingénieur P. Dreyfus, lui, forgea *informatique* en 1962.

dont la pression, périodiquement renaissante, est si forte aujourd'hui[1] ? On peut en dire autant de *haut-parleur de graves* et de *haut-parleur d'aigus* face à *boomer* et *twitter*, dont il est intéressant de rappeler qu'ils sont loin de figurer dans tous les dictionnaires américains non spécialisés. Les progrès techniques accomplis en France pourraient contribuer à répandre aux États-Unis mêmes ces mots anglais professionnels, dont ils sont le berceau comme ils l'ont été pour les choses correspondantes. Mais il arrive plus souvent, rappelons-le, que ces progrès aient au contraire pour effet de faire adopter en France le mot français. Cela dit, *présonorisation, enregistrement fractionné, exclusivité, spectacle solo* réussiront-ils à se substituer à *play-back, multiplay, scoop, one man show* (dont une partie des sens serait traduisible par *récital*, mot d'emprunt à l'anglais, il est vrai, mais datant de 1884...) ? *Compact Disc* est une marque déposée, et par conséquent, *minidisque* et *disque compact* pourraient avoir quelque mal à le détrôner, bien que, n'étant pas des mots plus longs, ils ne se trouvent pas dans une situation aussi peu confortable que celle de *message publicitaire* en face de *spot*, cité plus haut, ou de *bande promo* en face de *clip*, syllabe agile.

En dépit de cette situation apparemment très favorable aux emprunts anglais, la néologie « défensive » a réussi quelques percées. Ainsi, toujours dans le domaine de l'audiovisuel, l'action persévérante d'hommes de radio comme J. Thévenot et R. Arnaud, qui publièrent sous les auspices du Conseil international de la langue française un ouvrage[2] proposant de franciser des mots anglais ou de créer des mots nouveaux comme d'autres l'ont fait durant ces mêmes années soixante-dix pour différents domaines (industries diverses, travaux publics, etc.), a abouti à des innovations qui paraissent en voie d'être consacrées par l'usage chez les gens de métier : *cadreur* et *perchiste*, par exemple, rendent aujourd'hui assez précaires la position de *cameraman* et celle de *perchman*. De même, le mot *baladeur* fait de plus en plus sûrement son chemin, pour désigner le casque léger qui permet, où que l'on se trouve, d'écouter la musique d'un émetteur de radio ou d'une cassette au lecteur de laquelle il est relié ; *baladeur* a donc des chances sérieuses de supplanter *walkman*,

---

1. A cette tendance au mot court s'ajoute, au détriment de *message publicitaire*, la tendance à l'arbitraire dont il est question ci-après.
2. *Vocabulaire de la radiodiffusion*, Paris, Hachette, 1972.

composé « anglais » qui n'a pas même été formé aux États-Unis (où l'on se défend contre lui (!) par des termes comme *sound about* ou ses variantes *jog about, ride about,* etc.), mais au Japon, par les soins de la firme Sony qui venait de mettre sur le marché, en 1979, l'objet correspondant[1]. L'action de l'État peut même relayer celle des spécialistes pour accréditer un terme technique. Ainsi, le mot *pacemaker* s'était introduit aux États-Unis, dans les années soixante, pour désigner une prothèse électronique dont le rôle est de régulariser le rythme cardiaque ; cette acception américaine de *pacemaker* s'inspirait du sens britannique de « centre cardiaque d'automatismes », apparu lui-même vers 1915 par extension du premier sens anglais, soit « entraîneur sportif » (régulateur du pas) ; or *pacemaker* est en voie d'éviction au bénéfice de *stimulateur (cardiaque)* ; en outre, un arrêté ministériel de 1975, consacrant sa diffusion croissante, recommande l'emploi de ce dernier (cf. Rey-Debove et Gagnon, *op. cit.,* p. 660).

A étudier les dates, on a l'impression que les offensives puristes sont pour quelque chose dans la décrue d'anglicismes que l'on peut observer de 1960 à 1980 par opposition aux quinze années précédentes. 1964, moment de parution du *Parlez-vous franglais ?* de R. Étiemble, aboutissement et synthèse vigoureuse d'une longue série d'actions en défense, est certainement une date essentielle, comme un apogée de la campagne contre l'anglais. Il contribue à fixer les seuils de la tolérance, ceux au-delà desquels, pour les puristes, s'arrête l'enrichissement et commence l'indigestion. « D'ores et déjà », écrit Étiemble lui-même en 1961[2], « plusieurs points sont acquis. Lorsque j'ai commencé mon enquête, il n'a pas manqué de gens pour se moquer de moi, et prétendre que, de même que j'avais inventé le *mythe de Rimbaud,* ce " canular " comme disait M. Jasinski, j'inventais maintenant le *mythe du babélien* ; [...] la révélation au public de quelques-uns des documents que j'ai accumulés et la publication d'une faible partie de ce cours ont à ce point alerté l'opinion que les auditeurs me le prouvent par des lettres nombreuses et le

---

1. Cf. Rey-Debove et Gagnon, *Dictionnaire des anglicismes, op. cit.,* p. 1095. L'objet avait été conçu et créé à l'intention du directeur de cette société japonaise, auquel le terme pouvait s'appliquer, puisque le suffixe *-man* réfère à un humain, le *walkman* étant « celui qui marche » (tout en écoutant de la musique). La métonymie par laquelle le terme est appliqué à un objet produit évidemment un effet bizarre pour des anglophones de naissance.

2. *Le babélien, op. cit.,* deuxième partie, p. 150.

plus souvent accompagnées de coupures confirmant ou enrichis-
sant mes dossiers, et que la presse elle-même, dont je n'ai pas
caché ce que j'avais à en dire, a daigné s'émouvoir. [...] Rares, je
le crois, ceux qui aujourd'hui prétendraient que c'est moi qui, de
toutes pièces, m'amusai à créer le sabir atlantique. » Au mérite
d'avoir ainsi alerté l'opinion s'en ajoute un autre, dont on crédite encore Étiemble : ce serait d'avoir permis des victoires
ponctuelles, celles de mots qu'il a proposés lui-même ou qu'il a
soutenus. Tel serait, parmi bien d'autres termes pour lesquels il a
fait campagne, le cas de *navigation de plaisance*[1], tel aussi celui
de *planche à voile,* dont la promotion, il est vrai, avait eu pour
cause première la diffusion croissante en France, tant par la
fabrication que par la consommation, des objets correspondants.
Car il est évident que tout comme les ordinateurs, appelés *com-
puters* aussi longtemps que l'industrie française n'en fabriquait
pas, les planches à voile n'ont vraiment commencé à se nommer
ainsi que quand le marché intérieur a été occupé presque en
entier par les objets *de facture française* qui répondaient à ce
nom.

Certes, les créations les plus heureuses ne rencontrent pas toujours le succès qu'elles mériteraient. Voulant traduire l'américain
brain-storming, introduit aux États-Unis à la fin des années cinquante et en France au début des années soixante pour désigner,
d'une façon ingénieuse dès sa langue d'origine, une réunion où
les participants s'expriment spontanément sur un problème et
font ainsi jaillir une lumière (« tempête des cerveaux », dit
l'anglais), L. Armand, après *table aux idées, déballage d'idées*
proposés plus ou moins gauchement par d'autres, avait trouvé
l'excellent *remue-méninges.* Mais ce dernier ne semble pas être
parvenu à détrôner le mot américain. Comme l'écrivent avec une
amère philosophie, dans le *Dictionnaire des anglicismes,* J. Rey-
Debove et G. Gagnon[2], « il y a probablement trop de justesse et
trop d'esprit dans *remue-méninges* pour que ce mot ait quelque
succès. »... Il reste, néanmoins, que d'autres ont réussi, et cela
doit sans doute être pris au sérieux, même si leur nombre n'est
pas très considérable[3].

---

1. Cf. *Parlez-vous franglais ?, op. cit.,* p. 137-138.
2. Cf. p. 91.
3. On ne sait encore quelles sont les chances de diffusion des néologismes
officiels, qu'il s'agisse de dérivés à affixes français, comme *scanneur* ou *listage*
au lieu de *scanner* et *listing,* de traductions comme *agrafe* au lieu de *clip,* ou de

La défense sans passion

Les moteurs de l'évolution

De tout ce qui précède, quelques enseignements peuvent être retenus. Comme on l'a dit au chapitre III, un fait nucléaire des langues est l'évolution. Elle est inscrite dans le destin de tout idiome. Évolution, et non dégradation. Au sein d'une même famille, l'observation la plus élémentaire révèle que le grand-père et le petit-fils, même s'ils peuvent, pour l'essentiel, communiquer sans difficulté trop grande, ne parlent déjà plus tout à fait la même langue. Les « fautes » que le plus jeune commet aux yeux du plus âgé manifestent, en réalité, le dynamisme du système, contribuant à le dépouiller des vestiges que l'histoire y accumule. Deux exemples simples, parmi beaucoup d'autres, peuvent être retenus, qui sont caractéristiques de la différence d'usage entre les générations. Le premier concerne le verbe, ou un adjectif, de la proposition relative en *qui* ou *que* après la tournure *un des* + nom au pluriel ; cet emploi n'est pas propre au français parlé, car on trouve dans la prose scientifique ou journalistique des passages comme : « un des apports de la thèse de R. qui m'**a** le plus séduit[1] », ou encore « un des pays andins, faut-il le rappeler, qui **a** signé l'accord », ou enfin « une des valeurs de la gauche qui **a** le plus vieilli[2] ». Le second exemple

créations comme *ciné-parc* au lieu de *drive-in*, ou *stylique* au lieu de *design* (cf. A. Fantapié et M. Brulé, *Dictionnaire des néologismes officiels*, Franterm, diff. Nathan, 1984). A propos de *clip*, il convient de rappeler qu'il s'agit d'un mot distinct de celui qu'on vient de citer et pour lequel la traduction par *bande promo* a été proposée. L'anglais possède deux verbes *to clip*, d'origines différentes, et de sens quasiment opposés, ainsi que les substantifs qui leur correspondent : l'un de ces verbes signifie « tondre, rogner, tailler », et le substantif *clip* qui lui correspond est employé dans la langue du cinéma et de la télévision pour désigner une coupure de film servant à la promotion, tout comme il s'utilise pour référer à une coupure de presse. L'autre verbe *to clip* signifie « assembler par un procédé technique », d'où le sens d' « agrafe », « attache », etc., de l'autre substantif *clip*.

1. Relevé dans la revue *Modèles linguistiques* (université de Lille III), vol. III, I, 1981, p. 189.

2. Relevés dans *Le Monde*, 24-25 juin 1979, p. 1. Ces exemples montrent, on le notera, que la distance entre l'antécédent du relatif et le relatif est trop variable pour suffire à expliquer le relâchement de l'accord.

est celui du participe passé passif, qui tend à ne plus s'accorder en genre, au moins dans le style parlé, après un relatif *que*. Comme on l'a vu p. 39 (cf. *la maison qu'il a construit*), il est peu probable que cette situation soit due à l'anglais.

Face à l'irréfutable réalité de l'évolution, il peut être vain de parler, comme on le fait souvent, de crise de la langue, et, pour ce qui nous intéresse ici, de crise du français. Il est tout aussi vain de déplacer l'enjeu de cette crise, en la situant dans l'usage que les francophones font du français, ou dans le déclin de l'amour qu'ils lui portent, plutôt que dans le français lui-même ; car les deux sont intimement liés. Il ne s'agit pas ici de défendre un laxisme de douteuse inspiration, ni d'encourager, sous prétexte que la science enregistre et décrit plutôt qu'elle ne juge, les ignorances que le linguiste peut, d'aventure, partager avec beaucoup d'autres usagers. Dans presque toutes les sociétés, qu'elles soient d'écriture ou d'oralité, il existe des gardiens du bon usage, en général les plus âgés. La langue est aussi une institution, et il est naturel que certains de ses possesseurs, conscients d'une sorte de mission de sauvegarde, se posent en défenseurs d'une norme. Il est vrai, en outre, qu'une demande de stabilité existe chez les exilés de la norme, comme si la rectitude de la langue leur était une manière de rempart contre les inégalités[1], ou une valeur quasi morale[2] parfois, dont chacun se sent solidaire. Parler, et non pas simplement écrire, une bonne langue, c'est là sans doute un des comportements qui assurent la continuité d'une culture et aident une société à ne pas perdre ses mots, c'est-à-dire à ne pas cesser de se faire entendre. Le culte de la langue, le

---

1. Parmi les exemples, on peut citer celui de « certains Nicaraguayens adultes [qui] refusent les textes récents écrits en langue familière ; à leurs yeux, ce n'est pas là ce que les livres doivent leur présenter » (C. Cazden, Review of Michael Stubbs' *Language and literacy : the sociolinguistics of reading and writing*, dans *Language problems and language planning*, 7,1, 1983, p. 104-108.

2. On notera que l'assignation d'une morale à la langue n'est pas seulement le fait de déclassés en quête de justice. Elle apparaît aussi dans des courants de pensée très conservateurs, comme celui qui s'exprime en ces termes : « La langue est dans tous ses aspects — grammaire, idiotismes, logique, usage, rhétorique — inséparable de la morale. [...] Mal en user, c'est insulter à la qualité même d'être humain. L'esprit, l'amabilité, l'intelligence, la grâce, l'humour, l'amour et l'honneur ne peuvent s'incarner que dans le bon usage. Le déclin de l'anglo-américain figure celui des Américains en tant qu'êtres humains » (A. et C. Tibbetts, *What's happening to American English ?*, New York, C. Scribner's Sons, 1978, p. 179).

soin du style, oral autant qu'écrit, la fréquentation des bonnes plumes, ce sont là des attitudes beaucoup plus efficaces que les vociférations de ceux qui hurlent au scandale et à la décadence pour peu qu'un proxène aux allures d'outre-Atlantique se soit infiltré parmi les mots de bon lignage.

Et pourtant, la défense de la norme ne peut rien contre l'évolution. Ou plutôt, elle en est l'autre face, les changements s'accomplissant par opposition aux forces d'inertie. D'autre part, la défense d'une bonne langue ne doit en aucun cas s'exercer en rupture avec les usages qui l'enrichissent. Une norme figée est une norme morte. Une norme vivante s'abreuve à toutes les sources de créativité et d'invention : registres parlés, usages dialectaux, vieux mots même et français techniques[1], mais aussi argot ; ce dernier, certes, ne fournit pas toujours d'éléments faciles à combiner avec un texte purement littéraire, mais c'est une erreur évidente que de le traiter avec condescendance, le plus souvent par pure ignorance de ses pouvoirs[2]. La pression d'un usage policé ne pouvait que provoquer cette génération spontanée d'un verbe souterrain. Parole dissidente défiant la norme dictatoriale, l'argot est une partie intégrante de l'histoire du français.

Cas particulier du phénomène général de l'évolution, et donc phénomène aussi naturel, l'emprunt est le plus souvent absorbé, à terme, par la langue qui le reçoit. Comme on l'a rappelé, le raz de marée de mots français sous les espèces de ce qu'on nomme l'anglo-normand, bien loin de défigurer l'anglais quand il déferla sur lui au XIe siècle, en fit, par l'immense richesse qui en résulta, un lieu fécond d'influences composées, pont idéal entre les mondes linguistiques latin et germanique. La dénonciation de l'emprunt, telle que l'ont brandie les puristes des années soixante de ce siècle, confond le symbole, reflet mineur, avec le phénomène. C'est parce que les mots pénètrent avec les choses, parce que, selon une absolue nécessité, ils circulent comme les

---

1. Dans son émission « Paroles d'homme » du 14 décembre 1985, le journaliste R. Arnaud donne la parole à l'écrivain disparu H. Vincenot, qui cite une phrase, extraite de son roman *La billebaude*, Paris, Denoël, 1978, p. 123, et que censurait l'instituteur : « L'alezane encensait au mitan de la sommière. » La « traduction », fort embarrassée, de cette phrase, est la suivante : « La jument rouge à crinière blanche agitait la tête de haut en bas au milieu du chemin forestier » ! (En fait, chez l'alezan, la robe et la crinière sont de la même couleur brun rougeâtre.)

2. On consultera avec profit l'excellente *Anthologie de la littérature argotique* de J. Cellard, Paris, Mazarine, 1985.

objets et les idées, qu'il est de bonne guerre, pour ceux qui entendent tenir le français à l' « abri », d'identifier emprunts américains et pression culturelle des États-Unis. Mais les premiers sont en principe assimilables, la seconde seule peut susciter des troubles d'identité.

La carrière d'un emprunt dans la langue est à peu près assurée dès lors qu'il satisfait certains critères, s'appuie sur certains garants et remplit certaines conditions. Les critères sont, d'une part, une large diffusion dans la masse des usagers, et, en corollaire, le peu d'attention prêtée à l'origine étrangère. Car ici comme pour les mots du fonds autochtone, la fréquence de l'emploi est indépendante de la connaissance de l'étymologie. Les garants sont, dans les cas comme celui de la société française d'aujourd'hui, ceux auxquels les moyens de diffusion de masse confèrent l'autorité : journalistes, hommes politiques, et tous utilisateurs premiers, ou manipulateurs, de l'information, enfin, dans une certaine mesure, les écrivains, surtout les plus populaires. Les conditions sont déterminées par la nature du signe linguistique, dont les professionnels de la langue enseignent qu'il est constitué de deux faces : sa forme et son sens. Il faut que la forme du mot d'emprunt ne contredise pas trop fortement les habitudes articulatoires et acoustiques, ce qui, pour les mots anglais, peut être réalisé par les divers procédés de francisation dont il a été question au chapitre II. Il faut, d'autre part, que le mot, par son sens, réponde à un besoin, c'est-à-dire que l'objet ou la notion qu'il désigne et que l'on souhaite nommer n'ait pas déjà un nom dans la langue emprunteuse. C'est pourquoi, probablement, *kitchenette* l'emporte aujourd'hui sur *cuisinette,* qui a d'autres connotations, et de même *week-end* sur *fin de semaine,* ou *gadget* sur *bidule.* Quand les trois exigences que l'on vient de dire sont satisfaites, il devient difficile d'endiguer les mots d'emprunt que l'usage, en outre, a fini par imposer. On peut s'abandonner à un délire d'excommunication, rien n'y fera : les veto que l'on brandira resteront sans effet sur la masse des usagers, en admettant qu'ils en aient de bons sur le moral du grammairien puisant quelque réconfort dans la véhémence même d'un combat inutile. Heureux, déjà, s'il ne s'aliène pas les francophones les plus politisés, qui le soupçonneront de vouloir les plier à sa langue pour mieux les dominer et faire mieux entendre les commandements de la société qu'il incarne, ou, pis encore, ceux des plus puissants, qu'il répercute.

133

Tout cela ne signifie pas qu'il faille abandonner le vocabulaire et renoncer à tout contrôle. Sans hérisser la langue de barrières et de péages, on peut avoir quelque fondement à réagir contre des courants qui se plient à la mode plutôt qu'aux besoins. Exercer un contrôle mesuré[1], ce n'est pas figer la langue ou provoquer son appauvrissement en la fermant aux afflux de sang neuf. C'est refuser d'admettre sans examen que, par exemple, *building, poster, royalty, drink* apportent quelque chose de plus que *bâtiment, affiche*[2]*, redevance, boisson.* Certes, ils apportent le « discret » parfum d'une culture parée de prestige, et l'on pourrait considérer que c'est assez pour les rendre séduisants. Mais répondent-ils vraiment aux besoins dont il était question tout à l'heure ? N'y a-t-il pas lieu de prendre quelques mesures de défense culturelle ? Le persan, le turc, l'ourdou ont accueilli un nombre considérable de mots arabes, plus de 35 % en moyenne dans les lexiques d'aujourd'hui. Mais cet apparent franchissement d'un seuil de tolérance à l'emprunt est évidemment le corollaire de l'islamisation, c'est-à-dire d'une véritable mutation culturelle. Or, malgré les apparences, les francophones d'aujourd'hui, au moins en France, ne sont pas prêts, si séduits qu'ils soient par bien des aspects de la culture américaine, à une mutation de grande ampleur[3]. Par conséquent, leur langue ne peut connaître ce vaste mouvement d'évolution qui est ordinairement le reflet linguistique des événements culturels.

Il en résulte que l'intervention, encouragée par une situation qui la rend tout à fait imaginable et non illusoire, peut, si elle est mesurée et adéquate à son objet, ne pas apparaître comme une offense à la nature. L'attitude qui méconnaît les données naturelles est plutôt l'interventionnisme généralisé, fort différent du contrôle mesuré que l'on recommande ici. En effet, ce type

---

1. C'est là, semble-t-il, la position d'amants de la langue française qui, tout en étant partisans de la réglementation, sont assez informés et assez avisés pour en apercevoir les limites : cf. P. de Saint Robert, *Lettre ouverte à ceux qui en perdent leur français,* Paris, Albin Michel, 1986.

2. Certains pourraient objecter, cependant, que *building* et *poster* recouvrent une plus grande diversité d'objets que *bâtiment* et *affiche,* et n'en sont pas de simples projections prétentieuses.

3. C'est pour cette raison que certains emprunts qui disent clairement l'origine étrangère du produit ont un effet dissuasif sur les francophones préférant des produits français, ce qui rend recommandable la conservation de la forme anglaise. Certains réagissent ainsi à *fastfood* ! Voir aussi, pour *lyncher,* p. 113.

d'interventionnisme suppose une conception de la langue comme bien national, patrimoine culturel à défendre, et rien que cela. Cette conception en implique elle-même une autre, que l'on pourrait appeler instrumentaliste : la langue est un outil, et, de par sa nature d'outil, elle a vocation à être sans cesse perfectionnée par une action concertée ; car l'histoire de l'humanité n'est guère autre chose que celle d'une amélioration continue de ses outillages. Cette conception méconnaît la place fondamentale que la langue a prise dans la construction de la personnalité. Certes, on peut considérer que, puisque l'enfant doit l'apprendre pour être en mesure de s'en servir, elle n'est pas plus constitutive de sa substance que ses vêtements et ses outils. Mais la faculté de langage, qui permet cet apprentissage, est, elle, définitoire de l'espèce, et d'autre part, la langue, façonnant l'espèce en même temps qu'elle était façonnée par elle, est devenue le lieu même de son activité intellectuelle. Elle conditionne par là l'usage que l'homme fait de ses autres outils. On ne peut donc pas voir dans les langues de purs instruments relégués dans une extériorité d'objets perfectibles.

A condition de ne pas oublier ces vérités, l'intervention sur la langue cesse d'apparaître comme un sacrilège qui profanerait la sainteté du réel. Intervenir, ce n'est d'aucune manière détruire une des pièces maîtresses de cet édifice théorique qui voit dans les langues humaines des mécanismes naturels soumis, pour une large part, aux contingences de l'histoire. Intervenir, ce n'est nullement méconnaître que l'emprunt est une donnée naturelle et non une maladie accidentelle à enrayer. L'heureux aboutissement d'actions ponctuelles sur le vocabulaire a valeur éminente d'exemple. Car il est de nature à susciter chez la communauté le sentiment que, loin d'être relégué à un état d'impuissance, loin d'être, faute de moyens internes, contraint de recourir systématiquement à l'emprunt, le français est capable de tirer de ses propres ressources la sève nécessaire pour traduire de nouvelles réalités[1] et ne pas se laisser éclipser par l'impétuosité du siècle. Pour

---

1. C'est à l'occasion de la célébration du trois cent cinquantième anniversaire de l'Académie française (qui reçut en janvier 1635 les lettres patentes du roi), que le président de la République française a, en 1985, annoncé la création d'un GIP (Groupement d'Intérêt Public) Jacques Amyot (du nom du célèbre humaniste et traducteur de la Renaissance). Ce GIP a pour vocation de coordonner les entreprises diverses en faveur de la néologie (industriels, chambres syndicales, associations privées, etc.). L'urgence d'une telle action appa-

cela, il est utile que les inventeurs de néologismes tempèrent leur ardeur créatrice par l'acceptation des meilleurs emprunts. Car à vouloir tout remplacer, on prend le risque de lasser ceux qui sont soumis à la pression permanente de l'emprunt, et de n'être plus entendu quand on a raison. Cela dit, il est essentiel que le français crée des termes de son propre fonds, ne fût-ce que pour compenser le mouvement naturel en vertu duquel beaucoup de mots sortent chaque année de l'usage, ne recevant plus dans les dictionnaires, quand on veut bien leur faire encore la grâce de les y citer, que de sinistres qualifications comme « vx » (vieux), « arch. » (archaïque), ou autres flèches annonciatrices de leur inhumation sans pompe. A certains égards, il y va de la vie culturelle des hommes de francophonie. Car quelle vie leur prépare la mort impitoyable, et sans résurrection, des mots qui les disent aux autres et les désignent à eux-mêmes ? L'attitude la plus saine, dans ces conditions, est de combiner l'acceptation mesurée des emprunts avec une activité néologique réelle, efficace et ouverte à toutes sources d'inventions.

Les publicitaires eux-mêmes, ordinairement vilipendés par les puristes, ne méritent pas toujours leurs fulminations. Dispensateurs de vie autant que linguicides, ils apportent parfois le bouquet d'un vin nouveau en répandant dans le public des tournures expressives dont les plus réussies peuvent faire fortune. Il convient de filtrer leurs trouvailles au lieu de les bannir indistinctement. Mais surtout, la défense du français ne saurait servir d'émonctoire à un antiaméricanisme de mauvais aloi. Au Québec même, on n'observe pas d'hostilité déclarée, alors que le risque est beaucoup plus sérieux, tout laisser-aller dans l'emploi du français pouvant accélérer le rythme de son américanisation. La France n'est plus la puissance de premier rang qu'elle fut autrefois dans le monde. Il est compréhensible que l'honneur national en souffre. Mais en se retranchant frileusement dans un conservatisme nourri d'américanophobie, le purisme traditionnel se trompe de cible. Il n'est pas vrai, d'abord, que les Américains eux-mêmes soient tous solidaires du type de langue que répandent chez eux le monde des médias, celui des affaires et

---

raît en pleine lumière si l'on songe que la seule construction d'un avion entraîne aujourd'hui la création de vingt mille termes (je dis bien *termes* [techniques] et non pas *mots*), et que le français n'en crée guère, s'en remettant à l'anglais. Mais il semble, hélas, que le GIP soit aujourd'hui moribond.

celui des dirigeants. Le sens américain directement emprunté dans des mots français de même origine latine que tel mot anglais n'est parfois, aux États-Unis mêmes, qu'un sens secondaire, non également accepté par tous. Ainsi, pour l'adjectif *conventional*, le dictionnaire *Webster*, à la page 310 de l'édition de 1976 (citée ici p. 63 en note), ne donne que comme cinquième sens celui de « non nucléaire », appliqué aux armes que l'on s'est habitué, dans diverses langues européennes, à désigner du mot équivalent et de même racine. Non seulement les américanismes ne doivent pas être confondus avec toute l'Amérique, mais en outre il ne manque pas de franglophobes amoureux du français parmi les Américains cultivés, comme parmi les Britanniques, ni d'ennemis de la publicité sous sa forme arrogante et vulgaire. L'ignorance satisfaite d'elle-même fait plus, peut-être, en France, que l'Amérique en tant que telle. Moins on sait d'anglais, plus on aime à en faire étalage (cf. p. 96-98).

Avant de rejeter le modèle américain au nom d'une préservation chauvine et myope des valeurs françaises, il est bon de connaître celui qu'on érige en adversaire en prenant prétexte des « menaces » qui pèseraient sur le français. Les États-Unis sont un vaste pays. A côté des productions culturelles de second ordre dont il est vrai que le monde européen (et non européen) est envahi à raison même de leur faible coût, d'autres existent, qui portent la marque de la plus haute qualité et du plus haut raffinement. Il est bon de connaître sous tous ses aspects la culture de la plus grande démocratie moderne. Au lieu de rechercher dans la défense ombrageuse du français, moins menacé qu'on ne le déclare, l'alibi d'un antiaméricanisme nourri par le déclin de la puissance française et par les frustrations qu'il produit, il est bon de prendre la mesure de la situation.

A l'Amérique, immense forteresse industrielle et militaire, la France, et avec elle, bien entendu, l'Europe entière, seule force susceptible d'être équivalente, n'ont d'autre choix que d'opposer une forteresse comparable, et d'abord dans des domaines aussi essentiels que l'éducation universitaire, la politique et les moyens de la recherche scientifique, et enfin l'organisation de l'économie. Alors, et alors seulement, les langues de l'Europe, et singulièrement le français, renforceront leur capacité d'exprimer le monde contemporain, et seront en état d'apporter un démenti à ceux qui redoutent qu'elles ne soient vouées à subir avant longtemps le sort des objets muséifiés créateurs de nostalgies.

Au gigantesque défi que lui lance depuis près d'un siècle, et de plus en plus puissamment, son allié américain, la France, si elle entend défendre sa langue, ne peut répondre que par l'émulation. L'état d'esprit qui inspire la défense frileuse de la pureté française se trouve être précisément le même qui fait la faiblesse de la France face à la vitalité américaine : pesanteur des traditions, méfiance, manque de goût de l'aventure ici, et là, dynamisme, optimisme, passion du risque et créativité. La préservation du français n'est pas une urgence isolée. Elle suivra tout naturellement si l'on commence par s'inspirer, dans la conception de l'existence et dans les méthodes d'action, du modèle dont on craint si fort l'invasion linguistique. Celle-ci elle-même n'est pas réelle, et c'est ce qu'a montré le chapitre II du présent livre. Mais pour peu que l'on persiste à stagner dans ses petits conforts, la langue, au reflet de l'économie et de la société, cessera tout à fait d'être créatrice. Alors, la situation qui, aujourd'hui, ne vaut pas tant d'alarmes, pourrait en susciter de bien plus fondées.

Le carré des linguistes

Peut-être les linguistes, s'ils reconnaissent ces vérités, ont-ils un rôle à jouer. Il leur appartient de montrer la voie d'une action non passionnelle en faveur de la langue française, qui fournisse les moyens de maintenir les emprunts à une sorte de seuil de tolérance, en attendant que le pouvoir politique ait pris conscience de l'urgence de relever le défi et qu'il ait compris que la guerre des mots est aussi une guerre économique (cf. les cas de *planche à voile* et d'*ordinateur* rappelés ci-dessus). Ce sont les linguistes, d'autre part, qui sont les plus aptes à assigner des limites au purisme des uns comme au laxisme des autres. Dans cette entreprise, ils doivent faire apparaître clairement aux yeux de tous que la puissance des médias n'est pas nécessairement un mal irréparable pour la langue : d'abord parce que la rapide propagation du « mauvais » usage finit par en transformer une certaine part en usage tout court ; ensuite parce que les médias ne transmettent pas seulement ce qui est provisoirement un mauvais usage, mais aussi le bon usage lui-même, pour reprendre le titre célèbre du livre de M. Grevisse. Ce bon usage, ils le répandent partout, y compris chez les exilés de la norme, que leur

138

accès irrégulier à l'école, leurs conditions de vie ou leur isolement maintiennent à l'écart des courants qui façonnent un français reconnu comme modèle. Les médias sont donc, malgré les péchés dont on les charge, les agents de la cohésion du français et non de sa désagrégation. Qu'on le veuille ou non, et même s'ils sont aussi parmi les principaux diffuseurs des emprunts américains, l'avenir de la langue française est pour une large part, dans l'état actuel des choses, entre les mains des médias.

C'est encore le linguiste qui peut faire comprendre aux créateurs de néologismes deux faits fondamentaux. Ces faits, bien que leur étude relève des techniques propres aux professionnels du langage, devraient être transparents à tout observateur attentif. Le premier est que **les mots ne possèdent qu'une relation arbitraire avec ce qu'ils désignent,** le second est que l'évolution peut produire une accumulation de sens différents sur un même mot. C'est méconnaître l'arbitraire que de se retrancher dans une attitude défensive en recommandant, pour remplacer les mots anglais, des périphrases descriptives. Ces périphrases sont celles que proposent diverses listes officielles publiées, à un moment ou à un autre, par les ministères concernés, ou divers lexiques d'invention dus à des amoureux du français persuadés que leurs créations (souvent heureuses, au demeurant) emporteront l'adhésion : on a cité plus haut *message publicitaire, haut-parleur de graves, haut-parleur d'aigus, enregistrement fractionné,* proposés, sans succès apparent, pour être substitués respectivement à *spot, boomer, twitter, multiplay*; on peut ajouter d'autres exemples : si l'on proposait une formation motivée, c'est-à-dire clairement décomposable en termes justifiés, telle que *groupe de choc* ou *groupe de combat,* ses vertus ne suffiraient pas, à elles seules, pour qu'elle pût supplanter *commando* (mot anglais d'origine portugaise); de même, des périphrases aussi diaphanes que *séance de préformation, avion nolisé* ou *entendu!* ne sont pas assurées, par le seul effet de leur logique, de se substituer à *briefing,* à *charter* ou à *O.K.*; et le joli *boulodrome* suggéré par D. Daguet[1] n'est pas près de l'emporter sur *bowling,* lequel, par un surcroît d'arbitraire dans le passage d'une langue à l'autre, désigne non seulement, comme en anglais, le jeu de quilles (renversées par des boules), mais encore et plus souvent le lieu où ce jeu se pratique, de la même façon que *parking* ou *dancing* s'emploient en

---

1. Cf. *Langue française à l'épreuve, op. cit.,* p. 132.

français au sens spatial et non au sens d'activité qui est le leur en anglais (cf. p. 32-33).

Dans ce cas comme dans celui des mots anglais qu'on souhaite remplacer par des périphrases françaises, une relation arbitraire s'institue entre la forme et le sens ; cette relation, consacrée par l'usage, balaie tout souci d'étymologie et de justification. Ainsi vont les vocabulaires des langues humaines. L'usager qui ne fait pas profession d'étudier techniquement la langue n'est nullement accoutumé à réfléchir sur l'origine des mots, à en percer la logique ou à en condamner l'illogisme, même s'il peut lui arriver de s'intéresser à ce qu'en disent les livres et les érudits. Ces derniers savent tout de l'étymologie des mots les plus divers, ce qui peut leur assurer la considération dans les jeux de société, mais non une plus grande efficacité dans le dialogue ; car il n'est pas nécessaire de connaître les volutes de l'histoire des mots pour les utiliser à bon escient : on peut parler de *vert-de-gris* sans savoir que ce mot résulte, depuis le XIIIe siècle, d'une altération populaire de *vert de Grèce,* de même qu'on peut appliquer *brouette* à un véhicule équipé d'une seule roue alors que le latin *birota,* d'où il est issu, signifie « qui possède deux roues ». A tant faire que de cultiver les étymologies, du moins aurait-on lieu d'accueillir avec bienveillance les enfants prodigues qui font retour, ces mots autrefois français, que le français reprend, moyennant l'acceptation de quelque maquillage phonétique, à l'anglais, son ancien débiteur : *nuisance* et *record* en sont des exemples parmi d'autres. Or la plupart des puristes, méconnaissant cette odyssée, bannissent les enfants prodigues comme des intrus. Les Chinois, eux, n'ont pas cru déroger en reprenant au japonais bien des mots chinois d'autrefois, dont le sens et le type de combinaison étaient des créations nouvelles dues à leur séjour au Japon : *shèhuì,* « société », et bien d'autres mots, sans compter une bonne partie de la taxinomie botanique et beaucoup de termes techniques de diverses sciences.

L'autre enseignement de la linguistique, à savoir que l'évolution a souvent pour effet d'accumuler plus d'un sens sur un même mot, pourrait utilement être appliqué aux célèbres « faux amis », cette cohorte de clandestins qui font pousser des cris d'orfraie aux dénicheurs d'anglicismes. Face à *approche* au lieu de *méthode,* à *réaliser* au lieu de *se rendre compte,* à *technologie* au lieu de *technique* (beaucoup d'autres exemples ont été cités p. 57-58), une attitude de sage composition est possible. C'est celle qui verrait, dans l'adoption des anglicismes sur racines familières aux francophones mais de sens différent ou non attesté en français classique, une source d'enrichissement. Ces anglicismes n'auraient aucune raison, bien entendu, de chasser le sens du mot français quand il existe, et encore moins d'éliminer le mot traditionnel par lequel les puristes recommandent de traduire l'intrus[1]. En fait, il semble que, dans bien des cas, ce soit la tendance actuelle. Ainsi, le mot *réhabilitation*, appliqué à la remise en état décent d'immeubles ou de quartiers délabrés ou insalubres dans les villes, ne chasse pas le sens d'origine, à savoir « restitution de sa dignité à un personnage, vivant ou disparu, que des événements antérieurs avaient honni ou dégradé » ; et d'autre part, le mot *restauration* continue de s'employer non seulement au sens de « remise en place d'une forme ancienne de régime politique », mais aussi dans celui de « remise à neuf d'objets ou de monuments anciens ». L'entreprise de préservation du vocabulaire ne ferait donc, ici, que conforter une tendance existante. Elle aurait en outre l'avantage de s'accorder avec une réalité linguistique élémentaire : la polysémie ou diversification des sens d'un mot. **La chasse à la polysémie est un combat utopique.** Les variations dans les conditions d'emploi des mots les chargent, par nécessité, de plusieurs sens ; la relation d'interlocution, du fait de sa dépendance à l'égard des circonstances ponctuelles et indéfiniment changeantes de l'échange de paroles[2], est spontanément génératrice de polysémie. Vouloir l'univocité est une illusion de réformateur animé d'autant d'ignorance quant aux propriétés des langues que de bonne volonté.

Il se trouve que les linguistes, dont on voit ainsi que les

---

1. L'opinion esquissée ici semble partagée par les meilleurs lexicologues. Un exemple parmi beaucoup d'autres est celui du mot *avancée*. Dans le dialogue suivant, publié par *Le Point* (n° 689, 2 décembre 1985, p. 169), A. Rey, tout en paraissant cautionner un certain purisme de son interlocuteur, place les faits dans leur vraie perspective : J.-F. REVEL : « Que pensez-vous, par exemple, de l'emploi récent, dans le vocabulaire politique, du mot " avancée " pour désigner un progrès, un pas en avant ? Une avancée est un promontoire dans la mer, une jetée, une saillie hors d'un édifice. A partir du moment où l'on emploie " avancée " pour signifier un pas en avant, on oublie le vrai sens, qui disparaît. » — A. REY : « Tout à fait. *Ce n'est pas l'extension de sens ou la modification d'un sens qui est grave,* c'est l'oubli de la façon traditionnelle et excellente de désigner quelque chose » (souligné par C. H.).
2. Sur ce point, cf. C. Hagège, *L'homme de paroles, op. cit.,* p. 218-220.

recherches sont de quelque utilité, n'ont pas accoutumé d'envahir de leur présence les assemblées de gardiens du français. Les utilisateurs épris de langue pure ou soucieux de conserver au français son universalité répandent leur vigilance dans de doctes sodalités où s'associent bien des métiers, mais où il n'est guère d'usage d'apercevoir de linguistes professionnels. Ces derniers ont appris de leurs maîtres et enseignent à leurs élèves que la langue est l'objet d'un savoir et l'enjeu d'une théorisation ou d'un modèle formalisable, et qu'en conséquence, il n'est question que de l'interroger pour répondre aux curiosités qu'elle suscite et en faire l'objet d'une science ; dès lors, il est tout à fait exclu d'agir sur elle. Certes, A. Meillet, grand linguiste français de la première moitié du XXe siècle, accepta, à la fin de sa vie, de figurer, à côté d'écrivains, de journalistes et de médiévistes, parmi les membres d'un comité dont A. Thérive avait, en 1923, suggéré la fondation, et qui fut la forme initiale du futur Office de la langue française. Mais les cas semblables sont rares. Les linguistes se sont habitués et ont habitué le public à leur absence des lieux où se prennent des décisions sur la langue française, qu'il s'agisse d'institutions anciennes ou de plus récentes.

L'Académie française, dont on avait mis un peu trop de complaisance, avant la Seconde Guerre mondiale, à souligner l' « échec » en condamnant la *Grammaire* de 1932, pourtant fort estimable[1], n'a, cela dit, coopté, dans les cent trente dernières années, que deux personnalités proches de la linguistique : E. Littré, élu à soixante-dix ans, et G. Paris, élu à cinquante-six ans. Il n'est pas impossible que les lettrés de haute stature qui la composent soient tentés de bouder une science de la langue dont certaines implications, au moins dans quelques-unes des écoles, font gronder leur sens inné des finesses non formalisables du français. Il est probable aussi que le laxisme apparent des linguistes qui, sous couleur de science non normative, apportent leur caution à tous les abus, n'est pas de nature à séduire les Immortels. A cette bouderie répond celle de certains linguistes qui, partageant sur ce point, sans originalité particulière, l'ironie (ou le dépit) de bien des intellectuels, aiment à brocarder une compagnie que nombre de pays envient à la France ou se sont

---

1. Diverses corrections, au reste, y furent apportées. Quant au *Dictionnaire*, sa neuvième édition, honorable, a été présentée en octobre 1986 (1er fasc. de A à *barattage*).

efforcés d'imiter, de l'Espagne (1713) à Israël (1953) en passant par la Suède (1786), la Hongrie (1825), la Roumanie (1879), la Syrie (1919), l'Égypte (1932), etc.[1]. La méfiance est ancienne, si l'on en juge par ce qu'écrivait, le 6 thermidor an VIII (24 juillet 1800), *L'Ami des campagnes*, applaudissant au refus de Bonaparte, Premier consul, de restaurer l'Académie française, supprimée sous la Révolution : à cette « jurande » sont opposés les membres de l'Institut national. Mais la querelle est stérile. Ils étaient, en réalité, les équivalents des académiciens d'aujourd'hui, ceux qui pouvaient dire, comme Volney, que « le premier livre d'une nation est le dictionnaire de sa langue ».

L'absence de dialogue entre linguistes et gardiens de la langue est surprenante, il faut le dire. L'habitude en est solidement ancrée, puisque, sauf erreur, on ne rencontre pas non plus de linguistes dans les organismes créés au cours des dernières années (cf. p. 190) : Haut Conseil de la francophonie, Commissariat général de la langue française, Comité consultatif pour la francophonie. En revanche, beaucoup de non-linguistes considèrent qu'ils sont capables d'exprimer un avis autorisé en matière de langue, alors qu'il y faut quelque compétence, et que l'on ne s'improvise pas linguiste. Être linguiste est une profession, et non une dérive ludique de dilettante, ou d'homme investi dans des entreprises plus sérieuses. Ce sont des grammairiens[2], des professeurs de diverses disciplines, des écrivains, des ingénieurs, des industriels qui peuplent les assemblées de législateurs du bon usage : tous sont fortement motivés pour s'intéresser au français, pour l'aimer, mais tous n'ont pas nécessairement consacré leur vie à élucider les propriétés des langues et du langage. Ce sont des grammairiens, et non des linguistes, qui tiennent les rubriques de langue dans les journaux ; et, d'après certaine expérience, quand on les propose à des linguistes, c'est en les invitant, explicitement ou non, à juger le français en grammairiens, ce qui n'est pas leur vocation. On redoute, apparemment, que, s'ils s'expriment en hommes de métier, l'austérité technique de

---

1. Cf. C. Hagège, « Voies et destins de l'action humaine sur les langues », *op. cit.*, p. 43-44.

2. « Grammairien » et « linguiste » réfèrent à deux types distincts d'occupations : le grammairien défend une norme d'usage, ou l'enseigne comme un modèle à ne pas transgresser ; le linguiste observe les faits et les lois de leur évolution, pour en inférer des constantes et des prédictions ; il ne fait pas profession d'enseigner une norme, même s'il la suit dans son usage personnel.

leur propos ne décourage des lecteurs que n'effarouchent pas les chroniques de philatélie ou d'héraldique. Tant il est vrai que l'intérêt des Français pour les problèmes de langue est sérieusement limité, y compris quand il s'agit de l'avenir du français.

Les linguistes, pour leur part, observent généralement, à l'égard des polémiques sur l'emprunt, ce que L. Guilbert appelle une « neutralité bienveillante[1] ». Pourtant, il est patent qu'ils soignent la langue de leurs écrits quand ils agissent en tant qu'écrivains scientifiques, et mettent (dans la majorité, mais non dans la totalité des cas[2]) un soin particulier à en éliminer, dès qu'ils les repèrent, les anglicismes qui signeraient l'ignorance. Mais on ne peut guère citer en France, parmi les linguistes qui ont pris clairement position, que P. Guiraud, dont l'ouvrage *Les mots étrangers*[3] apporte une caution aux campagnes d'Étiemble, et, à l'horizon opposé, R.-L. Wagner, qui, en 1964, minimise le danger du franglais dans « Le mythe de la pureté ou beaucoup de bruit pour rien »[4]. Ni C. Bally, ni J. Marouzeau, ni J. Dubois, ni A. Martinet ne se sont émus outre mesure du péril du franglais[5].

Cela dit, la réserve à l'égard de l'emprunt se fait jour, même chez les linguistes les plus objectifs, sous une forme, certes, bien indirecte, mais non moins révélatrice. Dans son ouvrage *Le français sans fard*[6], A. Martinet reproche aux puristes d'avoir muselé l'élan créatif des francophones en hérissant la langue d'interdits ; dès lors, il y aurait quelque inconséquence à pourchasser l'emprunt, puisque celui-ci est favorisé par la timidité d'un usager ainsi privé de son dynamisme inventif. Allant plus loin, on peut dire qu'il n'est pas déplacé, de la part du linguiste, de se soucier du sort de la langue, en apercevant et faisant apercevoir les enjeux, et en dénonçant les forces d'inertie qui manquent leur objet par défaut de clairvoyance. Cela n'est pas incompatible avec une observation attentive et sereine des phénomènes

1. Cité par P. Trescases, *Le franglais vingt ans après, op. cit.,* p. 110.
2. Cf. p. 59 et n. 1.
3. Paris, PUF, coll. « Que sais-je ? », 1965.
4. *Mercure de France,* n° 1207, p. 92-109 (remerciements à J.-P. Seguin).
5. C'est ce qui apparaît dans leurs travaux : Bally, *Linguistique générale et linguistique française,* Berne, Francke, 1965 (1re éd. 1932) ; Marouzeau, *Aspects du français,* Paris, Masson, 1950 ; J. Dubois, « L'emprunt en français », *L'information littéraire,* 1963, 1, p. 10-16 ; Martinet, *Le français sans fard,* Paris, PUF, 1969.
6. P. 29-30.

linguistiques. Et d'autre part, prêter l'oreille aux suggestions des linguistes, les prendre en considération dans les écoles, c'est leur permettre d'apporter une contribution importante à l'entreprise de régulation qui maintient le taux d'emprunt en deçà du seuil de tolérance et prolonge ainsi la situation d'équilibre encore dominante pour le moment.

Mais les linguistes ont quelque chose à dire, également, sur une autre entreprise, dont il n'a été question, jusqu'ici, que sporadiquement. Il s'agit de la situation du français dans le monde moderne, qui va faire l'objet de la seconde partie du présent ouvrage.

II

LES LANGUES ET
L'HORIZON 2000

Tout donne à penser que le défi principal aujourd'hui lancé au français n'est pas interne, mais externe. En effet, la première partie du présent livre a fait apercevoir que la langue française, du moins pour le moment et à condition que l'on sache pondérer la liberté par un peu de contrôle, n'est pas gravement menacée par un afflux d'emprunts à l'anglais. Ces derniers, comme on a pu voir, ne sont pas une fatalité ni les signes d'un irrésistible raz de marée.

En revanche, la diffusion de l'anglo-américain dans le monde a depuis longtemps détrôné le français. Il n'est pas exclu que de nouveaux événements ne remettent en cause cette domination dans un avenir difficile à évaluer. Mais, pour l'heure, le mouvement qui l'impose paraît assez puissamment engagé pour constituer une sorte de sommation implicite à l'égard du français et de sa diffusion dans le monde. Telle est la situation que la seconde partie de cet ouvrage se donne pour propos d'étudier. Il convient d'abord de la décrire, ensuite de l'expliquer, enfin de proposer les moyens d'y réagir.

La langue française a noué de très anciens rapports avec la durée. A ce titre, le présent livre traite une matière qui n'est pas suscitée par la mode. Mais en même temps, la francophonie, comme promotion concertée du français dans le monde, est une entreprise récente. C'est pourquoi la seconde partie qu'on va lire mentionne des noms, des organismes, des événements qui sont d'aujourd'hui et qui doivent leur notoriété aux pressions de l'actuel. L'auteur veut espérer que la pérennité de la cause qu'ils illustrent peut suffire à l'absoudre de cette nécessaire dérive dans l'instantané.

CHAPITRE V

Le diagnostic, ou le français dominé et l'anglais dominant

La diffusion universelle de l'anglo-américain

Il n'y a pas lieu de s'appesantir sur cette vérité d'évidence : depuis la Seconde Guerre mondiale, le mouvement amorcé dès la fin du XVIIIe siècle en faveur de l'anglais (britannique) s'est poursuivi en faveur de l'anglais (américain) ; et cette fin du XXe siècle est l'époque de son règne comme langue quasiment universelle. Non seulement les anciennes terres coloniales ou zones d'influence autrefois liées à la Grande-Bretagne, ou déjà aux États-Unis, ont, en accédant à l'indépendance, adopté l'anglais pour langue officielle, mais encore, en tant que langue internationale du commerce, de la circulation des idées, de la réclame, de la découverte scientifique, l'anglais a véritablement aujourd'hui le statut d'un espéranto de fait[1].

Du Nigéria à l'Inde en passant par le Pakistan, du Ghana à Fidji en passant par la Malaisie et les Philippines, l'anglo-américain est la langue dans laquelle les pouvoirs communiquent avec les masses, et souvent les individus entre eux lorsque, d'une ethnie ou d'une province à l'autre, il manque un idiome commun, c'est-à-dire dans de nombreux cas. L'anglais règne en outre dans les pays où les Blancs anglophones, bien que minoritaires, détiennent l'essentiel du pouvoir (Afrique du Sud), et bien entendu dans les nations où ils l'emportent largement en nombre sur les autochtones (Canada, Australie, Nouvelle-Zélande). Mais même si l'on s'en tient aux États industrialisés d'Europe ou

---

1. Sur la diffusion croissante de l'anglais, on pourra consulter, parmi les meilleurs ouvrages des quinze dernières années, J. A. Fishman, R. L. Cooper, A. W. Conrad, eds., *The spread of English,* Rowley (Mass.), Newbury House, 1977.

d'Asie, on constate la place prépondérante de l'anglais dans maints domaines en Occident, singulièrement en Allemagne, en Hollande, dans les pays scandinaves, et même, au détriment du français, en Italie, en Belgique (flamingante, certes, mais aussi wallonne), ainsi qu'au Japon[1], en Corée du Sud, à Taiwan : en tous ces lieux, l'anglais domine dans l'enseignement, la publicité, les spectacles, et souvent même l'administration. Il est également en position très forte au Proche-Orient, particulièrement au Soudan, en Arabie, en Jordanie, dans les émirats du golfe Persique. Certains cas sont remarquables : l'anglais est quasiment en train de devenir, bien qu'aucun texte ne le stipule, la seconde langue d'Israël après l'hébreu. Il est une langue dominante en Thaïlande. Il concurrence les idiomes minoritaires en Suisse, ce pays auquel ses trois (quatre ?) langues ne suffisent apparemment plus : l'italien, certes, résiste encore assez bien au Tessin, qu'il s'agisse de la norme ou des dialectes, mais dans les Grisons, les parlers dits rhétoromanches, sursilvan, sutsilvan, surmiran, engadinois, déjà soumis à la pression de l'alémanique, pourront-ils résister à celle de l'anglais, si elle vient à interférer[2] ?

---

1. Le japonais, en fait, est omnipotent dans l'enseignement primaire et secondaire, l'anglais ne s'étant découpé de territoires que dans certains domaines de l'enseignement supérieur et de la recherche. En outre, dans la vie quotidienne, le japonais règne en maître absolu, même s'il contient bon nombre d'emprunts anglo-américains japonisés. Le japonais est encore dominant dans un grand nombre de publications techniques et scientifiques. Pourtant, dans ses relations avec le monde extérieur, le Japon apparaît comme un pays dont l'anglais est un des instruments économiques.

2. Cf. *Die viersprachige Schweiz*, Zürich, Benziger, 1982, p. 211-300 (en édition française, *La Suisse aux quatre langues*, Genève, Zoé, 1985). La pression de l'anglais en Suisse se fait sentir aussi bien sur les langues elles-mêmes que sur leur statut. Le journaliste A. Baur écrivait dans la *Neue Zürcher Zeitung*, 17-18 juin 1982, p. 27, qu'un véritable « denglisch » (d[eutsch] + englisch) se répand en Suisse alémanique ; il déployait amèrement l'échantillonnage suivant : *After-shave, Body-lotion, clever, Efficiency, finishing Touch, fit, Gardencenter, Hairstylist, happy, Kindershop, Make-up, Paperback, Poster, Smalltalk, sit-in, topless, up to date* (on remarquera cependant que, selon l'usage allemand, les substantifs, et eux seuls, sont écrits avec une initiale majuscule). En ce qui concerne la pression de l'anglais sur le statut des langues helvétiques en tant qu'idiomes nationaux, une étude récente (U. Dürmüller, « English for international and intranational purposes in multilingual Switzerland », in *Bulletin de la Section de linguistique de la faculté des lettres de Lausanne*, n° 6, 1984, Rencontres régionales de linguistique, p. 55-74) révèle que l'anglais est de plus en plus utilisé, en Suisse, non seulement avec les étrangers, mais entre citoyens helvétiques : d'une enquête conduite dans les villes bilingues (français-aléma-

On pourrait multiplier les exemples comparables, en Europe et sur les autres continents.

Il convient, toutefois, de nuancer cette vue peut-être un peu fixiste. Le phénomène universel de la variation n'épargne pas l'anglais. Si l'on peut encore dire aujourd'hui qu'il s'agit d'une seule et même langue, répondant, en les trahissant quelque peu[1], aux aspirations internationalistes de L. Zamenhof, divers indices donnent toutefois à penser que cette situation n'est pas définitive. Les sociolinguistes américains ont introduit depuis quelque temps la notion de NNVE (Non Native Varieties of English) : il s'agit de variantes non maternelles de l'anglais. Ce sont celles que l'on peut entendre au centre et au sud de l'Afrique (Ouganda, Kénya, Tanzanie, Zambie, Zimbabwé), ainsi que dans les pays bordant le golfe de Guinée, à Singapour, aux Antilles (indépendamment des créoles à base lexicale anglaise), en Inde généralement et par exemple dans l'État indien du Karnātaka (surtout à l'intérieur, et autour, de sa capitale Bangalore), ou encore à Porto Rico, où se développe ce qu'on a commencé à appeler un Pringlish (P[orto] Ri[can E]nglish) aux traits originaux[2]. Il n'est pas exclu que les anglais régionaux qui naissent ainsi suivent une voie de plus en plus indépendante. Cela est vrai même pour la langue écrite : « Les nouvelles et romans des auteurs asiatiques, africains et antillais se caractérisent souvent par un anglais exubérant et débridé dont la créativité égale ou dépasse celle des locuteurs de langue maternelle. On explique cette différence par plusieurs raisons. Dans les anciennes colonies, les administrateurs britanniques maintenaient volontiers, entre eux et les colonisés, un écart culturel plus grand que leurs homologues français. S'ils ne l'encourageaient pas beaucoup, ils y toléraient dans une certaine mesure l'enseignement dans la

nique) de Fribourg et de Bienne-Biel, ainsi que dans la ville unilingue (alémanique) de Berne, il résulte que 16 % des personnes de 15 à 34 ans préfèrent recourir à l'anglais face à un compatriote de langue différente.

1. En effet, Zamenhof, le « docteur Espéranto » comme on sait, concevait, de même que ses disciples d'aujourd'hui, la langue internationale qu'il avait inventée comme totalement indépendante d'une nation particulière ; il ne pouvait évidemment pas approuver, par conséquent, l'internationalisation d'une langue existante, liée selon lui au risque de domination du pays dont elle tire son origine.

2. Cf. *The other tongue : English across cultures,* ed. by B. B. Kachru, Urbana, University of Illinois Press, 1982.

langue du pays. Enfin, les enseignants étaient, et restent, moins certains du modèle à enseigner[1]. » Quelles que soient ces raisons, dont le détail n'est pas ici le propos, on voit que les langues florissant à partir de l'anglais, comme toutes celles qui, au cours de l'histoire, sont nées d'un tronc commun, accomplissent la vocation même des rejetons, qui est d'emprunter des chemins divergents. Aux États-Unis mêmes, l'anglais est loin d'être uniforme. Un exemple parmi bien d'autres en est fourni par les jargons que dénonce ce passage : « Bien des entreprises [...] ont rédigé des manuels très perfectionnés dans l'espoir d'inculquer à leurs employés leur dialecte personnel, notamment la société Caterpillar, qui a créé son propre anglais pour uniformiser sa langue d'affaires à travers le monde. [...] Diverses professions, elles aussi, adoptent un discours et un lexique distinctifs parfois inintelligibles hors de leur secteur. [...] Enfin, les bureaucraties sont réputées pour le jargon qu'elles engendrent ; les fonctionnaires du gouvernement fédéral, de loin la plus grosse administration du pays, s'entendent souvent reprocher de parler le *federalese*. [...] Ces variétés fonctionnelles sont la cible de nombreux critiques et le point de mire de ceux qui estiment que la langue des États-Unis est en décadence[2]. »

Certes, ces disparités jargonnantes n'ont pas nécessairement d'incidence immédiate sur l'anglais américain le plus courant. Mais elles sont un des indices d'une diversification dont, à des registres différents, les variantes hispanisées de l'anglo-américain des immigrés portoricains, mexicains et autres sont elles aussi des signes. L'anglo-américain, langue de masse, est, comme tel, exposé, aux États-Unis mêmes, à toutes les évolutions, à tous les avatars qui furent ceux du latin dans les derniers siècles de l'Empire. Cependant, la myopie du contemporain masque aux yeux des défenseurs du français ces signes d'une lente évolution, phénomène naturel et souterrain. Ils ne peuvent donc y puiser des raisons de se dire que l'anglo-américain, dont ils ne voient que la domination galopante sous leurs yeux, n'est pas un redoutable colosse au profil accusé, mais un ensemble très souple d'usages diversifiés.

1. G. Jolly et R. Robertson, « La crise de la langue dans les pays du Commonwealth », in *La crise des langues, op. cit.*, p. 194-195 (189-218).
2. R. Ruiz, « La crise de l'anglais aux États-Unis », in *La crise des langues, op. cit.*, p. 158-159 (147-188).

Au-delà des polémiques

Chez certains francophones, surtout les plus cultivés, cette domination est parfois vécue, bien à tort, comme une agression. On cherche à se justifier de la vivre ainsi en déclarant qu'une partie de l'opinion américaine, dont on doit bien convenir qu'elle est tout à fait minoritaire, affiche la conscience provocante d'un triomphe culturel et linguistique. Cette parade s'accompagnerait d'une hostilité explicitement déclarée, parfois, à l'endroit de ceux auxquels on a ainsi ravi le flambeau. Mais la fierté française peut aussi se soutenir de nombreuses protestations américaines d'amitié et d'admiration. Il n'y a donc pas lieu de faire trop de cas des témoignages sur certaines arrogances, comme celui que R. Étiemble, avec quelque morose délectation, donnait naguère[1] : « Si vous saviez comme moi, et comme tous ceux qui ont étudié la situation du français aux États-Unis, avec quelle haine le clergé louisianais, composé surtout d'Irlandais et d'Allemands, s'efforce d'éliminer les vestiges d'une langue " hérétique et fille du démon " [...] et avec quelle ferveur conjointe les secondent les protestants, qui espèrent, en arrachant aux Cayens leur langage, fabriquer grâce à l'anglais de vertueux antipapistes, vous auriez devant les yeux l'image prémonitoire de ce qui attend vos enfants et petits-enfants pour peu que vous laissiez votre langue en proie à l'américanisme. » Il n'y a pas lieu davantage, même s'il faut demeurer vigilant, de croire au mythe d'un complot organisé, que suggérait en 1952, lors d'une réunion à Paris de l'Assemblée générale de l'ONU, le délégué de la République d'Haïti, M. Chauvet, s'écriant : « Des ouvrages très importants de notre Organisation sont édités en langue anglaise à l'exclusion de la langue française.[...] En pleine capitale française, les programmes de nos séances sont affichés uniquement en anglais. [...] On pourrait se demander s'il ne s'agit pas d'un plan systématique pour saboter une langue qui, pendant des siècles, a été celle de la diplomatie. [...] Un exemple : l'Annuaire des Nations unies publié en anglais tous les ans n'a

---

1. *Le babélien, op. cit.*, première partie, p. 8.

eu qu'une édition française, en 1948. » Étiemble, qui cite ce passage[1], rappelle aussi[2] qu'« en 1946, c'est de justesse seulement que notre langue fut accueillie à ce titre [celui de langue de travail à l'UNESCO], nos chers et fidèles alliés américains ne cherchant qu'à l'éliminer ». Étiemble cite encore[3] un article écrit il y a près de trente-quatre ans par A. Sauvy, et dans lequel l'auteur déclarait : « Les Américains manquent rarement une occasion de supplanter non seulement la langue, mais aussi la culture française. »

Face aux agressions supposées dont ces polémiques se plaisent à marteler l'écho, la longanimité est plus sage que l'aigreur. Peut-on faire état d'une entreprise concertée de sabotage prenant pour cible la langue française ? Le destin d'une langue est, comme on sait, étroitement lié à celui d'un État, et en France, durant la Seconde Guerre mondiale, l'abaissement de l'État au niveau d'exécutant servile et empressé de la politique de collaboration avec l'Allemagne nazie a, qu'on le veuille ou non et qu'on admette ou non la légitimité de ces mélanges brouillons, porté un grave préjudice au prestige du français dans l'opinion américaine et auprès des responsables politiques des États-Unis. La méfiance persistante de Roosevelt à l'égard du général de Gaulle, dont les *Mémoires* sont loin d'être le seul écho, prouve que le dialogue est durablement affecté, puisque l'on tient en suspicion ceux-là mêmes qui ont, pourtant, rompu de manière éclatante avec la France officielle. A travers la notion de France libre, reçue avec beaucoup de réserve par le gouvernement américain, cette méfiance se répercute sur la conception de la Résistance et, partant, sur la langue qui l'exprime. Des incidents divers avaient nourri cette attitude : ralliement de Saint-Pierre-et-Miquelon, obtenu sans consultation des États-Unis, refus français d'un désarmement de la France, refus américain de considérer la France libre comme un gouvernement démocratique tant qu'elle n'aurait pas reçu la caution ouvertement exprimée d'une large adhésion populaire. En tout état de cause, le français ne fut admis, au même titre que l'anglais, comme langue

---

1. *Le babélien, op. cit.*, deuxième partie, p. 82.
2. *Ibid.*, troisième partie, p. 93.
3. *Parlez-vous franglais ?, op. cit.*, p. 235. Cet article a paru en août 1953 sous le titre « De l'abandon linguistique à la servitude ». Étiemble ne donne pas d'autre référence.

de travail de l'ONU que grâce au soutien de l'URSS, du Canada et de l'Amérique latine.

Les circonstances historiques que l'on vient de rappeler expliquent cette situation, et leur connaissance devrait permettre d'éviter une réaction passionnelle sous les espèces d'un anti-américanisme vulgaire. Certes, celui-ci pourrait encore s'alimenter de polémiques comme celle que déclencha dans la presse et dans les milieux intellectuels français, en 1983, l'opinion publiée d'un collaborateur du *Wall Street Journal* : selon cet auteur, la part de la France dans la culture contemporaine serait à peu près nulle. Mais cette opinion n'engage que ceux, parmi les intellectuels d'outre-Atlantique, qui entendent convaincre le monde que désormais la culture n'est vraiment représentée qu'aux États-Unis. La domination de l'Amérique et de sa langue est conçue par eux comme un règne qui ne souffre pas de manœuvres rivales. Même si l'on tient ces dérives chauvines pour d'innocents débordements, la façon la plus féconde de dépasser la polémique est de tirer la leçon de ces outrances en vue d'une action constructive. Celle-ci a pour préalable un constat : il n'est pas inexact de dire que la culture française et la langue française, son moyen d'expression, n'ont plus aujourd'hui l'éclat qui fut le leur autrefois. Si la France tenait de nos jours, d'une manière irréfutable, une place, dans ces domaines, qui fût à la mesure des rêves passéistes, il ne se trouverait pas de journaliste étranger pour le contester avec dédain. Dès lors, peut-on supposer qu'une puissante impulsion culturelle rendrait à la langue française son prestige d'autrefois ?

Déverbation, déculturation

Le lien entre langue et culture, impliqué par cette interrogation, n'est pas également reconnu par tous. Si l'on considère que sous le terme de culture, il faut entendre les œuvres écrites en français, la langue et la culture françaises sont étroitement liées, mieux elles se définissent l'une par l'autre, et, dès lors, la domination de la culture américaine a pour corollaire naturel le déclin de la culture, en même temps que celui de la langue, française. Mais nombreux sont ceux pour qui le terme de culture se

155

réfère, en fait, à des manifestations dont la langue n'est qu'une des parties. Dans cette perspective, la langue n'épuise nullement le contenu du concept de culture ; d'autres importants témoignages figurent à côté des ouvrages littéraires et de toutes les manifestations, orales et écrites, de l'activité de langage : beaux-arts, musique, sciences, théâtre, cinéma, gastronomie, mode, manières de (savoir-)vivre, conception des rapports sociaux, etc. « L'ordonnance générale du repas », écrit G. Pasch[1], « — hors-d'œuvre, plat garni, fromage et dessert — nous a été reprise par le monde entier : voici un élément certain de notre culture. » Si l'on promène ailleurs le regard, il est vrai également que les Suisses, par exemple, ont une forte conscience de bien des traits d'une culture nationale qui ne passe pas par la langue, puisque la Confédération est plurilingue ; il est vrai aussi qu'à l'inverse, les Américains ne se veulent pas nécessairement Anglais sous prétexte que leur langue est à peu près l'anglais. Mais ces arguments peuvent être retournés. Les Suisses francophones et les germanophones, justement parce qu'ils ne parlent pas la même langue, ne se reconnaissent pas, en dépit de leurs caractéristiques nationales communes, dans les mêmes symboles, ne se réclament pas des mêmes valeurs culturelles, ne se reflètent pas dans la même littérature et les mêmes objets d'art. Les Américains et les Britanniques, au contraire, sont liés, en dépit de la singularité de chaque nation, par une littérature en grande partie commune, enseignée dans les écoles et dont le support est bien l'unité de la langue.

C'est pourquoi la diffusion mondiale de l'anglo-américain est aussi celle d'une certaine culture, certes très diversifiée en qualité, puisque l'excellent y voisine avec le moins bon, mais unifiée par la langue. Il n'est pas question de bannir cette culture sous l'inspiration d'une frileuse ignorance et d'une sorte de défense inculte de la culture française. Il est nécessaire, seulement, de mesurer exactement sa puissance, et de ne pas s'aveugler sur ses conséquences, lors même que l'on trouve souhaitable de s'ouvrir à l'altérité et de s'abreuver à tous modes de penser et de sentir. En admettant même que le concept de culture recouvre un domaine qui s'étend largement au-delà de la seule langue, on peut douter que les contributions françaises à la culture universelle soient reconnues comme telles si un jour le français, son

---

1. Cf. *Le Monde,* 15 mars 1980, p. 2.

audience dans le monde ne cessant de s'amenuiser comme une peau de chagrin, ne devait plus connaître que le statut d'une langue au bord de l'extinction.

La fin d'un mythe

L'universalité du français (moins véritable qu'on n'aime à dire : cf. ci-dessous, p. 172-176) dura à peu près, comme on sait, de la fin du XVIIᵉ à l'avant-dernier quart du XIXᵉ siècle, précédée d'autres périodes discontinues d'éclat, comme le milieu du XIIIᵉ siècle et la fin du XVᵉ-début du XVIᵉ (soit avant l'influence italienne si vigoureusement dénoncée par H. Estienne). Elle cède de plus en plus la place à celle de l'anglais durant le XIXᵉ siècle, mais ce mouvement se déroulait sans que l'on s'en rendît clairement compte en France, où le mythe de l'universalité régna jusqu'au début du XXᵉ siècle, masquant l'amorce puis l'accélération du processus de détrônement. A partir de la fin de la Première Guerre mondiale, et selon un mouvement croissant, accentué depuis 1945, on cessa de croire à l'universalité du français. Le renversement de la tendance qui faisait autrefois du français une langue plus prêteuse qu'emprunteuse n'est pas seul en cause, car la capacité remarquable de l'anglo-américain contemporain de recevoir des apports de toutes origines et de les assimiler renforcerait plutôt sa vocation universelle. En fait, l'universalité est surtout liée au rayonnement, lequel, lui-même, est d'abord économique et politique, produisant, par voie de conséquence, un rayonnement culturel.

La France a connu autrefois cette situation. Mais aujourd'hui, ce n'est plus en France que se trouve le plus grand nombre d'inspirateurs, d'inventeurs, de sources de création. Parmi cent illustrations, on peut en donner deux, moins connues que celles dont tout le monde est bien informé. Dans une science humaine comme la linguistique, où la recherche française était une référence et un modèle jusqu'à la fin des années trente de ce siècle, les travaux considérés comme l'avant-garde sont encore, bien que l'on s'en déprenne de plus en plus, ceux qui défendent avec âpreté l'orthodoxie chomskyenne, du nom de N. Chomsky, linguiste américain créateur de la théorie dite grammaire générative. Parmi les voies d'affranchissement qui s'ouvrent aujourd'hui, les écoles américaines occupent aussi une place de choix, en sorte que, chomskystes ou non chomskystes, elles continuent d'être l'objet d'une fidèle attention et le modèle de dociles applications, y compris quand elles sont désavouées dans leur pays d'origine. C'est donc en France que l'on trouve les plus fermes soutiens de ce qu'un linguiste, américain lui-même, appelle « le courant générativiste de plus en plus solipsiste », enfermé dans « l'hermétisme de l'herméneutique[1] ». Un autre cas est celui du roman : aux temps du rayonnement de la langue française, les romans français étaient une manière de modèle universel ; aujourd'hui, bien qu'il y en ait encore de grands et même de très grands, beaucoup désertent les sujets qui peuvent susciter de vraies interrogations, laissant à l'Amérique anglophone et hispanophone le réalisme fantastique ou les vastes fresques aux volutes desquelles les destins individuels s'entrelacent avec l'histoire du monde ; au lieu d'investir ces territoires, beaucoup de romans français ne se trouvent d'autre inspiration que les stérilités du nombrilisme le plus frénétique, les enivrantes complaisances d'un idéalisme exténué ou les vanités narcissiques de l'intimisme érotico-moralisateur. Veut-on rendre à la langue française son illustration ? Il n'est que temps d'emprunter des voies plus fécondes, ou plus généreuses.

Le français, l'anglais et la recherche scientifique

Les publications

Quelques données permettent de mesurer le recul de plus en plus important du français devant l'anglais dans deux domaines corollaires : les publications scientifiques et les réunions de spécialistes. Pour l'ensemble des périodiques qui reçoivent une subvention officielle, plus de 80 % des articles, en 1980 et 1981, ont été publiés en anglais, bien que dus pour la plupart à des cher-

---

1. T.L. Markey, compte rendu de *Language change*, ed. by I. Rauch & G.F. Carr, Bloomington, Indiana University Press, 1983, paru dans *Neuphilologische Mitteilungen*, LXXXVI, 3, 1985, p. 318-330.

cheurs français. Un ouvrage récent porte un titre éloquent : *Le français chassé des sciences*[1]. C'est, d'autre part, aux États-Unis que se trouvent les plus grands centres d'archivage et d'identification de la production scientifique mondiale. Malgré leur vocation internationale, ils ne couvrent pas totalement cette production, puisque, comme il est bien connu, les dépouillements donnent la priorité aux revues anglophones, en sorte que des zones entières de la recherche, entre autres celles que peuplent les écrits de langue française, sont occultées. Les conséquences de cette situation sont faciles à imaginer : ou bien les travaux en français sont purement et simplement absents des références bibliographiques, puisque les auteurs qui utilisent les sources les plus répandues ne les trouvent pas parmi les titres dont ces sources font état ; ou bien, pis encore, tel chercheur anglophone a su, grâce à la qualité de son travail de dépouillement, trouver accès à des articles de valeur dont la langue n'est pas l'anglais et qu'il a réussi à lire, mais alors, il peut, ne faisant que suivre une pratique répandue, piller en toute impunité ces articles, puisque l'absence d'archivage les dérobe à l'attention de la communauté scientifique ; et quand leur auteur ou ceux qui le connaissent découvrent le larcin, il est trop tard pour revendiquer la paternité légitime d'une idée ou d'une découverte qu'un acte de piraterie a permis de détourner sans autre forme de procès.

Dès lors, ce sont des chercheurs anglophones qui parviendront en tête de la course à la citation, orchestrée par le *Science Citation Index,* que publie l'Institute for Scientific Information de Philadelphie. Ce périodique prend pour critère d'évaluation de la réussite dans les sciences le nombre des citations d'articles, redoutable procédé d'intoxication qui, entraînant les chercheurs dans une course effrénée à la notoriété et, pour certains, au prix Nobel, les conduit à multiplier les articles, éventuellement en écrivant, pour des revues différentes, trois ou quatre versions qui sont les variantes d'un seul et même contenu. Au milieu des années soixante-dix, une polémique s'alluma à la suite de la

---

1. Paris, 80, rue Vaneau, 1981. Pour ne donner qu'un exemple, on peut citer M. M. Froissart, professeur de physique corpusculaire au Collège de France, qui déclare tout simplement, en réponse à une enquête du *Monde* (3 novembre 1981, p. 14) : « Le français n'est plus la langue de ma discipline. » Il ajoute, cependant, que celle qu'on utilise « est plutôt un sabir à base d'anglais », et que, de toute manière, « la rétroaction de la langue sur le mode de raisonnement peut être tenue pour négligeable ».

publication, dans la revue *La recherche,* d'un article de M. Garfield, directeur d'un équivalent scientifique de *L'Argus,* publié aux États-Unis. Dans cet article, l'auteur, soucieux de réduire les frais de traduction de son industrie, suggérait, débonnaire, aux auteurs non anglophones d'écrire directement en anglais toute communication importante, ajoutant pour les encourager qu'accepter cette condition, c'était accroître leurs chances de se trouver cités dans ses relevés systématiques de la presse scientifique !

La domination de l'anglais dans les publications scientifiques a d'autres effets encore : un savant non anglophone, publiant en anglais afin d'élargir l'audience de ses travaux, interdit du même coup, à ceux de ses compatriotes qui ignorent l'anglais, l'accès direct à ses résultats ; cet abus est illustré par l'histoire du vaccin contre l'hépatite B, découvert en France[1]. Depuis 1971, les Conseils Solvay, réunions internationales de théoriciens des sciences physiques et chimiques dues à l'initiative de l'industriel belge E. Solvay, ne publient leurs *Actes* qu'en anglais. En 1979, un vieux périodique français, le *Journal de physique,* a publié un numéro exclusivement en anglais, et depuis lors, 80 % de ses articles sont rédigés dans cette langue. La proportion, pour les premières années de la présente décennie, atteint 95 % dans les publications homologues du Québec. Parmi d'autres pays plus ou moins francophones, elle est de 30 % en Algérie, de 65 % en Belgique, de 66 % en Suisse. Le *Nouveau Journal de chimie,* publié par Gauthier-Villars avec subvention du Centre national de la recherche scientifique, ne comporte plus, depuis 1981, que des articles en anglais. Il est, au reste, impossible de faire de chimie organique sans se servir du *Handbook of Chemistry and Physics*[2]. Le dépouillement statistique des *Chemical Abstracts* établit qu'en 1980, la part de l'anglais était de 65 % et celle du français, en recul constant, de 2 %, après avoir été de 5,2 % en 1961 et de 3 % en 1975. Plus généralement, la proportion des publications en français n'atteint en 1980 que 47 % des travaux réalisés en France, alors qu'elle était de 90 % en 1960[3].

---

1. Cf. R. Bénichoux, « De Babel à Montréal », *Le Monde,* 31 octobre 1981, p. 2.
2. Cf. R. Cans, « Le français est-il encore une langue scientifique ? », enquête dans *Le Monde,* 3 novembre 1981, p. 14. Les statistiques précédentes sont aussi tirées de cette enquête.
3. Cf. P. Trescases, *Le franglais vingt ans après, op. cit.,* p. 14, citant un article de presse.

Même dans un texte en français, la dose de mots anglais croît en raison directe de l'avancement technique du matériel utilisé dans les expériences. La domination de l'anglais est également liée, bien entendu, aux sources écrites que le chercheur exploite. Ainsi, dans la plus grande bibliothèque scientifique de France, celle d'Orsay (Paris VI), plus de la moitié des ouvrages sont en anglais. Les livres en français ne représentent que 29 % du fonds, et en fait, 90 % des publications couramment utilisées et demandées par les étudiants sont en anglais. Il en est de même dans les sciences humaines. Par exemple, un sociologue qui désire être informé des travaux accomplis hors de France doit lire les publications anglaises. 45 % des documents de la *Revue française de sociologie* sont en anglais. L'archéologie elle-même, discipline traditionnellement francophone et germanophone, commence à être gagnée par l'anglais. Et dès lors que des chercheurs de pays aussi avancés, du point de vue technique, que le Japon et l'Allemagne de l'Ouest (l'Allemagne de l'Est, quant à elle, n'est pas à l'écart du mouvement) publient en anglais dans des domaines aussi importants que la géophysique ou la biochimie et que les spécialistes soviétiques eux-mêmes y tendent à leur tour, la situation du français en tant que véhicule d'expression scientifique devient de plus en plus précaire.

Les assemblées savantes

Ce qui est vrai des publications l'est aussi des congrès, colloques, conférences, séminaires et toutes assemblées de chercheurs. Le nombre s'en est multiplié depuis les années cinquante. En effet, si l'on excepte le petit carré de ceux qui ne s'y rendent qu'en quête de plaisantes occasions d'escapades peu onéreuses ou d'idylles sécurisantes, il est indispensable, pour la majorité des spécialistes, de confronter entre elles des recherches de plus en plus diversifiées, en même temps qu'axées sur de grandes problématiques communes à tous les savants. Un signe extérieur qui en dit déjà long est l'arsenal de termes désignant le déroulement des opérations : bien que *table ronde* résiste encore contre *pannel* et que *pré-rapport* ne soit pas tout à fait évincé par *preprint, résumé* recule devant *abstract*, et on entend beaucoup parler de *Proceedings*, même si l'ouvrage collectif qui rassemble les communications porte encore *Actes* dans son titre. Mais surtout, les chercheurs fréquentant les congrès internationaux ont pu constater que si une communication ou une conférence est annoncée en français, il y a haut risque de désertion d'un grand nombre d'auditeurs.

La chose est aussi vraie dans toutes les sciences, et en particulier dans celle-là même où on l'attendrait le moins, la linguistique ; car les professionnels du langage sont censés, bien que l'amour des langues et les « dons » de polyglotte soient loin, hélas, d'être leur marque commune, avoir du moins, des principales langues à vocation internationale, une connaissance passive suffisante pour leur permettre de suivre un exposé en français. Or, en réalité, seule la notoriété d'un chercheur francophone présentant sa communication en français a quelque chance, si elle est assez solidement établie, de lui assurer un auditoire décent, ou même identique à celui que lui vaudrait le recours à l'anglais. Faute de répondre à cette condition, on devra, si l'on souhaite se faire entendre, au sens strict, s'exprimer en anglais, que l'on y soit ou non préparé... Un autre trait souvent constaté est la rareté des prises de parole de francophones, opposée à la fréquence de celles des anglophones. Bien que le silence des uns ne signifie pas une moindre participation intellectuelle que la volubilité des autres, le peu d'aisance à s'exprimer en anglais met les francophones dans une position de plus grande réserve, et ne leur permet pas de participer aussi bien à des échanges de vues dont la fécondité est un des principaux intérêts de ce genre d'assises.

Quelques chiffres peuvent donner une idée de la situation. Lors des rencontres (européennes) de chimistes qui se tiennent chaque année en Suisse, les communications en anglais sont passées de 50 % en 1964 à 95 % en 1974. Les trois quarts des exposés présentés au cours des colloques de sciences exactes ou naturelles patronnés par le Centre national de la recherche scientifique en France, pour l'année 1976, étaient en langue anglaise. On constate que seuls les représentants de pays à vocation francophone ou francophile (Roumanie, Liban, par exemple), ou même, plus rarement, certains chercheurs anglophones isolés, emploient occasionnellement le français dans des réunions où les francophones de naissance ne s'expriment qu'en anglais[1]. Il

---

1. Certains poussent très loin le désaveu. Un lecteur du journal *Le Monde* (2 et 3 février 1986, p. II) souhaite « que la langue française, devenue une bar-

n'est pas sûr que cette situation paradoxale soit faite pour encourager les amis étrangers du français à lui maintenir longtemps leur soutien en tant que langue scientifique, si l'exemple de la désertion leur vient ainsi des principaux intéressés.

---

rière pour les esprits libres et curieux, disparaisse au plus tôt au bénéfice de l'anglais et du russe ». Ce vœu, qui semble, bien que l'affirmation n'en soit pas explicite, concerner le seul usage du français dans les sciences, et épargner avec magnanimité la vie pure et simple de la langue française, fait suite à un passage dans lequel l'auteur dénonçait « l'amateurisme ou le pédantisme de trop d'ouvrages de vulgarisation français », en comparaison des ouvrages dus à des scientifiques anglophones. Sous l'outrance, on voit poindre la leçon...

Cela dit, il convient de ne pas oublier les zones de lumière. Certains passages du *Rapport 1985* sur *L'état de la francophonie dans le monde* (Documentation française, 1986, p. 257, 271-272, 281) laissent apparaître que le français n'est pas totalement chassé des sciences, malgré ce que martèlent de sombres prédictions.

CHAPITRE VI

Étiologie, ou le français et les lois du marché

Inanité des facteurs internes : la clarté française et autres vertus

Les saillies de Rivarol

La « clarté française » explique-t-elle le prestige qui fut autrefois celui du français en Europe ? C'est là le thème d'un débat qui occupa une bonne partie du XVIIIe siècle. Le *Discours sur l'universalité de la langue française,* en 1783, le reflète assez fidèlement. Répondant, comme on l'a rappelé dans les premières pages du présent livre, aux questions de l'Académie de Berlin sur les raisons qui ont valu au français la prérogative de l'universalité, Rivarol, esprit brillant plus que profond qui pouvait sur commande déployer sa verve au service de causes variées, en vient à mentionner la clarté. De cette clarté, qu'il ne définit nulle part et dont il déclare avec assurance qu'elle est la raison essentielle du succès du français, il fournit pour critère le fameux ordre « naturel » ou « direct » : sujet + verbe + complément. On sait que la tradition cartésienne, de Le Laboureur à Beauzée en passant par l'abbé Girard et Du Marsais, avait prôné l'ordre naturel comme principe explicatif, contre les disciples sensualistes de Condillac, en particulier Diderot et Batteux[1]. « Ce qui distingue notre langue des anciennes et des modernes », écrit Rivarol[2], « c'est l'ordre et la construction de la phrase. Cet ordre doit toujours être direct et nécessairement clair. Le français nomme d'abord le *sujet* du discours, ensuite le *verbe* qui est l'action, et enfin l'*objet* de cette action. [...] Or, cet ordre si [...]

---

1. On trouvera un exposé détaillé de cette controverse dans C. Hagège, *L'homme de paroles, op. cit.,* chap. VII, p. 155-174.
2. *Discours,* éd. du Club français du livre, 1964, p. 89-90.

nécessaire au raisonnement est presque toujours contraire aux sensations, qui nomment le premier l'objet qui frappe le premier : c'est pourquoi tous les peuples, abandonnant l'ordre direct, ont eu recours aux tournures plus ou moins hardies [...] et l'inversion a prévalu sur la terre [...]. Le français, par un privilège unique, est seul resté fidèle à l'ordre direct. [...] La syntaxe française est incorruptible. C'est de là que résulte cette admirable clarté, base éternelle de notre langue. Ce qui n'est pas clair n'est pas français ; ce qui n'est pas clair est encore anglais, italien, grec ou latin. » En marge de ce texte trop souvent cité, une formule de Rivarol produit un étrange effet si on l'apprécie à la lumière de la situation présente : de l'anglais il dit, pour justifier que le français, à la fin du XVIIIe siècle, parût l'emporter en succès, que s'il a « l'audace des langues à inversion, il en a l'obscurité[1] ».

Or, comme le font apparaître les recensions critiques de J. Garat et de F.-U. Domergue, parues la même année 1785, la première dans le *Mercure de France* et la seconde dans le *Journal de la langue française,* le français lui-même, quand il n'est pas engoncé dans une rigidité classique plus nuisible que favorable au naturel, pratique volontiers ce que Rivarol appelle l' « inversion », notion circulaire, car on ignore quel est l'ordre de référence par rapport auquel il y aurait inversion. Rivarol, du reste, reconnaît, de manière contradictoire[2], que les plus grands écrivains ont violé l'ordre direct « sans jamais blesser le génie de la langue » : « Monsieur, prenez garde à un serpent qui s'approche » est non seulement moins efficace, sinon moins salutaire pour l'interlocuteur menacé, mais encore beaucoup moins courant que « Un serpent ! Fuyez ! ».

Cependant, non content d'insister sur la clarté ainsi reliée par lui à l'ordre naturel, Rivarol invoque encore d'autres facteurs, purement internes, du succès du français. Ces propriétés qui ont contribué à l'universalité de la langue française, assure-t-il, sont celles qui manquent à l'allemand : celui-ci ne possède ni langue-mère reconnue comme langue d'une culture, ni littérature antérieure au XVIe siècle, ni une écriture diaphane (le graphisme gothique est rebutant), ni des sons harmonieux (les consonnes gutturales sont disgracieuses). La fragilité, sinon la fausseté, de

---

1. *Discours, op. cit.,* p. 86.
2. *Ibid.,* p. 138, n. 28.

ces arguments, est évidente, pour ne rien dire de la relativité des goûts. Ce n'est pas aux francophones qu'il appartient de proclamer la beauté sonore du français. L'italien et le hongrois ne sont-ils pas mélodieux, l'allemand et l'anglais manquent-ils de puissance poétique, le russe, l'arabe et l'espagnol de tendresse mêlée à l'énergie, le peul de plénitudes en assonances, le chinois de musicalité aux cent inflexions[1] ? Ces formulations mêmes, en tout état de cause, disent assez combien la touche est subjective, et comme elle est peu propice à fonder en raison la préférence. En outre, on peut trouver tout autant de caractéristiques négatives en français qu'on en trouve de positives. Au XVIIIe siècle, avant que Rivarol ne publiât son *Discours,* d'Alembert jugeait que si les auteurs français écrivaient avec clarté, c'était non pas grâce à la langue, mais malgré elle : « Aucune langue [...] n'est plus sujette à l'obscurité que la nôtre et ne demande dans ceux qui en font usage plus de précautions minutieuses pour être entendus. La clarté est l'apanage de notre langue, en ce seul sens qu'un écrivain ne doit jamais perdre la clarté de vue, comme étant prête à lui échapper sans cesse[2]. » Le même d'Alembert, reprochant à la langue française d'être « timide [...], sourde et peu abondante », en venait, pour expliquer un succès auquel elle lui paraissait n'avoir presque aucun titre, à invoquer « cette destinée quelquefois bizarre, qui décide apparemment de la fortune des langues comme de celle des hommes[3] ».

La clarté française : sa réalité, sa fonction

Pourtant, Rivarol ne doute point de la pérennité du français, telle qu'elle lui paraît assurée par ses qualités internes : « L'Europe présente une république fédérative, composée d'empires et de royaumes, et la plus redoutable qui ait jamais

---

1. Sur l'importance du rythme en chinois, sur les épaississeurs phoniques et sur les origines poétiques de la tradition grammairienne en Chine, on pourra consulter C. Hagège, *Le problème linguistique des prépositions et la solution chinoise (avec un essai de typologie à travers plusieurs groupes de langues),* Paris, Société de linguistique de Paris, Louvain, Peeters, 1975.
2. *Réflexions sur l'élocution oratoire,* in *Œuvres,* t. IV, p. 282. Cité par F. Brunot, *Histoire de la langue française des origines à nos jours, op. cit.,* t. VIII, 2e et 3e parties, p. 1023.
3. *Ibid.*

existé ; on ne peut en prévoir la fin, et cependant la langue française doit encore lui survivre. Les états se renverseront, et cette langue sera toujours retenue dans la tempête par deux ancres, sa littérature et sa clarté[1]. » Cette position n'est pas tenable. La clarté, s'il ne s'agit pas d'un mythe, devrait être à peu près aujourd'hui ce qu'elle fut hier, car en deux cents ans, les structures de la langue ne se sont pas profondément transformées. D'où vient alors que sur la scène du monde, le français soit à présent éclipsé par l'anglais ? Une telle situation ne démontre-t-elle pas clairement (si l'on ose dire) que cette qualité tant vantée ne suffit pas à garantir une universalité définitive ?

Cela ne signifie pas que la clarté du français soit une totale illusion. Certains étrangers, même anglophones, la tiennent pour acquise. Le grammairien A. Dauzat, dans un article de 1952[2], faisait état d'une lettre, publiée par le *Manchester Guardian,* et qui aurait fait sensation au Royaume-Uni : une haute personnalité britannique y déclarait que « l'imprécision entraînée par l'usage généralisé de la langue anglaise rendait désirable une utilisation plus répandue du français ». D'autres se contentent de relever certains cas d'ambiguïté liés en anglais à l'antécédence du déterminant par rapport au déterminé et à l'absence de préposition : T. Kenec'hdu cite deux réactions semblables[3] : l'une, de l'anglophone G.K. Chesterton, critiquant une manchette de journal, *Communists fear split Germany blame,* dans laquelle l'absence de mots-outils (qui est parfois un des avantages d'une langue anglaise à la phraséologie très condensée et économique[4]), peut être un inconvénient pour la clarté, car ici le sens, à savoir « les communistes redoutent qu'on ne les blâme à cause du démembrement de l'Allemagne », n'est pas immédiatement évident ; l'autre réaction est celle d'A. Sauvy, qui faisait observer que *World population conference* peut signifier « Congrès mondial de la population », ou « Congrès sur la population du monde », ajoutant : « Si nous disons un jour, sur notre lancée (déjà " l'inter-services-route... ") : " Monde population conférence ", le français n'aura plus de raison d'être, tout au moins

---

1. *Discours, op. cit.,* p. 99.
2. Cité par R. Étiemble, *Le babélien, op. cit.,* deuxième partie, p. 20.
3. *Avatars du français, de Rivarol aux néo-linguistes, 1784-1984,* Paris, Éd. Téqui, 1984, p. 68. Voir ici p. 39-44.
4. C'est là une des raisons pour lesquelles un texte français est souvent plus long que son équivalent anglais.

comme langue internationale. » Enfin, un cas célèbre est celui de la Résolution 242 de l'ONU ; ce n'est pas par hasard que sa version française est considérée comme susceptible de lever une ambiguïté fondamentale, génératrice de controverses aiguës, puisqu'il s'agit des territoires âprement disputés entre Israël et ses voisins arabes : ce qui est en jeu ici, c'est l'opposition entre défini et indéfini, laquelle, dans ce cas, est loin d'être un innocent débat de grammairiens[1].

Mais pour en revenir aux équivoques liées à l'absence de prépositions, il est probable que certains observateurs, qu'ils soient francophones ou germanophones, partageront l'avis d'A. Dauzat, selon lequel, dans une langue appartenant, de même que l'anglais, au groupe germanique, à savoir l'allemand, on retrouve cette ambiguïté liée au fait qu'il n'y a pas de préposition quand le déterminant précède : « *Schneebrillen,* lunettes contre la neige, est construit exactement comme *Schneeberg,* montagne (couverte) de neige [...]. *Herzschlag* désigne à la fois le battement (normal) du cœur et le " coup au cœur " (rupture d'anévrisme ou apoplexie[2]). » En d'autres termes, rien ne répond, ici, aux oppositions françaises entre *contre* et *(couvert) de* ou entre *de* et *à.* Dans un chapitre tout en persiflage du *Parlez-vous franglais ?* de R. Étiemble, où la stratégie consiste à feindre de railler le français pour mieux faire apparaître ses qualités, on peut lire[3] : « [...] Le bon usage des prépositions contribuait à donner au français cette précision tatillonne qui lui valut — on se demande par quelle aberration ! — de rester longtemps la langue diplomatique de l'Europe. Langue jeune, langue dynamique, [...] le sabir atlantyck a fort bien compris qu'il importait [...] de briser ce système figé, qui ne correspond plus aux exigences d'un monde fluide. [...] ; rien n'est plus obscur qu'une langue claire, plus imprécis qu'une syntaxe précise. [...] Autant que possible [...], on supprimera purement et simplement la préposition. »

---

1. Le premier paragraphe de l'article 1, exposant les principes d'une « paix juste et durable au Moyen-Orient », dit en anglais : *« withdrawal of Israel armed forces from territories occupied in the recent conflict »* ; le texte français, du fait que la langue distingue *de,* qui signifie « hors de certains » et *des,* qui signifie « hors de tous les », dit quant à lui : « retrait des forces armées israéliennes des territoires occupés lors du récent conflit ».
2. Cité par R. Étiemble, *Le babélien, op. cit.,* deuxième partie, p. 20.
3. P. 194-195.

Un des candidats qui concoururent avec Rivarol devant l'Académie de Berlin, J. A. Eberhard, notait qu'il peut y avoir absence de clarté soit du fait de l'incertitude sur le rapport entre les mots dans la suite du discours, soit du fait de la diversité des sens inhérents à chaque mot[1]. Nous parlerions aujourd'hui d'ambiguïté dans la chaîne et d'équivoque dans le système. En fait, l'opération qui lève l'une et celle qui lève l'autre ne sont pas radicalement distinctes, car la clarté du contexte est justement ce qui conduit à sélectionner le sens d'un mot polysème (doué de plusieurs sens dans le dictionnaire). Eberhard ajoutait que le français permet à ceux qui savent s'en servir de limiter les deux types d'obscurités. Mais de quelle langue ne pourrait-on pas, bien qu'à des degrés variables, en dire à peu près autant? En outre, au sein d'une même langue, on peut, selon les parties de la syntaxe ou du lexique que l'on prend en considération, trouver autant d'absence de clarté que de clarté. L'ordre dit naturel, que le français, il faut le rappeler, partage avec bien d'autres langues (par exemple romanes) et qui fonde depuis Rivarol le mythe de la clarté, n'est pas nécessairement idéal si l'on considère que la compréhension d'une phrase est celle d'une structure cohérente prise comme un tout, et non celle d'une succession de ses parties. Pour tout homme, sa langue maternelle, ou, s'il est multilingue, celle qu'il parle le mieux, est nécessairement la plus claire. N. Finck voyait dans la syntaxe à emboîtement, celle-là même qui, selon Rivarol, est source de confusion, un élément de la supériorité de l'allemand, et de... la race germanique[2].

La clarté, en outre, n'est pas une vertu absolue. La concision n'a pas toujours moins de titre à être prisée. Certes, il est vrai que, comme on vient de le voir, des précisions supplémentaires, telles que les fournissent par exemple les prépositions et les articles, sont susceptibles de donner à un texte en français une plus grande clarté si on le compare à son équivalent anglais. Mais il est, du même coup, presque toujours plus long. Dans de nombreux domaines, que l'on ait ou non raison, on s'est habitué à considérer, devant la masse des informations dont on est partout assailli, que la concision était préférable à la clarté... La concision, cela dit, n'est pas la seule qualité que certains peuvent pré-

---

1. Cité par F. Brunot, *Histoire...*, op. cit., t. VIII, 2ᵉ et 3ᵉ parties, p. 951.
2. Cité par C. Bally, *Linguistique générale et linguistique française*, op. cit., p. 16, n. 1.

férer à la clarté. Parmi les défenseurs de la clarté française, il s'en trouve pour redouter que la rigidité de ses normes classiques n'implique l'abandon des possibles qui font la complexité des choses, et le renoncement à la diversité[1].

D'Alembert est sans doute le plus avisé quand, dans le passage cité plus haut, il crédite les écrivains d'un effort de clarté que la langue contrecarrerait plutôt. Ce sont, en définitive, les choix que chacun fait, qui aboutissent ou non à la clarté. Les contemporains ont beaucoup raillé le vers de Corneille

« Cet hyménée à trois également importe[2] »,

résultat d'une insuffisante attention à l'ordre direct, qui postule le rejet du complément après le verbe. Mais, dans d'autres cas, comme celui du serpent qui s'approche (v. p. 165), la vigilance grammairienne est aussi contraire au naturel que dangereuse pour la vie.

En définitive, **le mythe de la clarté a du moins l'avantage de produire une éthique de la clarté.** Les auteurs français, persuadés que cette vertu caractérise leur langue, se sont, à diverses époques, efforcés, du moins pour certains des plus grands, de trouver une expression claire, en évitant, le cas échéant, ce que le français peut justement avoir d'insuffisamment clair. On a pris pour une vertu de la langue ce qui est un effet du labeur d'écriture. Il convient de ne pas confondre clarté du français et clarté française, ou langue et attitude de l'esprit.

L'universalité de la langue française et la perte de l'Amérique

Le Capitole et la roche Tarpéienne

Étrange époque que cette seconde moitié du XVIIIᵉ siècle ! C'est celle où la gloire du français frappe assez les esprits pour

---

1. Telle est l'idée qu'exprime, par exemple, D. Mornet dans un ouvrage qui fut naguère un classique, *Histoire de la clarté française, ses origines, son évolution, sa valeur,* Paris, Payot, 1929.
2. *Le Cid,* acte I, scène 2.

que l'Académie de Berlin propose un concours sur les raisons de son universalité, celle où la Révolution s'apprête, par la réduction des dialectes et patois au statut d'objets de musée, à consolider la langue de la République ; mais c'est aussi l'époque où, pour le règne de la langue française, le commencement de la fin se déchiffre déjà dans un grave événement qui échappa certainement à la clairvoyance des contemporains. Longtemps avant cet événement, un acte qui paracheva une longue série de persécutions et de vexations, et qui fut une des plus dramatiques erreurs de la monarchie, la Révocation de l'Édit de Nantes, survenue en 1685, avait, de manière paradoxale, contribué à répandre le français en Europe ; en effet, cet acte, chassant de France une élite intellectuelle et financière, c'est-à-dire une bonne partie des forces les plus vives du pays, avait contraint les proscrits à chercher refuge dans les pays protestants, et singulièrement en Allemagne, où Berlin, un temps, apparut quasiment comme une ville française[1]. Mais cette « heureuse » conséquence d'une décision malheureuse ne pouvait aucunement suffire à pallier les effets de l'autre événement, dont on ne mesura pas immédiatement la gravité. 1763, année du désastreux Traité de Paris, est pour beaucoup, sans doute, une simple date parmi d'autres. En réalité, les conséquences en furent incalculables. Ce traité mettait fin à une guerre meurtrière pour la domination de l'Amérique du Nord, entre des troupes anglaises nombreuses et une armée française insuffisamment équipée bien que commandée par un officier exceptionnel, Montcalm, auquel manquèrent les renforts qu'il réclamait. Par ce traité, la France cédait à l'Angleterre le Canada, la vallée de l'Ohio, la rive gauche du Mississippi et la plus grande partie des Antilles, sans parler du Sénégal et de

---

1. On ne sait s'il faut voir cynisme ou innocence dans ce mot du *Discours sur le progrès de la langue française* envoyé à l'Académie française par l'Académie de Soissons en 1710 : « Le nombre infini de Français que l'attachement à l'erreur, l'amour du gain ou la simple curiosité ont transportés dans les pays étrangers, a fait passer notre langue dans les pays les plus éloignés » (cité par A. François, *Histoire de la langue française cultivée, op. cit.*, t. II, p. 4). Soixante-treize ans plus tard, Rivarol pourra encore écrire, dans son *Discours (op. cit.*, p. 83), que le français « s'enrichit, à la Révocation de l'Édit de Nantes, de tout ce que perdait l'État. Les réfugiés emportèrent dans le nord leur haine pour le prince et leurs regrets pour la patrie, et ces regrets et cette haine s'exhalèrent en français ». Au début peut-être. Mais l'expérience prouve qu'en dehors de cas que leur rareté rend d'autant plus remarquables, les émigrés s'assimilent dans leur pays d'adoption en quelques générations, et en acquièrent la langue.

l'Inde, réduite à cinq comptoirs. Quant à la Louisiane, sans être encore définitivement perdue, elle était fortement compromise.

Dès lors, commença de peser sur la diffusion du français une véritable menace. En effet, le traité donnait l'avantage à l'anglais, en épilogue d'un combat que ses épisodes les plus décisifs avaient transporté au Nouveau Monde. Le français, certes, paraissait toujours régner en Europe ; mais, par cet événement, il était irrémédiablement détrôné sur un immense territoire où, jusque-là, il avait aussi régné. « De notre point de vue de gens instruits par les événements ultérieurs », écrit F. Brunot[1], « la ruine était immense, et pour longtemps irréparable. Un monde où la langue française eût pu s'introduire était désormais promis à des langues rivales ; [...] ce n'est plus notre langue qui allait devenir la langue mondiale des affaires. Le traité de 1763 préparait pour le XIXᵉ siècle le règne de l'anglais. » Il convient d'ajouter qu'à quelque temps de là, d'autres événements précipitèrent ce mouvement. Trafalgar, en particulier, dont le même F. Brunot écrit[2] : « La plupart des marchés du monde appartenaient désormais à nos rivaux, de sorte que, sans que l'autorité anglaise ne fît rien pour cela, la langue anglaise, appuyée sur une des rives de l'Atlantique à la Grande-Bretagne, sur l'autre aux États-Unis, [...] devenait la langue essentielle pour les relations des continents et des îles, à travers l'immensité des mers. Or c'était là la véritable universalité, sans qu'il y eût rien à retrancher cette fois à la valeur du mot ; et cette universalité était perdue pour notre langue. »

Les vrais contours de l'universalité

Quelle était-elle exactement, cette universalité que l'on croyait à son zénith au moment même où s'annonçait son crépuscule ? Dès le XIIIᵉ siècle, l'université de Paris avait attiré nombre de lettrés et de savants, pour qui le français, sous sa forme d'alors (état charnière entre l'ancien français et le moyen français, lequel dure lui-même jusqu'à l'orée du XVIᵉ siècle), apparaissait digne de concurrencer le latin comme langue de culture. Mais en

---

1. *Histoire de la langue française, op. cit.,* t. VIII, 2ᵉ et 3ᵉ parties, p. 1155.
2. *Ibid.,* t. XI, 2ᵉ partie (1979), p. 341.

outre, un peu plus tard, les conquêtes militaires en Italie et en Orient répandent assez le français (que parlera encore le plus souvent, dans la première moitié du XVIe siècle, un des principaux ennemis politiques de la France, Charles Quint), pour faire écrire au chroniqueur vénitien Martino da Canale, au début du XIVe siècle : « La langue française court le monde[1]. » Cette opinion reprenait celle de Brunetto Latini, le savant florentin que Dante et Pétrarque considéraient comme traître à l'italien.

C'est précisément la réaction italienne qui, avec la Renaissance, ravit la palme au français, réparant, par le symbolisme dont est chargé le prestige de la langue, les humiliations militaires et politiques de naguère. De là les polémiques célèbres où s'illustrèrent H. Estienne et autres défenseurs du français contre l'italianisme. Dans la seconde moitié du XVIIe siècle, cependant, le prestige de la France, nourri autant par sa littérature et ses arts que par le succès de ses armes au début du règne de Louis XIV, peut faire écrire à Sorbière à propos du français, dans sa Préface à l'ouvrage de Le Laboureur *Avantages de la langue française sur la langue latine* (1669), « que la plupart des Cours de l'Europe se piquent de l'entendre et de le parler, que nos ambassadeurs n'y ont plus besoin d'interprètes[2] ». Quant au P. Bouhours, il fait dire à Ariste, dans le second des *Entretiens d'Ariste et d'Eugène* (1671) : « Tous les étrangers qui ont de l'esprit se piquent de savoir le français ; ceux qui haïssent le plus notre nation aiment notre langue. » En 1694, la dédicace du *Dictionnaire* de l'Académie, même si l'on fait la part des louanges d'usage à l'adresse du roi, dit bien la situation ; on peut y lire, à propos de la langue française : « La supériorité de votre puissance l'a déjà rendue la langue dominante de la plus belle partie du monde. Tandis que nous nous appliquons à l'embellir, vos armes victorieuses la font passer chez les étrangers ; nous leur en facilitons l'intelligence par notre propre travail, et vous la leur rendez nécessaire par vos conquêtes[3]. »

Cependant, c'est au XVIIIe siècle que se situe le point culminant de cette sorte d'universalité du français, la seconde après celle du Moyen Âge. Son adoption comme langue diplomatique

---

1. Cité par A. François, *Histoire de la langue française cultivée, op. cit.,* t. I, p. 101.
2. *Ibid.,* t. I, p. 400.
3. *Ibid.,* t. I, p. 401.

date officiellement du Traité de Rastatt, conclu entre Louis XIV et l'empereur Charles VI en 1714, et qui, contrairement aux exigences de la tradition impériale, ne fut pas rédigé en latin. Le prestige du français en Europe, dès lors, ne cesse de grandir. Comment Rivarol et ses contemporains seraient-ils préparés, cinquante ans plus tard, à déchiffrer les tempêtes dont les épais nuages du Traité de Paris annoncent pour nous l'explosion ? De Maupertuis, qui, dans une adresse à l'Académie de Berlin, en 1751, appelle le français « langue universelle de l'Europe » à Voltaire, qui reprend souvent le thème, l'intelligentsia française, au XVIIIe siècle, est convaincue de cette prééminence. Il se trouve que, par une de ces étranges rencontres de l'histoire, un an avant la publication du *Discours* de Rivarol, trois événements avaient émerveillé les Français bien informés ; de fait, ils paraissaient attester avec éclat la puissance et l'efficacité de la science et des armes françaises. L'auteur les cite tous les trois à la fin de son œuvre : ce sont d'une part l'invention des automates capables de s'exprimer (« l'airain vient de parler », écrit-il à propos de ce qu'il appelle « les têtes-parlantes de M. l'abbé Mical[1] »), d'autre part l'ascension réussie des premières montgolfières, enfin le Traité de Versailles. Ce dernier proclamait l'indépendance des États-Unis, acquise grâce au concours militaire de la France. Cette compensation, apportée vingt ans plus tard aux humiliations du Traité de Paris, ne valait rien à la langue française, évidemment, et n'assurait aucunement son avenir, bien au contraire... Rivarol n'en a rien aperçu[2].

Cette universalité dont on se flattait si fort était loin de recouvrir la même réalité que l'anglo-américain aujourd'hui. Pour les contemporains, l'Europe des Lumières apparaissait comme le centre du monde. Universel voulait donc dire, pour l'essentiel, européen. Encore ne s'agissait-il que d'une partie de l'Europe, surtout les cours du Nord, Allemagne, Angleterre, Pays-Bas, Pologne, pays scandinaves, bien que le Sud et le Centre ne fussent pas exclus. En outre, il existe une différence importante entre les modes de représentation et de réception de l'anglais et ceux qui sont propres au français. La diffusion moderne de l'anglo-américain prend un aspect relativement démocratique. Il

---

1. *Discours, op. cit.,* p. 144-149, n. 35.
2. Son rival allemand, Schwab, notait, plus lucidement, que le peuplement de l'Amérique du Nord assurerait l'essor de l'anglais.

s'agit d'un ensemble de variantes liées aux différences entre les langues maternelles des usagers non anglophones, évidemment influencés par ces langues quand ils parlent en anglais. La langue des anglophones de naissance est sans doute plus riche et plus nuancée. Quoi qu'il en soit, les couches sociales les plus larges ont accès à l'anglo-américain et elles s'en servent sans gêne dans les pays les plus divers.

Au contraire, le français a longtemps été conçu comme marqué par le culte de la belle langue, et le seuil de tolérance à l'écart y laisse, en général, une marge assez étroite pour produire une crainte de la rectification puriste, qui ne favorise pas sa diffusion. La réserve des usagers tient au fait que, dans bien des cas, le français est perçu comme une langue dont le choix ne présuppose pas seulement le simple besoin de communiquer, mais aussi le goût et la capacité de s'exprimer avec élégance. Si cette préoccupation n'est pas celle des innombrables hommes et femmes dont l'anglo-américain n'est pas la langue maternelle et qui, cependant, l'adoptent pour communiquer avec des étrangers, c'est parce qu'aux États-Unis déjà, l'usage de l'anglais est senti non pas comme une occasion d'affirmation intellectuelle, mais comme un moyen de pouvoir social. La langue y est un instrument, sinon un ustensile. Son statut dépend beaucoup, écrit R. Ruiz[1], « de l'utilité qu'on lui voit. [...] L'adoption, en 1958, du National Defense Education Act, qui prévoyait des fonds pour l'étude des langues au niveau universitaire, illustre bien le lien conçu entre langue et puissance militaire[2]. Plus récemment, à la fin des années soixante-dix et au début des années quatre-vingt, les autorités, face au prétendu recul des États-Unis devant l'Union soviétique, se sont prononcées officiellement en faveur de l'étude des langues étrangères. »

L'état d'esprit est fort différent chez beaucoup d'amis du français. La crainte de ne pas le parler parfaitement peut contrecarrer son emploi même dans les pays où il est pourtant la langue courante. Ainsi, à l'île Maurice, il est concurrencé par l'anglais, langue administrative, et surtout par le créole. Parmi les nombreuses communautés qui la peuplent, Indiens du Gujarat, Africains en particulier, l'anglais est en progression. Et, dans cer-

---

1. « La crise de l'anglais aux États-Unis », *op. cit.*, p. 152-153.
2. Cette disposition prend tout son sens si l'on note que l'année où fut adopté cet Acte est celle qui suit le lancement de Spoutnik 1 par les Soviétiques (octobre 1957)...

tains pays, l'attachement traditionnel au français est surtout le fait des élites bourgeoises, fières d'en maintenir un usage raffiné, comme c'est le cas, encore, au Liban ; ou bien, lorsque les structures sociales ont changé, il caractérise une partie du monde intellectuel, comme en Roumanie. Le système officiel d'enseignement du français a contribué à entretenir l'idéal de beau langage. Il reflète la situation qui prédomina longtemps en France même. Si le français était surtout autrefois la langue d'une élite aristocratique européenne plutôt jalouse du privilège de le connaître et attachée à sa forme la plus classique, il importe de se souvenir qu'en France, jusqu'à la Révolution, il était tout aussi loin d'être la langue de l'ensemble des habitants. La richesse et la santé des dialectes, des usages régionaux, des patois composaient une mosaïque au milieu de laquelle la langue du roi, qui était à peu près celle, aussi, de la bourgeoisie et de la culture, était loin de régner en seule maîtresse, bien que son prestige exerçât évidemment une forte pression. Aujourd'hui encore, la langue littéraire continue de rendre fragiles, par ce qui s'y attache de valeurs sociales et culturelles, tous ceux qui s'en sentent exilés. La plupart des francophones, chacun le sait, peinent à rédiger une simple lettre.

Le débat séculaire sur la néologie

Aux obstacles que constituaient déjà, pour la diffusion internationale du français, l'étroitesse de son assise sociale et la tradition puriste, un autre s'ajoute : la fermeture à l'emprunt. Selon une vue déjà évoquée, ce serait au contraire parce qu'il y est ouvert, entre autres causes, que l'anglais connaîtrait le prestige que l'on sait : son histoire est celle d'un grand emprunteur, unissant en lui, dans un cadre germanique, les traditions classique, française, exotiques. Les écrivains anglophones acceptent volontiers, en général, les mots d'emprunt, et ne dédaignent pas les inventions. Dans certaines cultures, l'emprunt n'est nullement considéré comme une dérogation : « C'est une opinion répandue parmi les Norvégiens », écrit par exemple D. Gundersen[1],

---

1. « On the development of Norwegian », in I. Fodor et C. Hagège, *La réforme des langues, op. cit.*, p. 168 (157-173).

« que leur langue est plus pauvre en vocabulaire que celles de nations plus importantes. Cette opinion tendrait à favoriser l'emprunt linguistique sur une large échelle. » En France, on trouve, certes, quelques voix favorables à l'emprunt, comme celle de Fénelon, qui cite l'exemple des Grecs, des Latins et... des Anglais, lesquels ne se sont pas fait scrupule d'emprunter des mots à leurs voisins. Mais la tradition puriste est fortement établie, et tandis que l'Angleterre ouvre sa langue aux allogènes comme ses marchés au libre-échange, le purisme français a toujours vu dans les emprunts une menace contre la pureté, même s'il a été impuissant à les endiguer complètement. Dans un cas, vocation au grand large, et dans l'autre, tentation du repli sur les valeurs nationales d'une société de paysans et de seigneurs que la victoire relativement tardive de la bourgeoisie n'a ouverte qu'assez tard sur l'extérieur. Ce fut longtemps l'enjeu d'une sorte de divergence idéologique et culturelle.

Rivarol prend part, dans son *Discours,* à la controverse sur la pauvreté du vocabulaire français comme signe de force et de probité. « Bien des Français », écrit F. Brunot[1], « commençaient eux-mêmes à maudire ce régime de disette et cette doctrine de l'indigence bienfaisante ». Selon Rivarol, il n'est pas vrai que le français soit pauvre : il est seulement « difficile d'y tout exprimer avec noblesse », car les « styles sont classés dans notre langue comme les sujets dans notre monarchie[2] ». J.A. Eberhard, un des concurrents de Berlin, fait observer que le français est moins riche d'expressions que d'autres langues, mais plus riche d'idées, ce qui rappelle la formule attribuée à Voltaire : « Si vous ne pensez pas, créez de nouveaux mots », vue superficielle, contredite par l'expérience la plus élémentaire. Selon Eberhard, l'abondance de l'anglais, où l'on peut désigner une chose de deux ou trois manières différentes, n'est pas un avantage, d'autant plus qu'il est moins facile de retenir deux ou trois mots distincts que deux ou trois sens d'un même mot[3].

En dépit de leurs efforts, les partisans du dépouillement classique n'avaient pu empêcher l'ouverture d'un vaste débat sur la néologie, ressentie par ceux de l'autre camp comme une néces-

---

1. *Histoire de la langue française, op. cit.,* t. VIII, 2ᵉ et 3ᵉ parties, p. 1021.
2. *Discours, op. cit.,* p. 103.
3. Cf. F. Brunot, *Histoire de la langue française, op. cit.,* t. VIII, 2ᵉ et 3ᵉ parties, p. 951 et n. 2.

sité vitale. Les défenseurs de la liberté des constructions face aux contraintes du prétendu ordre naturel étaient aussi, comme il est logique, des défenseurs de la néologie. Mais, ainsi qu'on l'a vu (p. 19-20), ni Marmontel en 1785, ni Domergue sous la Révolution n'ont vraiment bouleversé l'attitude générale de protection vigilante. Car celle-ci a des racines profondes dans les destinées françaises : elle accompagne l'histoire de la construction même d'un pouvoir fort et centralisé. Même aux époques d'ouverture, la néologie demeure contenue dans de strictes limites. Le français ne s'alimente pas aisément aux sources étrangères. L'anglais, qui n'est pas pris dans une semblable tradition de vigilance, est en meilleure position pour se répandre : il diffuse tout comme il absorbe. Mais, ainsi qu'on va le voir, ce n'est pas assez pour expliquer son prestige dans le monde d'aujourd'hui.

Les facteurs externes : puissance et rayonnement de la civilisation américaine

Même si la clarté n'était pas un mythe et si l'emprunt était mieux toléré, il manquerait encore au français, pour assurer son rayonnement universel en toute première place, un facteur positif qui l'emporte en efficacité sur tous les autres : la puissance militaire, économique et politique, et le prestige culturel qui en est ordinairement la conséquence. C'est aux États-Unis qu'appartient aujourd'hui cet avantage. Rivarol lui-même, si convaincu des pouvoirs de la clarté française, n'a pas tout à fait ignoré les causes externes. « Les langues passent et se dégradent en suivant le déclin des États », écrit-il[1]. Il n'a pas ignoré non plus, bien qu'il ne l'ait pas situé à sa juste place, le mouvement qui pousse les mots dans le sillage des objets : « Nos voisins, recevant sans cesse des meubles, des étoffes et des modes qui se renouvelaient sans cesse, manquèrent de termes pour les exprimer [...] ; si bien qu'il prit comme une impatience générale à l'Europe, et pour n'être plus séparé de nous, on étudia notre langue de tous côtés[2]. »

---

1. *Discours, op. cit.*, p. 104.
2. *Ibid.*, p. 81.

Il ne faut donc pas s'étonner que l'anglais, aujourd'hui, ne cesse de se répandre partout. Ce facteur externe d'une diffusion mondiale est beaucoup plus sérieux que tous les autres. Ce n'est quasiment jamais en raison de ses qualités internes, dont l'évaluation, au demeurant, est tout à fait subjective, qu'une langue étend son influence au-delà de ses frontières. C'est presque toujours pour des raisons contingentes, c'est-à-dire liées à la fortuité de l'histoire et non à la nécessité des systèmes linguistiques : puissance militaire, suprématie politique, dynamisme et succès économiques, toutes causes qui font rayonner une culture et par conséquent la langue qui l'exprime et la porte. Puissance militaire : les deux guerres mondiales de ce siècle ont été gagnées sur l'Allemagne et ses alliés par l'Europe occidentale, certes, mais avec le concours ou grâce à l'intervention armée des États-Unis ; le pacte Atlantique qui s'en est suivi est un organe de régulation du monde non communiste sous l'égide des États-Unis ; il est à peu près clair que cette même alliance américaine sans laquelle la Résistance française n'aurait pu venir à bout de l'Allemagne nazie a objectivement porté un coup grave à la diffusion du français. Suprématie politique : le poids de la puissance américaine lui confère un rôle de premier plan dans presque toutes les décisions qui engagent l'avenir des hommes. Succès économiques : l'économie américaine, malgré d'inévitables ondulations, domine le monde contemporain.

La langue profite de la conquête des marchés. Les investissements américains en France ont augmenté de 250 % entre 1960 et 1980 ; ils constituent aujourd'hui plus de 3 % du revenu national. La bourgeoisie d'affaires française, moins nationaliste qu'opportuniste, n'est pas plus hostile à l'emploi de l'anglais qu'à la pénétration des anglo-américanismes en français. L'internationalisation de l'anglais comme langue du commerce favorise les échanges : c'est assez pour qu'elle y soit favorable. De cette situation, la langue française fait nécessairement les frais. Car la collusion du pouvoir et de l'argent, reflétée dans les dynasties financières qui n'apparaissent pas sur le devant de l'estrade politique mais sont les acteurs occultes de tout le jeu, n'est pas compatible avec l'attachement à l'identité nationale manifestée par le prestige de la langue. On appelle précisément « multinationales », de manière adéquate (car elles ont des actionnaires à la fois dans plusieurs pays riches) et, tout ensemble, hypocrite (car le gros des porteurs de parts est concentré, le plus souvent, aux

États-Unis), des firmes géantes qui ne connaissent d'autre loi que celle du capitalisme libéral. Et les Français, peu nombreux mais tout-puissants, qui y sont intéressés, n'ont pas de raison sérieuse, sinon d'occasionnelles ardeurs d'excentriques, pour se soucier du sort de la langue française[1].

Ainsi, la situation est presque sans précédent. Dans le passé, le combat pour une langue a le plus souvent été celui de patriotes luttant pour empêcher qu'elle ne fût supplantée par celle d'un oppresseur étranger. Il en va tout autrement aujourd'hui entre la France et les États-Unis : les relations sont pacifiques, et les deux pays sont intégrés dans un système d'alliance. S'il y a guerre, c'est une guerre économique subtile et inégale, dont profite au moins une partie de la population française, à savoir les marchands, importateurs de produits américains, ainsi que leurs clients, et de nombreux techniciens, tous partisans objectifs de la puissance américaine. En outre, la France est débitrice des États-Unis dans un grand nombre de domaines, et le créancier est en position de plus grande force, pour promouvoir sa langue, que le débiteur. Enfin, le désir de s'ouvrir aux étrangers anglophones, ou comprenant l'anglais, et l'effort pour drainer l'argent des touristes ont pour résultat non seulement l'emploi d'un français pénétré d'anglicismes, dont il a été question dans la première partie, mais aussi la promotion de l'anglais comme langue de communication en France même. De là la multiplication des panneaux bilingues, et parfois même uniquement anglais, dans divers lieux publics, dans les gares, ainsi que dans de nombreux commerces : hôtellerie, articles de luxe (haute couture, parfumerie, souvenirs de Paris). Certains créent des marques dont le nom est anglais. Ou bien ils choisissent l'anglais pour leurs slogans de vente, contribuant par là à affermir son règne auprès de la partie la plus favorisée de la population mondiale, habituée à son omniprésence dans les textes de publicité.

A cette suprématie d'une langue comme conséquence logique d'une force, à ces actes qui, au sein même de la francophonie, affaiblissent la position du français, s'ajoute-t-il une entreprise concertée de promotion de l'anglais, ou même d'affrontement

---

1. Le français est évidemment loin d'être un cas particulier. En Europe même, l'allemand et le néerlandais, du fait de liens économiques plus étroits avec les États-Unis, sont plus exposés au processus d'éviction.

des langues rivales ? Contrairement à ce que l'on soutient parfois, les pays anglophones ne se contentent pas de profiter passivement de la puissance de diffusion de leur langue. « En 1973 », indique M. Bruguière[1], « la division internationale de la Fondation Ford a distribué, à elle seule, près de 60 millions de dollars dans les cinq continents, soit plus que le Département d'État. Une partie de ces sommes était consacrée expressément à la formation de professeurs d'anglais, notamment en Thaïlande, en Turquie, au Liban, en Côte-d'Ivoire et en Algérie. » Le même auteur rappelle que l'élimination de toute langue autre que l'anglais aux États-Unis fut le résultat d'une politique consciente et très tôt amorcée. C'est ce que montre l'étude des premières Constitutions des États francophones ou hispanophones admis dans la Confédération au XIXe siècle : la Louisiane, par exemple, était en majorité de langue française, mais la section 15 de l'article VI de la première Constitution (1812) prévoit que « toutes les lois [...] doivent être promulguées dans la langue dans laquelle la Constitution des États-Unis est écrite[2] ». La Grande-Bretagne est active elle aussi. Le British Council fut créé en 1934 sur initiative privée, mais avec l'appui du Foreign Office ; il reçut en 1940 une charte royale lui attribuant pour mission de favoriser « une meilleure connaissance du Royaume-Uni et de la langue anglaise dans le monde ». Les subventions de l'État lui permettent d'élargir le champ d'enseignement de l'anglais à l'étranger, d'assurer la formation de professeurs d'anglais recrutés parmi des non-anglophones, de diffuser largement les publications britanniques[3]. Ainsi, les principaux pays anglophones sont loin de considérer en simples observateurs complaisants et inactifs le rayonnement que vaut à leur langue celui de leur civilisation. Ils y ajoutent une politique de promotion qui accroît encore le dynamisme de l'anglais sur la scène du monde.

Une nuance doit pourtant être apportée à tout ce qui précède. La diffusion d'une langue a des liens étroits avec celle d'une économie, mais elle n'en dépend pas totalement. Le pays producteur adopte souvent pour vendre la langue du marché convoité. Le français pourrait tirer parti de cette situation.

---

1. *Pitié pour Babel,* Paris, Fernand Nathan, coll. « Langues en question », 1978, p. 40.
2. *Ibid.,* p. 41-42. Voir aussi p. 243, n. 1, dans le présent livre.
3. *Ibid.,* p. 42-43.

Sur les causes du déclin
de la langue française dans les sciences

Ces causes sont évidemment diverses, mais peuvent être regroupées sous un même chef : puissance et efficacité supérieures de la recherche scientifique américaine, qui a une conséquence logique : l'anglais tend à devenir la langue de la science pour tout le monde, y compris pour les chercheurs francophones. D'une part, aux États-Unis, les institutions privées, très nombreuses, sont loin de distribuer les crédits avec la parcimonie, si souvent dénoncée, dont font preuve en France les universités et établissements publics de recherche. A partir du début des années soixante-dix, le volume des crédits accordés en France aux laboratoires où s'accomplissent des travaux de pointe, qu'il s'agisse du Centre national de la recherche scientifique ou des universités, n'a cessé de diminuer ; par voie de conséquence, la formation et le recrutement de jeunes chercheurs ont eux-mêmes décru avec régularité. Les entreprises privées françaises, quant à elles, consacrent certes une partie de leur budget à la recherche ; cependant, faute de moyens suffisants et de plans à longue portée, elles investissent beaucoup moins que leurs homologues aux États-Unis. Mais, d'autre part, les états d'esprit sont entièrement différents : une atmosphère d'émulation, non exempte de tensions certes, mais suscitant chez chacun le désir de donner toute sa mesure, encourage en Amérique l'invention et la créativité. Certains savants français ne parvenaient pas à s'imposer dans un milieu aux caractéristiques souvent contraires à celles-là, car ils ne pouvaient briser le carcan des conservatismes ni dissiper la sourcilleuse ou jalouse méfiance de collègues haut placés bien que (il faudrait dire « parce que ») peu productifs. Ces savants ont dû renoncer à convaincre leurs pairs de l'originalité de leurs travaux et s'installer aux États-Unis, où ils ont trouvé le cadre favorable à des recherches qui ont fait date[1].

---

1. On a beaucoup commenté naguère le cas du professeur R. Guillemin, membre du trio qui reçut le prix Nobel de médecine en 1977. Il fut ainsi honoré pour ses travaux sur la structure des hormones présentes dans l'hypothalamus et sur les endorphines, groupe de peptides du cerveau.

Un autre facteur est la qualité et la solidité des formations dispensées dans les universités américaines. L'importance de ce facteur pour la diffusion de la langue française apparaît en pleine lumière lorsque l'on rapproche deux faits : le statut du français en mathématiques à l'époque contemporaine, et ce que fut sa situation dans les sciences avant la Première Guerre mondiale. Les mathématiques sont un des rares domaines où les spécialistes français soient égaux ou supérieurs à leurs homologues américains. Le prestige de l'école bourbakiste[1] est suffisant pour que plusieurs universités américaines inscrivent à leur programme une épreuve de traduction d'un texte mathématique français, et, de plus, des revues étrangères renommées acceptent des articles en français[2], pratique d'une telle rareté dans les sciences qu'elle apparaît ici comme un fait éclatant. Certes, le type de discours est pour quelque chose dans ce maintien de la langue française : l'univocité des termes, caractéristique de tout véritable texte scientifique, la relative simplicité de la syntaxe et la brièveté des phrases facilitent la compréhension pour des lec-

---

1. Bourbaki est, comme on sait, le pseudonyme collectif désignant un groupe de normaliens connus pour leurs travaux en mathématiques et qui se renouvellent périodiquement depuis 1939, date à laquelle ils ont publié leurs *Éléments de mathématiques,* qui reprennent la discipline à son point de départ et dégagent l'ensemble des structures axiomatiques.

2. M. J.-P. Serre, professeur au Collège de France, mentionne, dans un entretien avec le journaliste M. Arvonny (*Le Monde,* 23 février 1985, p. 10), *Annals of mathematics* (États-Unis), *Acta mathematica* (Suède) et *Inventiones mathematicae* (Allemagne fédérale). On trouve en outre sous la plume de L. Schwartz la déclaration suivante : « La plupart des mathématiciens français publient leurs travaux dans les revues françaises ou étrangères, en français. Cela tient à ce que la France occupe l'un des tout premiers rangs dans la mathématique mondiale. Elle peut donc, dans un certain sens, imposer ses conditions. Un étranger ne peut faire de mathématiques valables s'il ne peut pas lire les publications en français : donc, le mathématicien français, écrivant en français, sait qu'il sera lu. » Cependant, certains chiffres donnent à penser que la place des mathématiques françaises, bien que fort honorable, n'est pas la toute première. Ainsi, selon P. M. Lenicque, « Trente ans de travail de recherches en sciences biomédicales avec des Scandinaves : bilan » (*Discoss,* 29, rue Descartes, n° 1, 1985, p. 33 [31-36]), sur les cent mathématiciens cités le plus grand nombre de fois en 1978 et 1979 dans les principaux travaux mathématiques du monde savant, on trouvait 69 auteurs écrivant en anglais (1 Canadien, 7 Britanniques, 61 Américains) et, en seconde position, 29 auteurs écrivant en français (3 Belges, 26 Français). Il reste que certains domaines sont fortement francophones : théorie des groupes, topologie algébrique (créations françaises), théorie des nombres.

teurs anglophones que les contraintes du temps ne poussent guère à lire de textes scientifiques en français. Mais cela ne suffirait pas, et la raison principale est la qualité de l'école mathématique française.

L'autre fait, symétrique, est celui que l'on constate aujourd'hui dans les sciences par opposition avec la situation antérieure à 1914. Jusqu'à cette date, ce furent l'Allemagne et la France qui eurent la prééminence en sciences physiques et naturelles, par la qualité des travaux de leurs spécialistes. Et précisément, le français et l'allemand dominaient alors dans ces matières. La guerre fut une irrémédiable saignée, sans compter que les chercheurs n'avaient pas eu le temps de former de disciples susceptibles d'assurer la relève. Mais un trait culturel s'y ajoute, qui plonge ses racines au plus profond de la mentalité française et dont la prise de conscience jette une vive lumière sur les causes de l'inefficacité. Ce trait, que les plus lucides ne peuvent manquer de relever, c'est la forte hiérarchisation des rapports sociaux : bien que la forme soit celle d'une démocratie classique comme chez les nations anglo-saxonnes, tout est propice à la constitution d'oligarchies attachées à la défense de leurs privilèges et aux modes ou théories sur lesquelles ils se fondent. Nombre d'institutions qui ont gardé par-delà les siècles le caractère de féodalités sont régentées par le système des patronages[1] : la cooptation par un groupe influent, accordant une concession à un groupe rival dans l'espoir d'un procédé de retour, est souvent l'unique voie possible d'une carrière scientifique dans les universités. Les sociétés savantes de biologistes et de physiciens du milieu du XIXe siècle ont ainsi, en donnant pour modèle à suivre la nomination de leurs créatures, servi de relais entre l'époque féodale et le XXe siècle. Dans l'entreprise privée, la situation n'est qu'à peine différente. Un tel système n'est pas de nature à encourager l'initiative et l'esprit d'indépendance. Au contraire, il se méfie du libre examen, de l'innovation et des personnalités trop affirmées, qu'il ne craint pas de contraindre à l'exil, pour s'en étonner ensuite benoîtement. Cette situation peut expliquer, pour une part au moins, l'accumulation des retards techniques et intellectuels, qui aboutit à l'écart entre la science française et la science américaine.

---

1. Cf. P. Papon, *Le pouvoir et la science en France*, Paris, Le Centurion, 1978.

Mais la qualité n'est pas seule en cause. Il est évident que la quantité joue elle-même un rôle non négligeable. Il s'agit ici d'un simple facteur démographique contre lequel on ne peut rien. Entre deux pays développés, connaissant un type industriel de société et un système d'enseignement largement (bien qu'inégalement) accessible, le plus peuplé a des chances statistiques élémentaires de produire un plus grand nombre de chercheurs. Les universités américaines sont à la fois beaucoup plus nombreuses et plus fréquentées que les universités françaises. Si l'on se souvient, en outre, des remarques précédentes sur l'importance bien supérieure du budget américain de la recherche, en particulier dans les disciplines de pointe, de la biologie à la chimie organique en passant par la physique atomique, on n'aura pas de peine à conclure qu'il ne s'agit pas d'une différence entre les niveaux d'intelligence, mais bien d'un écart considérable entre les moyens. Ainsi, les chercheurs anglophones, plus nombreux, mieux soutenus et donc plus efficaces, répandent mieux leurs travaux, et par suite leur langue[1].

Une dernière cause joue peut-être quelque rôle : le monde savant a toujours favorisé, parce qu'il en tirait profit pour la communication, une langue internationale. En Occident, après le grec des temps alexandrins, puis un moment de règne de l'arabe vite drainé vers l'Orient, ce fut, jusqu'au milieu du XVIIe siècle, le latin, puissamment soutenu, en outre, par son statut de langue de l'Église. Ce fut ensuite, jusqu'au début du XXe siècle, le français, en concurrence, cependant, avec l'allemand et l'anglais. C'est l'anglais à peu près seul depuis lors. La science requiert que les informations sur les découvertes et les théories explicatives circulent vite et largement. Aujourd'hui, plus que ce ne fut jamais le cas dans le passé, les chercheurs sont submergés par une masse de documents. Que ce soit ou non justifié, les publications sont innombrables. Tout spécialiste qui n'a pas tenu à jour ses dépouillements bibliographiques accumule irrémédiablement les retards et s'expose à consacrer vainement

---

1. L'anglais est encore assuré d'un bel avenir si l'on songe que, comme aiment à le répéter les savants, il y a dans de nombreuses disciplines plus de spécialistes vivants aujourd'hui que n'en totalise l'ensemble de ceux qui sont morts depuis les origines de la discipline. Tel est le cas, par exemple, de la chimie moléculaire (information personnelle donnée par M. J.-M. Lehn, professeur au Collège de France). Or, l'anglais est la langue de ces disciplines.

une peine et un temps considérables à des travaux dont l'objet a déjà été exploré ou les résultats déjà établis avant lui. Il n'est d'autre moyen, pour conjurer cette situation, que d'agir très vite. Quand une langue mal connue fait obstacle, la tentation est très forte de ne pas lire les travaux qui l'utilisent, en particulier s'il ne s'agit pas d'un des rares domaines où les chercheurs anglophones n'occupent pas la première place. Quel chercheur serait assez fou pour vouloir donner de nouveaux aliments à sa fébrilité d'homme en lutte opiniâtre et inégale contre la fuite du temps ? Et, d'autre part, que peut à lui seul le francophone qui, souhaitant consacrer ses efforts à une discipline qui l'intéresse, constate dès l'abord que le français l'a désertée ? Ainsi, toutes les conditions paraissent réunies pour que l'anglais soit en voie de devenir quasiment un des principaux outils nécessaires à la profession de chercheur.

CHAPITRE VII

Les chemins d'action

Les difficultés de la tâche et les vœux pieux

Prise de conscience

L'étiologie du mal (chapitre VI) paraissait à peu près aussi claire que son diagnostic (chapitre V). En revanche, les remèdes ne vont pas de soi, à raison même de l'étendue des lésions. Ces métaphores médicales traduisent la manière dont est vécue, dans une partie des sphères dirigeantes, de la classe intellectuelle et de l'opinion la plus engagée, la situation dominante de l'anglais dans le monde moderne, et, par comparaison, celle du français. Les lois du marché sont rigoureuses et sans états d'âme. Il peut donc paraître utopique de prétendre les inverser, ou même en atténuer sérieusement les rigueurs, puisque l'économie française n'est pas, à elle seule, en état de faire équilibre à l'économie américaine, et par là de rendre à la langue et à la culture françaises leur lustre d'autrefois. On a dit plus haut ce qu'il en était des actionnaires français de firmes internationales. Quant aux maisons françaises, ce n'est probablement pas avec l'unique souci de répandre le français qu'elles s'efforcent de « vendre français », bien qu'il soit avéré que la diffusion d'une langue tire profit de la circulation des produits de même origine, dans le sillage desquels elle s'introduit, et que, réciproquement, les pays membres de l'ensemble francophone s'accordent une préférence mutuelle quant aux objets que chacun offre sur le marché.

En dépit de cette situation difficile, la défense du français dans le monde est prise au sérieux dans bien des milieux. Ici reparaît le lien entre les deux entreprises dont le présent ouvrage expose les raisons et tente de mesurer les enjeux véritables : beaucoup de puristes, mais apparemment aussi beaucoup d'utilisateurs de la langue française chez qui l'attitude est de plus grande ouverture tout en n'empêchant pas l'attachement, pourraient ratifier l'opinion de X. Deniau[1] : « Ce n'est pas en tolérant le franglais, ou une langue défectueuse, que nous pourrons conserver l'identité francophone. » Cependant, les plus conscients ont fini par admettre que la lutte contre le franglais peut disperser les énergies en les dérivant sur un enjeu qui le cède en importance à l'autre enjeu, c'est-à-dire à la promotion active du français, susceptible d'ouvrir une issue face à l'omniprésence de l'anglais, dont la pénétration dans le vocabulaire français est une conséquence.

Le déplacement des enjeux est nettement perceptible dans le changement d'orientation des rubriques de langue tel qu'il s'observe parmi les organes de la presse éclairée. De ce phénomène, le quotidien *Le Monde,* par exemple, fournit une illustration. Son ancien collaborateur, le grammairien R. Le Bidois, était certes plus tolérant devant l'emprunt que beaucoup d'autres ; il était plus soucieux de la rigueur de la syntaxe que d'imposer un *numerus clausus* illusoire aux mots anglais. Cependant, il avait eu pour préoccupation principale « La défense de la langue française », titre même de sa rubrique. A sa mort, en décembre 1971, c'est de la défense à l'illustration que l'on passe, pour reprendre le diptyque de J. Du Bellay au XVIe siècle. En effet, avec le successeur de R. Le Bidois, J. Cellard, le titre de la rubrique devient « La vie du langage » : ce n'est plus la protection stricte qui est l'objectif, mais plutôt, et de plus en plus clairement au long des années, la promotion internationale du français. La prise de conscience ne cessera de s'aiguiser, mais la nouvelle orientation est sensible dès le début. En écho à l'un des tout premiers articles de J. Cellard (29 décembre 1971, treize jours après la mort de R. Le Bidois), H. Joly, secrétaire général du Conseil international de la langue française, relie d'une manière révélatrice les deux perspectives (qu'il inverse, cependant). Il écrit[2] : « C'est peut-être moins à la pureté de la langue française — notion sur laquelle il y aurait beaucoup à dire — qu'à son caractère de langue internationale que s'intéresse le Conseil international de la langue française. S'il arrivait un jour que la proportion des termes étrangers s'accrût excessivement dans le vocabulaire des différentes techniques, on pourrait craindre que notre langue, perdant progressivement de sa substance,

---

1. *La francophonie,* Paris, PUF, coll. « Que sais-je ? », 1983, p. 118.
2. *Le Monde,* 12 janvier 1972.

ne devienne la langue d'une culture disparue, celle de la première moitié du XXe siècle. »

Entreprises et espérances

Il n'a certes pas manqué de créations d'institutions et d'organismes divers destinés à conférer un cadre officiel et une efficacité au travail d'illustration de la langue française dans le monde contemporain. Il serait fastidieux de les énumérer. Qu'il suffise de rappeler les « Conclusions et recommandations » de l'un d'entre eux, la Commission d'enquête parlementaire sur la langue française, qui s'exprime en ces termes (15 mai 1981) : « L'État doit mener une action exemplaire en veillant, d'une part à la qualité du langage administratif, d'autre part à ce que les entreprises publiques donnent à l'emploi du français une priorité qui ne soit pas systématiquement sacrifiée à un intérêt économique parfois illusoire » (article 4). « Toutes les universités devront être dotées d'une installation de traduction simultanée à la mesure des activités internationales qu'elles poursuivent » (article 11)[1]. La première de ces recommandations est bien vague ; au mieux, elle peut affranchir à peu de frais la conscience des donneurs de conseils ; la seconde risque de n'être qu'un leurre : il y a quelque apparence que, loin d'inciter les étrangers à apprendre le minimum de français qui leur permettrait d'écouter en France une communication dans cette langue au cours d'une réunion scientifique, elle aura pour simple effet de leur faire choisir massivement le canal anglais. La Commission souligne encore, très opportunément, un autre point essentiel, mais ne propose pas de voies assez concrètes : « Une action particulière en faveur du livre scolaire doit être menée en Afrique francophone » (article 22) ; chacun sait combien le coût élevé des livres nuit au français ; mais on lit ici : « Dans le domaine de la commercialisation du livre à l'étranger, plusieurs actions collectives doivent être engagées par les éditeurs français » (article 33) ; il est question encore d'une « politique d'aide à la traduction » et du « développement [...] des coéditions ou

---

1. X. Deniau, *op. cit.*, p. 109-110.

189

éditions à prix modiques en liaison avec les éditeurs locaux » (article 36)[1]. Autant d'honnêtes souhaits.

On ne voit pas non plus, du moins jusqu'à présent, que des résultats vraiment notables aient été obtenus depuis qu'ont été créés des organismes chargés de promouvoir le français. Ces créations, perpétuant la tradition française d'une politique diri-giste de la langue conçue comme propriété nationale, sont une caractéristique de la Vᵉ République, après d'autres régimes. On a vu que sous le général de Gaulle s'était créé en 1966 un Haut Comité pour la défense et l'expansion de la langue française. Le président Mitterrand, pour sa part, insista dès le début de son septennat sur l'importance d'une politique de la langue, interne et externe. Mais bien qu'il se soit déclaré passionné par le pro-blème de la francophonie, d'autres sollicitations le tinrent occupé durant les premières années. C'est donc le 24 août 1983 qu'une communication de M. P. Mauroy, alors Premier ministre, au Conseil des ministres, créa trois organismes à vocation inter-nationale : le Haut Conseil de la francophonie, présidé par le chef de l'État (vice-président : M. L. S. Senghor, secrétaire géné-ral : M. S. Farandjis[2]), le Commissariat général de la langue française, qui, succédant au Haut Comité, dont les moyens d'action n'avaient pas été suffisants pour la mission à remplir, était chargé d'animer dans le monde la politique francophone (on le confia à M. P. de Saint Robert, qui l'a quitté en mars 1987), enfin le Comité consultatif pour la francophonie, dont la vocation était de conseiller le Premier ministre.

La nouvelle de ces créations, qui ne devaient prendre effet qu'au début de 1984, fut accueillie avec faveur par le plus impor-tant des organismes internationaux déjà existants dans le monde de la francophonie, à savoir l'Agence de coopération culturelle et technique (qu'avait fait naître en 1969 une triple initiative des

---

1. *Id.,* p. 111-113. L'indice d'investissement du marché des livres et périodi-ques par les ouvrages en anglais, calculé par l'International Demographics, donne une idée des tâches à entreprendre (Singapour : 13 %, Suède, Dane-mark, Suisse, Israël : 12 %, Pays-Bas : 10 %, Allemagne fédérale : 7 %). Il est un peu moins élevé, mais encore important, dans les pays latins (France : 4 %, Espagne et Italie : 3 %). Il est de moins de 1 % en Europe de l'Est (cité par P. Rossillon, « L'avenir de la latinité », in *Civilisation latine,* sous la direction de G. Duby, Paris, O. Orban, 1986, p. 344, n. 8 [323-360]).

2. Auteur de *Textes et propos sur la francophonie,* Éd. Richelieu-Senghor, 1986.

présidents Bourguiba [Tunisie], Diori [Niger] et Senghor [Sénégal])[1], ainsi que par les nombreuses organisations parapubliques (parlementaires, universitaires, journalistiques, professionnelles), dont il est inutile de donner le détail, facile à trouver dans les ouvrages spécialisés[2] (qu'il suffise de rappeler l'existence de l'Association des universités partiellement ou entièrement de langue française, du Conseil international des radios-télévisions d'expression française, de l'Association internationale des parlementaires de langue française, de l'Union internationale des journalistes de la presse de langue française).

Les organismes ainsi créés témoignent, certes, de bonnes intentions. Ils s'efforcent de se mettre au travail[3]. Mais le bilan de leur action est encore bien mince. Sous l'abondance des paroles, il ne se dégage pas encore assez de faits concrets. Certains faits, même, sont plutôt négatifs. Le nombre des agents de la politique francophone à l'étranger a décru de 752 à 562 entre 1981 et 1985, cependant que le budget de diffusion culturelle au Quai d'Orsay passait, pour la même période, de 50 % à 34 % du total, et que de 1984 à 1985, les crédits du Commissariat général de la langue française tombaient de 16 à 14 millions de francs[4].

1. Premier véritable forum francophone, l'ACCT agit dans les domaines de l'enseignement, de l'édition, du dialogue des cultures et du développement économique. Elle comportait en 1984 trente-neuf adhérents, dont trente États, sept États associés (parmi lesquels le Laos et la Guinée-Bissau), et deux gouvernements participants (Québec et Nouveau-Brunswick). N'en étaient pas membres des États ou entités francophones comme l'Algérie (soucieuse, bien que dynamique partie prenante, d'éviter tout engagement interprétable comme « néocolonial »), Madagascar, le Val d'Aoste, les cantons de Suisse romande, la Louisiane.

2. Voir notamment la brochure *Répertoire des organisations et associations francophones*, Documentation française, 1984.

3. Dans son *Rapport 1985* (*op. cit.*), le Haut Conseil de la francophonie examine notamment les problèmes de l'enseignement du français dans le monde et conclut son analyse par une trentaine de propositions pratiques relatives à la création, à la communication et à la recherche francophones. En outre, à sa session de mai 1986, il a recommandé un statut particulier pour les francophones (entrée, séjour, sortie), l'illustration de la francophonie par les télévisions et la création d'une Maison de la francophonie.

4. Cf. *Le Monde*, 10 décembre 1985, article de J.-P. Péroncel-Hugoz. Peut-être n'est-il pas inutile, en outre, d'exprimer quelque perplexité devant certaines entreprises qui non seulement ne répondent pas précisément au souci de servir la langue française, mais de plus la privent des capitaux qu'elles attirent. Ainsi, les exemptions fiscales dont doit bénéficier l'entreprise d'implantation

On ne peut douter de la sincérité de l'engagement du président de la République, et de l'équipe qui l'entourait alors, en faveur de la langue française. Mais force est bien de constater que les moyens financiers d'une politique de grande envergure n'ont pas encore été trouvés.

Ce n'est pas assez, cependant, pour désespérer d'une telle action. Il convient, en outre, de ne pas oublier les signes d'espérance qui s'aperçoivent en marge de ces projets. Les meilleurs écrivains sont évidemment de précieux ambassadeurs de la langue française. Les œuvres littéraires les plus célèbres contribuent à son rayonnement, y compris dans les pays anglophones eux-mêmes, où, lues en traduction, elles trouvent un marché plus vaste encore que dans les terres de francophonie. Il en est de même des essais et œuvres de techniciens, penseurs, historiens, critiques et philosophes de tous bords, qui incarnent les modes françaises, et en particulier le débat intellectuel des élites. Évidemment, les plus malveillants diront que bien des domaines où le français brille encore dans le monde sont ceux qui font une grande place à la forme et où la beauté de la langue, la recherche du style s'inscrivent dans une tradition rhétorique assez française. Ils souligneront le penchant au terrorisme dans certains milieux de l'intelligentsia parisienne. Ils soutiendront que le français mérite mieux que d'être le véhicule de ces magistères parfois discutables et souvent éphémères. Ils rappelleront qu'en réduisant le nombre des destinataires, le culte d'un style volontiers ésotérique ou marqué de tics obstinés affaiblit aussi l'audience du français face au dynamisme démocratique et anti-puriste des processus de diffusion de l'anglais. Pourtant, il demeure vrai qu'à d'autres égards ces courants servent le prestige de la langue française dans le monde.

Les voies d'avenir

La promotion du français dans le monde contemporain est une entreprise de longue haleine, qui ne peut se satisfaire de sug-

---

du parc de loisirs Eurodisneyland en Île-de-France sont autant de perdu, en fonds publics, pour la langue française. On le déplorerait moins si cette somme était affectée, plutôt, à l'achat d'un des produits culturels de haute qualité que l'on trouve en grand nombre aux États-Unis... si on les cherche.

gestions ponctuelles et dispersées. Elle suppose une mesure correcte des moyens et une claire définition des buts. Elle comporte d'abord des préalables : le respect des langues autres que le français aussi bien en France qu'à l'étranger ; car comment seraient-ils tentés de soutenir le français, tous ceux dont les langues sont traitées avec condescendance par les francophones de naissance ? D'autre part, les assises de la francophonie doivent être élargies par la prise en considération des zones de variation. Il faut en troisième lieu que l'opinion soit mobilisée et que l'on évalue clairement les enjeux du bilinguisme. Il convient également de prendre position sur le problème de l'orthographe. Enfin, des mesures concrètes doivent favoriser la diffusion du français dans les sciences.

Premier préalable :
respect des langues minoritaires en France

Il existe aujourd'hui en France, si l'on excepte le français, quatre langues : le basque, le breton, le catalan, l'occitan (compte non tenu des variations au sein de ces ensembles), ainsi que trois dialectes appartenant à des groupes linguistiques dont les membres principaux coïncident avec trois grandes langues étrangères : l'alsacien, dialecte alémanique, le corse, dialecte de l'italien, et le flamand, dialecte du néerlandais. On appelle ici dialecte un moyen de communication apparenté à d'autres, qui sont utilisés dans des zones voisines de la sienne et qui composent avec lui un ensemble au sein duquel il y a, le plus souvent, intercompréhension. Le nom de langue est donné soit à cet ensemble lui-même, soit à un usage qui s'en est dégagé et qu'ont consacré un long passé culturel, un choix politique de gouvernement centralisé et, souvent, une tradition écrite[1]. Cependant, la frontière entre les notions de langue et de dialecte n'est pas toujours facile à tracer, et l'on peut se demander s'il faut ranger sous l'une ou sous l'autre l'ensemble d'usages appelé le franco-provençal, qui couvre la Savoie, le Dauphiné, le Lyonnais, la Bresse, ainsi que, sur le territoire de la Suisse romande, la partie

---

1. Il apparaît donc clairement que, malgré ce que l'on entend souvent dire, ce ne sont nullement des propriétés internes qui servent de discriminants entre langues et dialectes.

occidentale du Valais. On tend aujourd'hui à considérer comme des dialectes les différentes formes de l'occitan qui correspondent aux territoires dits de langue d'oc, c'est-à-dire au sud de la France : provençal, languedocien, gascon, limousin, auvergnat. Il en est de même pour les usages qui recouvrent le nord : picard, champenois, lorrain, franc-comtois, bourguignon, berrichon, poitevin septentrional, angevin, gallo de Bretagne, normand, cet ensemble étant dit de langue d'oïl. Cependant, un de ces dialectes d'oïl a très vite connu une situation privilégiée. Il s'agit de celui qui se parlait au Moyen Âge en Île-de-France et dans l'Orléanais, à savoir le francien, à partir duquel s'est constituée la langue française. Par une série de mesures, il fut, en effet, promu à une dignité nationale de plus en plus affirmée.

La première grande loi linguistique de l'histoire du français est la célèbre ordonnance de Villers-Cotterêts (1539). La monarchie centralisatrice avait souhaité dès après la guerre de Cent Ans, sous Charles VII, établir la primauté du français, qui, en cette seconde moitié du xvᵉ siècle (fin de l'époque dite du moyen français), se dépouillait progressivement de ses traits anciens et acquérait de plus en plus de traits nouveaux propres à façonner son visage moderne. Selon Commynes, Louis XI « désirait fort que [les coutumes] fussent mises en français dans un beau livre[1] ». Mais il fallait ménager les Parlements de Toulouse et de Bordeaux, ainsi que le Conseil de Provence. Les ordonnances royales de 1490, 1510 et 1535 sur les écrits de justice, toutes inspirées, probablement, par l'exemple de l'Italie, où, dès la fin du xivᵉ siècle, on s'était efforcé de promouvoir la langue vulgaire, c'est-à-dire l'italien de Toscane, contre le latin, tendaient à éliminer aussi ce dernier des textes juridiques français. Cependant, un pas décisif est franchi à Villers-Cotterêts par ce code de procédure judiciaire découpé en... cent quatre-vingt-douze articles, et qui se présente simplement comme « Ordonnances du Roi François Iᵉʳ sur le faict de la justice et abréviation des procez, faictes en l'An 1539 ». La situation, à présent, est mûre, et c'est pourquoi l'article relatif à la langue stipule sèchement que les contrats et procédures de toutes juridictions seront rédigés « en langage maternel français et non autrement[2] ». L'ordonnance de Beaulieu, en 1564, n'aura plus qu'à étendre cette règle aux proto-

---

1. Cf. A. François, *Histoire de la langue française cultivée, op. cit.*, t. I, p. 96.
2. Jusque-là, on parlait de « langage français *ou* maternel ». L'implication est claire.

coles de vérification des lettres royales et aux réponses sur requêtes.

Certes, l'unique article linguistique de l'ordonnance de Villers-Cotterêts semble ne viser que le latin, jusque-là langue traditionnelle des actes de justice. On ne peut nier que cet article ait été inspiré par le souci d'une plus grande clarté mise au service du justiciable, encore agressé par la horde désuète des mots latins à peine compréhensibles aux moins lettrés. Mais, sous cette apparence, un autre souci se dissimule, beaucoup plus redoutable. Étant donné la situation objective de la France d'alors, pays plurilingue, la décision s'inscrit dans la série des mesures qui, sous couleur d'affranchir le français du latin, lequel n'était en fait parlé par personne ou quasiment, visaient les langues de France autres que le français.

Cette patiente entreprise de laminage des langues régionales et des dialectes, mais aussi des patois[1], est loin de prendre fin avec la monarchie. Mais, en 1793, il ne s'agit plus comme en 1539 de promouvoir le français contre le latin servant de prétexte pour éliminer les « parlers maternels ». Cette fois, le latin n'est plus une menace, même apparente. Seules sont visées les langues locales, explicitement. En fait, des jalons avaient été posés bien avant la Révolution par des mesures précises. Ainsi, des lettres patentes de Louis XIV, en décembre 1684, attestent que la politique de francisation est parallèle aux guerres de conquête : « Voulons [...] que dorénavant [...] il ne puisse être plaidé dans la ville d'Ipres et dans toutes les autres villes [...] de la Flandre occidentale qu'en langue française : défendons pour cette fin à tous avocats et procureurs de se servir de la langue flamande. » Cependant, la Révolution va beaucoup plus loin : elle déclare une guerre générale à tous les patois. Ainsi naît la deuxième grande loi linguistique de l'histoire du français. Elle avait été préparée par les rapports de Barère et de Grégoire en pluviôse et prairial de l'an II. L'un déclarait que « le fédéralisme et la superstition parlent bas-breton, l'émigration et la haine de la République parlent allemand » [c'est-à-dire alsacien], « la

---

1. Les *patois* sont des usages dialectaux propres à des régions. Le wallon (cantons de Fumay et de Givet en France) est un patois, de même que le vélave. Les *parlers* sont propres à des villes ou à des villages. Cf., entre cent autres études, P. Nauton, *Géographie phonétique de la Haute-Loire*, Paris, Les Belles Lettres, 1974, et J. Dauby, *Le livre du « rouchi », parler picard de Valenciennes*, Amiens, Musée de Picardie, 1979.

contre-révolution parle italien » [c'est-à-dire corse], « et le fana-
tisme parle basque ». L'autre assurait qu'il convenait d'étudier
« la nécessité et les moyens d'anéantir les patois et d'universali-
ser l'usage de la langue française[1] ».

Ces rapports trouvent un large écho auprès des Conventionnels. Ils aboutissent à la loi du 2 thermidor an II. Celle-ci
condamne à six mois d'emprisonnement et à la destitution « tout
fonctionnaire ou officier public, tout agent du gouvernement qui
[...] dressera, écrira ou souscrira, dans l'exercice de ses fonctions,
des procès-verbaux, jugements, contrats ou autres actes généralement quelconques, conçus en idiomes ou langues autres que la
française ». A cette loi s'ajoute toute la politique scolaire qui
doit tendre à l'élimination des patois et langues locales, et que la
IIIe République poursuivra et accentuera. Il est important de
comprendre que le vieux mot d'ordre jacobin « une seule nation,
une seule langue » est inspiré, contrairement à son apparence de
patriotisme linguistique, non par un amour désintéressé du français, mais par la prise de conscience aiguë d'une situation objective : les campagnes sont monarchistes et catholiques pour la
plupart. C'est dans les langues locales que les nobliaux roya-
listes et les prêtres, qui sont des alliés objectifs, profèrent un discours hostile à la République. Celle-ci a donc tout intérêt à
imposer l'usage du français national, langue du gouvernement,
contre les langues minoritaires, mode d'expression de la contre-
Révolution et du message de résistance brandi par le trône et par
l'autel[2]. En outre, pour être bon citoyen, il faut comprendre les
lois et décrets. La multiplicité des parlers fait obstacle à cette
compréhension. La République poussera loin son effort de propagande, tant dans le domaine de l'école[3] que dans celui de
l'administration[4]. Elle enracinera si bien dans la conscience

1. Cf. C. Hagège, *L'homme de paroles, op. cit.,* p. 200.
2. Cf. R. Balibar et D. Laporte, *Le français national,* Paris, Hachette, 1974 ;
M. de Certeau, D. Julia, J. Revel, *Une politique de la langue,* Paris, Gallimard,
1975.
3. Les brimades à l'école sous la IIIe République sont célèbres. Rappelons le
système du symbole, qui imposait un sou troué ou un sabot à l'enfant qui
s'était laissé aller à recourir au patois ; l'enfant devait passer le symbole à chaque nouveau contrevenant ; le dernier possesseur, à la fin de la journée, était
lourdement puni.
4. Parmi les outrances, l'une des plus connues est celle qui consistait à transformer les noms de lieux. Ce zèle s'est encore manifesté après la Seconde
Guerre mondiale. Il ne s'agissait plus alors de combattre la propagande anti-

nationale l'idée de l'unité du français, que là où les patois ne seront pas morts, leur survie continuera d'être assez occultée pour devenir chez la plupart des citoyens un objet de dérision. Cette attitude a pu avoir, en son temps, quelque justification politique. Elle présente aujourd'hui l'inconvénient d'ignorer délibérément que l'adhésion à un idiome n'a pas pour seul objet la recherche d'un moyen de communiquer. Cette adhésion suppose une complicité collective, le partage d'une même sensibilité. Dès lors, les défenseurs des parlers minoritaires apparaissent comme des écologistes de la langue, soucieux de préserver des espèces menacées. A la question « Peut-on détruire les patois ? », posée par l'abbé Grégoire, certains de ceux qu'il interrogea en 1793 répondaient : « [Le patois] est une langue de frères et d'amis [...]. Pour le détruire, il faudrait détruire le soleil, la fraîcheur des nuits, [...] l'homme tout entier[1]. » Et en 1834, C. Nodier peut écrire encore : « On insiste aujourd'hui sur l'entière destruction des patois [...]. Sait-on seulement ce qu'est une langue, et quelles profondes racines elle a dans le génie d'un peuple, et quelles touchantes harmonies elle a dans ses sentiments[2] ? » L'unilinguisme à peu près général de la France contemporaine rend inutile, aujourd'hui, une politique hostile aux langues locales. Il est temps d'assouplir le nationalisme linguistique interne qui, en France, condamne implicitement ou explicitement tout ce qui n'est pas l'usage de la bourgeoisie parisienne. Il est temps de lever la contradiction entre l'effort d'illustration du français à l'extérieur et, à l'intérieur, la politique d'indifférence ou d'hostilité larvée aux langues minoritaires. La revendication linguistique d'une partie des Basques, des Bretons, des Occitans et des autres ne doit pas être considérée comme du folklore. Elle doit être prise au sérieux, rencontrer un esprit d'ouverture. Les langues minoritaires ne constituent pas

---

républicaine, mais de répandre le français à travers des provinces où sont en usage des dialectes de grandes langues étrangères, parlées dans des pays contre lesquels la France s'est trouvée en guerre. Ainsi, on tenta de traduire en français des noms de rues en Corse et en Alsace, comme si l'on avait la plus grande peine à comprendre que la Corse et l'Alsace puissent être françaises de cœur sans l'être de langue !

1. Cf. J.-Y. Lartichaux, « Politique linguistique de la Révolution française », *Diogène*, 97, 1977, p. 77-96.

2. Cf. *Notions élémentaires de linguistique*, dans *Œuvres complètes*, 13 vol., Paris, Éd. Renduel, 1832-1837, t. XII, p. 256 et 261.

un danger pour le français, ni en tant que langue nationale en France, ni, moins encore, en tant que candidat à un statut d'universalité[1]. Elles ne sont nullement pour lui des rivales.

La prise de conscience de cette situation avait, en janvier 1951, conduit au vote d'une mesure législative essentielle, la loi Deixonne. Mais, d'une part, cette loi consacrait la distinction entre langues et dialectes, les trois dialectes étant exclus et ne bénéficiant pas des dispositions qui ouvraient aux quatre langues les portes de l'enseignement supérieur[2]. D'autre part, les portes des établissements d'enseignement primaire et secondaire n'étaient qu'entrebâillées : l'enseignement des langues régionales ne dépassait pas réellement le statut de semi-clandestinité qui est celui des activités dirigées non intégrées à l'horaire normal ni prises en considération, dans les examens, à égalité avec les autres matières.

Cela dit, il faut bien admettre que les langues régionales de France, bien qu'elles fassent l'objet, dans de nombreux pays étrangers, de recherches universitaires et d'attributions de chaires, sont dans une situation assez précaire. L'effort de diffusion de la culture et de la langue bretonnes à travers ses dialectes peut certes s'inspirer de celui qui est accompli en Pays basque espagnol et français par les écoles basques, ou *ikastolak,* ainsi que de l'exemple édifiant des Gallois et des Catalans défendant avec succès leurs idiomes au sein d'entités nationales où une grande langue internationale domine. Mais, même en admettant que l'on conjure le risque d'enfermer les enfants dans un ghetto culturel, que peut-on contre la ville, l'usine, la route, le tourisme, qui tuent les langues locales, et contre la désertion des campagnes isolées et des montagnes, qui les conservent ? D'autre part, la réussite économique, comme celle qui, à travers la prospérité de la ville de Drachten, renforce aux Pays-Bas la position du frison, ne peut rien contre les mentalités forgées par l'histoire : contrairement aux habitants de la Frise néerlandaise, les patoisants français sont, en grand nombre, tourmentés par le doute à l'égard de leurs propres patois.

Ils les considèrent comme d'humbles parlers dévalués. Ils sont

---

1. La situation a pu être différente jadis, comme l'atteste le cas de l'occitan aux XIIe-XIIIe siècles en Europe de l'Ouest.

2. Seule l'Alsace bénéficiait d'un régime de faveur pour... l'allemand, non pour l'alsacien.

les premiers à répandre l'idée fausse que le poitevin de Thouars ou le barégeois de Bigorre sont du vieux français largement altéré, alors qu'en réalité, pour la totalité des patois, il s'agit de descendants directs du latin au même titre que le français actuel et selon une ligne parallèle à la sienne, même si, du fait de sa promotion nationale, ils lui ont, au cours de l'histoire, fait de plus en plus d'emprunts. Ces mêmes patoisants habités d'insécurité à l'égard de leurs propres parlers sont aussi les premiers à les prétendre « sans grammaire », alors qu'ils emploient inconsciemment, quand ils les parlent, une morphologie et une syntaxe assez indépendantes de celles du français. Ainsi, les patois poitevins ont conservé le genre neutre, perdu par le français, où ne subsistent que le masculin et le féminin : *il pleut* se dit *o mouille,* avec un pronom neutre *o* ; au surplus, de nombreux patois ont conservé, dans l'usage courant, des temps de la conjugaison qui n'existent plus qu'en français écrit et ont à peu près disparu des registres oraux : le passé simple et l'imparfait du subjonctif.

D'autre part, les patois sont socialement marqués : les paysannes qui souhaitent échapper à leur condition ne feront pas d'effort pour les transmettre ; certains craindront le mépris que fait encourir l'emploi d'une langue de la pauvreté (les campagnes ne sont pas toutes aussi prospères que celles d'Alsace) ; d'autres enfin mettront un point d'honneur à ne surtout pas laisser croire qu'ils ignorent le français ; ils ne réserveront pas nécessairement un accueil chaleureux aux ouvrages en langue locale dus à des intellectuels dont l'effort, s'il est méritoire, s'inscrit dans une position de confort, puisqu'ils maîtrisent évidemment le français[1].

En dépit de ces difficultés, il appartient à l'État de respecter, et d'aider à se développer, les langues minoritaires. Il est révélateur que, dans la France d'aujourd'hui, leurs défenseurs se répartissent sur tout l'échiquier politique, alors qu'autrefois seules les tendances les plus conservatrices prenaient en charge les patois. Encouragé par ce consensus, le pouvoir devrait,

---

1. N. Gueunier (« Places possibles de la langue par rapport aux minorités culturelles », *Revue de littérature comparée,* 1985, 2) voit dans cette situation le risque d'un double déséquilibre : militant pour les patois sans les pratiquer réellement, les intellectuels en surestiment la fonction symbolique au détriment de la fonction instrumentale. Quant aux patoisants honteux, sous-estimant la fonction symbolique de leur patois, acceptant le processus de réduction de ses fonctions instrumentales, ils contribuent, volontairement ou non, à son déclin.

d'autre part, prendre en considération l'intérêt pédagogique qui peut être celui des patois : le bilinguisme des patoisants est aussi une richesse, et l'enseignement peut y gagner[1]. Mieux vaut défendre en France les langues locales, au lieu de laisser leurs usagers les plus déterminés contourner l'État et prendre à témoin, dans le cadre de l'Europe unie, l'opinion internationale en demandant à Bruxelles des mesures qui seraient « recommandées » à Paris[2]. Il faut aider les langues menacées d'extinction ; elles ont droit à toute la sollicitude que l'on témoigne aux cathédrales romanes, aux fresques de La Chaise-Dieu ou aux châteaux de la Renaissance : la disparition d'une langue est une perte pour toute l'espèce ; c'est celle d'une des facettes du visage de l'humanité, d'un des témoignages de sa mémoire : une langue menacée est un monument en péril. Et puisqu'il s'agit, dans le présent livre, de l'illustration du français dans le monde, on répétera ici que, si la France veut promouvoir sa langue là où elle est fortement minoritaire, de la Louisiane à Pondichéry et du Saskatchewan à Durban, elle ne peut, sauf à se complaire dans une étrange et périlleuse contradiction, donner au monopole dont jouit le français de Dunkerque à Perpignan et de Brest à Colmar la tonalité oppressive que l'on dénonce parfois.

Second préalable :
respect des langues étrangères

Étant admis que le premier préalable logique au rayonnement du français est que l'on fasse justice en France aux autres lan-

---

1. Il ne s'agit pas ici de prôner un bilinguisme officiel, qui n'est pas sûr de répondre au vœu de la majorité des populations. L'unilinguisme en faveur d'une langue régionale est encore moins vraisemblable, pour cette même raison. On peut pourtant non seulement encourager le bilinguisme des enfants, mais encore le mettre à profit dans l'enseignement, comme un certain inspecteur d'académie Biron qui, en 1925, avait rédigé une étude sur l'utilité du corse dans l'enseignement, ayant appris d'un instituteur que ce dernier avait su convaincre ses élèves d'écrire *chant* mais *champ* en leur rappelant que le corse dit *cantu* mais *campu*. Le bilinguisme des RR. PP. Savina (breton) et Esquirol (occitan) les rendit attentifs aux langues d'Indochine. On ajoutera, à l'adresse des linguistes, qu'il serait souhaitable que beaucoup plus d'entre eux s'intéressent au basque, langue à structure unique en Europe.
2. Cf. colloque de Landerneau sur les langues minoritaires (1985). On dit aussi que les nazis tentèrent d'utiliser l'irrédentisme breton, apparemment sans succès.

gues, il faut encore admettre que cette même attitude doit être étendue au monde. On douterait que la préparation intellectuelle y soit générale en France lorsque l'on lit les professions de foi exaltées des gardiens sourcilleux de la belle ordonnance classique en langue française. Comme s'ils n'avaient jamais pratiqué l'exercice de traduction, ils ne paraissent pas en état de se déprendre du mirage francomane, qui ne rend certainement pas service à la diffusion du français. Cette myopie culturelle empêche de concevoir d'autres univers et d'admettre que la pensée puisse habiter tout aussi harmonieusement d'autres formes. Il n'est pas jusqu'aux meilleures volontés qu'une information lacunaire ne risque de conduire à des formulations condescendantes. Tel, par exemple, qui, pourtant, reconnaît l'importance de prendre en considération les langues étrangères si l'on veut faire rayonner le français, attribue aux « peuples d'Afrique noire », au lieu de langues au sens plein, « un grand nombre de parlers locaux éparpillés[1] ».

La conception du français comme langue supérieure aux autres porte en soi, consciemment ou non, un rêve hégémonique. « Semblable à l'acier, le plus intraitable des métaux, mais celui de tous qui reçoit le plus beau poli lorsque l'art est parvenu à le dompter », écrit J. de Maistre[2], « la langue française, traitée et dominée par les véritables artistes, reçoit entre leurs mains les formes les plus durables et les plus brillantes. Ce qu'on appelle précisément l'art de la parole est éminemment l'art des Français, et c'est par l'art de la parole qu'on règne sur les hommes. » Un siècle plus tard, l'ambassadeur P. Claudel, dans une conférence aux étudiants de Nikko, au Japon, déclarait en écho : « La perfection et l'efficacité du langage n'ont pas été seulement chez nous l'ambition de quelques raffinés ; elles avaient une importance pratique capitale : on ne pouvait trop chérir et soigner le principal instrument de notre unité nationale qui, au cours d'un débat continuellement ouvert, nous permettait de prendre conscience de notre mission permanente et de nos obligations successives[3]. » Certes, la langue française, non par une vertu qui lui serait propre, mais du fait des œuvres de plusieurs siècles dont elle est l'expression, participe de manière importante, et

---

1. *Le Monde,* 12 janvier 1984, p. 2, article de R. Fajardie.
2. *Considérations sur la France,* Lausanne, 1796.
3. Cité par D. Daguet, *Langue française à l'épreuve, op. cit.,* p. 11.

d'ailleurs reconnue de bien des étrangers, au message humain. Mais son rayonnement serait bien mieux servi si l'on renonçait aux présupposés désobligeants des formulations qu'inspire un esprit de croisade.

Non seulement le français n'a rien à perdre à une politique encourageant ouvertement et sincèrement partout l'essor des langues nationales et de leur enseignement, mais il a tout à y gagner. La sollicitude de la France peut beaucoup pour toutes les langues étrangères, en particulier pour celles qui, malgré un passé prestigieux dans certains cas, sont marquées par une longue période de dépendance coloniale. Elle peut aussi beaucoup pour celles dont la situation est rendue précaire, soit par la faiblesse économique du territoire où elles sont parlées, soit, quelquefois, par son exiguïté. Souvent, les usagers de ces langues dominées vivent en France avec le statut de travailleur émigré. Certes, ce statut même est assez pour dévaluer leurs langues sur le marché des valeurs linguistiques, d'autant plus que leurs enfants, envoyés par eux-mêmes à l'école française, y sont happés par le prestige social et économique, bien supérieur, du français, que parlent avec eux, dans la cour de récréation, dans la rue, dans les lieux publics, des francophones unilingues. Où puiser, dans ces conditions, la résolution opiniâtre de maintenir, autrement qu'à travers un dialogue souvent incertain avec les parents, l'usage de l'arabe ou du portugais ? Mais, d'une part, ces langues, ainsi que d'autres langues de dominés, ne sont pas parlées seulement par les travailleurs émigrés, même si ces derniers sont très nombreux. D'autre part, les gouvernements intéressés ne peuvent se sentir encouragés à soutenir chez eux le français que s'ils ont l'impression que l'on fait en France un effort en faveur de leurs langues. On peut trouver singulier, sinon choquant, que si peu de Français s'intéressent aux langues de pays avec lesquels la France, à travers l'histoire coloniale, s'est trouvée en relation étroite[1].

C'est pourquoi il ne serait pas absolument utopique que, dans les écoles et les universités, à Paris et dans les grandes villes de province, une action soit entreprise en vue d'aiguiser, au moins, la curiosité pour l'afar (Djibouti), l'amharique, l'arabe sous ses

---

1. Parmi les trop rares écrits qui remettent en cause cette situation, il faut citer le *Rapport sur l'immigration à l'école de la République,* de J. Berque (*Documentation française,* 1985).

formes dialectales maghrébines et sahariennes, les langues ara-
wak et le galibi (Guyane), le bambara, le haoussa, le khmer, le
laotien, le malgache, le mooré (Burkina-Faso), le wolof ainsi que
le sérère (Sénégal), le songhaï (Niger), le tahitien, le tamoul, le
vietnamien, sans parler des très nombreuses langues océa-
niennes (Nouvelle-Calédonie, Vanuatu [ex-Nouvelles-Hébrides],
etc.) et des innombrables langues africaines, autres que celles
qu'on vient de citer, et qui s'utilisent dans des pays officiellement francophones. Il serait bon d'augmenter encore le nombre
des langues africaines enseignées à l'Institut national des langues et civilisations orientales, où l'on étudie déjà le bambara, le
haoussa, le lingala, le peul, le swahili et d'autres.

L'idéal laïque et républicain de J. Ferry, prolongeant les idées
de l'abbé Grégoire sur les patois, était inspiré, dans la mouvance
de l'entreprise coloniale, par le zèle à répandre chez les populations exotiques les bienfaits de la civilisation, exprimée en langue française. Mais ce zèle supposait aussi une ignorance obsti-
née, sinon une dévaluation pure et simple, des cultures autochtones. Ces convictions d'un autre âge ont façonné les mentalités. Il est temps d'en prendre conscience. Le français ne peut que
tirer profit d'une politique d'ouverture à des pays qui, loin que
leurs langues lui disputent la préséance, voient en lui un moyen
de communication avec l'extérieur. Sur le continent africain, en
particulier, le français apparaît comme un précieux facteur
d'unité, non seulement nationale, puisque la plupart des pays
africains sont les creusets où se mêlent, et parfois s'affrontent,
un grand nombre de langues vernaculaires, mais même internationale, puisque, des États maghrébins à ceux de l'Afrique tropi-
cale en passant par le Sahara, la communication, aujourd'hui, se
fait pour l'essentiel en français, langue officielle d'un grand
nombre d'entités politiques.

Il importe, d'autre part, que le français soit mis, comme instrument de travail, à la disposition des langues étrangères non
encore étudiées scientifiquement ni enseignées de manière organique. Cela est singulièrement vrai pour celles du Tiers Monde,
et par exemple pour les langues africaines. La francophonie,
dans les pays africains où elle est installée, n'est pas à l'abri de la
concurrence des anglophones. Ces derniers, missionnaires et linguistes américains pour la plupart, publient un grand nombre de
manuels d'apprentissage et de dictionnaires. Les instruments de
travail ainsi rédigés sont bilingues, mais la langue non africaine

dans laquelle est expliquée et traduite la langue africaine est l'anglais, non le français. Il convient d'agir pour donner un essor véritable à la promotion du français en instrument de travail, car c'est cette affirmation de son dynamisme de langue mise au service de l'enseignement et de la diffusion d'une autre langue qui peut faire rayonner le français, bien davantage que les stratégies légales de défense dont on le cuirasse comme une forteresse assiégée[1]. La seule action qui ait ici un sens est évidemment l'augmentation substantielle des crédits accordés à la recherche linguistique en Afrique.

L'ouverture aux langues qui sont celles de pays avec lesquels la France a des liens privilégiés n'est pas le seul préalable à la promotion du français. Cette attitude doit être étendue aux langues connues pour avoir servi d'expression à un important destin national ou pour avoir, à une échelle variable selon les cas, une vocation internationale. Tout Français ayant eu l'avantage d'accéder à des études secondaires devrait au moins savoir sans hésitation où se situent et quelle place ont dans le monde, de par leur histoire et leurs caractéristiques politiques et économiques, les pays dans lesquels se parlent l'allemand, le néerlandais, le danois, le norvégien, le suédois, l'italien, l'espagnol, le portugais, le roumain, l'arabe, le russe, le hongrois, le grec, le turc, le persan, le polonais, le hindi, le chinois, le japonais, le malais, l'hébreu, le swahili, le peul. Une attitude d'accueil à ces langues par l'essor de leur enseignement en France favoriserait le rayonnement du français. Certes, les établissements français d'enseignement secondaire offrent en théorie, si l'on raisonne sur l'ensemble du territoire, un des claviers les plus larges qui soient, puisque les douze langues suivantes y sont enseignées : allemand, anglais, arabe, chinois, espagnol, hébreu israélien, italien, japonais, néerlandais[2], polonais, portugais et russe (on notera que le danois, langue d'un pays membre de la Communauté européenne, est absent de cette liste), en attendant que se

1. Selon N. Gueunier (« Francophonie et développement des langues africaines », *Études*, février 1986, t. 364, n° 2, p. 199-207), les [...] linguistes américains « œuvrent [...] à l'instrumentalisation [...] des langues subsahariennes. [...] S'il continue longtemps à en être ainsi, on peut craindre que le monolinguisme officiel [...] de ces nations ne devienne à [...] terme une fragile carapace, qu'un rien suffira à briser » (p. 205).
2. En Belgique, où la fortune a changé de camp, c'est aux francophones de s'ouvrir au flamand, pour leur rendre avenant le français.

confirme l'introduction du grec moderne, laquelle avait été prévue pour 1986-1987. Mais chacun sait que l'accès à ces langues est fort inégalement réparti selon les lycées et collèges.

L'école, en effet, est ainsi faite qu'elle offre à l'anglais des facilités qui seraient de nature à lui assurer une très large diffusion, n'était la qualité inégale de l'enseignement des langues en France. En 1982, plus de 85 % des élèves des lycées et collèges étudiaient l'anglais comme première langue étrangère. Pourquoi ? Tout simplement pour la raison que c'est la plus enseignée : sur l'ensemble du territoire national, aucune ne bénéficie d'un aussi grand nombre d'établissements et de professeurs. Pourquoi ? Parce que c'est celle pour laquelle la demande des familles est la plus forte ! Inextricable circularité ! Ceci nourrit cela. On en vient à se demander sérieusement si les responsables des ministères ont procédé aux calculs les plus élémentaires. Pour la plus grande partie des 85 % d'enfants qui l'apprennent dès la sixième, l'anglais est beaucoup moins nécessaire que l'espagnol, l'italien et d'autres langues de pays européens où ils se rendent en voyage, l'ignorance de ces langues étant une des causes de la promotion artificielle de l'anglais comme unique moyen pour communiquer. Seule une minorité de 10 %, environ, de ces enfants, se serviront de l'anglais dans leur vie adulte, mais ce sera pour lire des documents techniques et professionnels dont la traduction coûterait une somme bien moindre que les six milliards de francs affectés au traitement des dizaines de milliers de professeurs d'anglais[1].

Il faudrait donc rechercher un équilibre et, pour cela, transférer une partie des postes d'anglais à d'autres langues. Ainsi, l'audience du russe, du chinois, de l'arabe, du portugais, pour ne rien dire des langues traditionnellement enseignées mais en déclin devant l'anglais, à savoir l'allemand, l'espagnol, l'italien, se trouverait fortement accrue. L'apprentissage de l'anglais, moins souvent livresque et plus souvent pratique dans un monde où son omniprésence le rend aisément accessible pour l'usage que la plupart entendent en faire (il ne s'agit pas ici de l'anglais littéraire, langue difficile qui exige des études sérieuses), serait lui-même, loin d'en être compromis, un des bénéficiaires de l'opération. Pourquoi ne pas faire en France ce qu'on tend de

---

1. Ces chiffres sont ceux de P. Rossillon, « L'avenir de la latinité », *op. cit.,* p. 355-356.

plus en plus à réaliser aux États-Unis eux-mêmes, où l'on a pris conscience de la nécessité d'ouvrir la population, parfois barricadée dans un arrogant et dangereux unilinguisme, aux langues des autres, à celles du moins qui se parlent sur le territoire américain, et dont les usagers ne cessent de croître en nombre ? Les ministres français de l'Éducation nationale se plaisent, les uns après les autres, à prôner la diversification. Mais l'absence de tout effort véritable pour enrayer la survalorisation de l'anglais, sécrétée par le système d'enseignement plus que par la demande des familles, que ce système lui-même a créée, réduit ces discours à une creuse rhétorique de bonnes intentions.

Certes, l'anglais, langue d'une économie dominant le monde, langue du commerce, n'est pas omniprésent par hasard. Mais, d'une part, s'il est vrai que, pour un grand nombre de pays, l'anglais est la langue dans laquelle on achète, ce n'est pas, malgré sa prépondérance, la seule langue dans laquelle on vende, comme l'attestent les descriptions et modes d'emploi imprimés sur beaucoup de produits ; car il est de bon commerce de parler sa langue au client. D'autre part, **une politique ne consiste pas à se soumettre au fait accompli, mais à agir pour le conjurer s'il y a lieu.** Peut-être faut-il fonder quelque espoir (à condition qu'on la maintienne) sur une instance consultative créée par M. A. Savary, l'Observatoire des langues vivantes, dont certaines propositions avaient paru intéresser M. J.-P. Chevènement, qui l'a installé en février 1985 et qui, au surplus, a de nouveau plaidé pour la diversification lors du quatrième salon Expolangues, tenu au Grand Palais, à Paris, en février 1986. L'Observatoire suggère de rendre obligatoire une seconde langue vivante au lieu qu'il s'agisse d'une simple option ; il suggère aussi de lancer une vaste campagne d'information en faveur des langues (surtout celles des travailleurs émigrés, dévaluées par leurs propres usagers), d'éduquer la sensibilité aux langues dès le CM2, de permettre que les élèves poursuivent au lycée l'étude, amorcée au collège, d'une langue rare, enfin de réagir contre les choix budgétaires de responsables d'académies qui décident, ici ou là, de supprimer ou de ne pas renouveler un poste de langue vivante[1].

Si l'on consentait à attribuer une réelle importance au plus grand nombre possible de langues étrangères, alors on se donnerait les moyens de démontrer que la domination de l'anglais

---

1. Cf. *Le Monde,* 13 février 1986, article de P. Bernard, p. 13-14.

dans l'enseignement n'est pas une fatalité. Du même coup, la France apparaîtrait comme un pays qui tourne résolument le dos à une politique d'hégémonie vis-à-vis de ces langues. Enfin, on cesserait de donner aux nations étrangères l'exemple déplorable d'un pays qui, poussant ses élèves vers l'anglais, ne défend pas les autres cultures, n'y prend pas d'intérêt et serait donc assez mal venu de demander qu'elles défendent la sienne. Il faut une contrepartie au traitement de faveur que l'on sollicite. Un témoignage d'intérêt de la France pour leur principal bien culturel, leur langue, ne peut qu'encourager les autres pays à servir le rayonnement du français.

A cette action indirecte en faveur du français par le biais de l'enseignement des langues s'ajoute la politique active de diverses institutions, au premier rang desquelles il faut placer l'Alliance française. Il suffit de consulter n'importe lequel des nombreux ouvrages qui lui ont été consacrés[1] pour se rendre compte du rôle essentiel qu'elle a joué, depuis sa fondation en juillet 1883 (compensation culturelle à la défaite de 1870 devant l'Allemagne), dans la diffusion mondiale du français, qu'une action ferme et puissante a porté aux antipodes. Son succès rend encore plus évidente la nécessité de répondre à la demande qui se manifeste en de nombreux points, et par exemple au Maroc ou en Amérique latine, soucieuse de faire équilibre à la tutelle culturelle des États-Unis en augmentant encore le poids du français, traditionnellement bien accueilli grâce aux efforts de l'Alliance. Cette demande est inspirée par une situation qu'il faut bien reconnaître, afin d'y apporter des remèdes efficaces : l'insuffisante qualité du recrutement de professeurs de français à l'étranger, où sont fréquemment envoyés des coopérants qui commencent à peine leurs études, quand on ne se contente pas d'un pourvoi local en enseignants qui non seulement n'ont pas le français pour langue maternelle (ce qui ne les empêcherait pas de le connaître fort bien), mais en ont de surcroît un maniement hésitant. Il importe de faire de bons choix, et de les faire à temps.

Mais, derechef, cette action en faveur du français n'a de chances d'être efficace que si la France se rend convaincante en plaidant dans le même temps, avec force et résolution, la cause

---

1. Cf., notamment, M. Bruezière, *L'Alliance française, 1883-1983. Histoire d'une institution,* Paris, Hachette, 1983.

de la diversité. Seule cette entreprise, dans laquelle bien d'autres viendraient la rejoindre, est en mesure de faire équilibre à la redoutable uniformité que risque de produire l'universalisation des techniques audiovisuelles au profit des marchands d'images et de mots américains. Dans le cadre de l'Europe, on semble avoir pris conscience de l'urgente nécessité de faire respecter et connaître les langues des nations engagées solidairement dans une même construction : en janvier 1969 déjà, les ministres de l'Éducation de toutes ces nations faisaient adopter par leurs délégués la résolution suivante : « Pour parvenir à une véritable unité de vue entre les pays d'Europe, il faut supprimer les barrières linguistiques [...]. C'est par une meilleure connaissance des langues vivantes européennes que l'on parviendra au resserrement des liens[1]. » Le français, dans sa vocation, souvent rappelée par les étrangers, de langue de l'Europe unie, ne peut que profiter d'une telle attitude d'ouverture. Et même si, comme il est compréhensible, cette vocation purement européenne n'était pas reconnue par tous ses partenaires, soucieux de travailler au rayonnement de leurs langues, la vocation internationale du français, dépassant largement le cadre de l'Europe, serait évidemment servie par l'effort de promotion que l'on consentirait à faire, en France, au profit des langues étrangères les plus diverses. Les pays ainsi favorisés n'en seraient que plus enclins à reconnaître qu'il est seul en mesure, aujourd'hui, par sa diffusion sur les cinq continents, d'apparaître comme une autre voie d'internationalisation face à l'anglais : aucune des langues parlées par un nombre beaucoup plus considérable d'individus ne jouit d'un statut comparable, ni le russe et le chinois, en usage presque exclusivement dans leurs limites territoriales ou dans les zones immédiatement voisines, ni l'arabe, propre au monde arabe et à une partie du monde musulman, ni l'espagnol, qui couvre des régions vastes et discontinues lui aussi, mais moins largement réparties sur la surface du globe. Quant aux autres pays découpant d'importants espaces culturels, Allemagne, Espagne, Inde, Indonésie, Italie, Japon, Pays-Bas, Portugal[2], le

---

1. Cité par M. Bruguière, *Pitié pour Babel, op. cit.,* p. 78.
2. Parmi cet ensemble, les cultures et langues espagnole, italienne et portugaise ont avec la culture et la langue françaises un lien privilégié. Il ne s'agit évidemment pas d'opposer, à l'aide de généralités aussi vaines que, parfois, agressives, les vertus de la civilisation des peuples latins à ceux que, moyen-

respect ouvertement proclamé de la France pour leurs langues, qu'ils ont tous d'excellentes raisons de vouloir défendre, les encouragerait à reconnaître plus facilement la vocation internationale du français.

Les assises de la francophonie

Ce que disent les mots, les esprits s'y accoutument. Le mot *français* est dérivé de *France*. Par conséquent, on croit spontanément que le français est une affaire purement française. Mais le destin d'un autre dérivé montre qu'il en est autrement. L'histoire du terme *francophonie* laisse apercevoir qu'il peut opérer comme une sorte de levier de décentrement : depuis la France, centre et berceau, lieu d'éternel retour, jusqu'aux périphéries francophones, devenant autant de nouveaux centres. C'est, croit-on savoir, au géographe Onésime Reclus, frère, moins connu, du célèbre autre géographe Élisée Reclus, que l'on devrait la création du terme. Le décor est fourni par le Traité de Berlin (1878), reflétant fidèlement l'état d'esprit qui, dans la mouvance des entreprises coloniales, divisait le monde en dominants et domi-

---

nant des sous-entendus dépréciatifs, certains aiment à appeler les « Anglo-Saxons ». Car c'est précisément cette diversité des cultures et des histoires qui est féconde et induit un enrichissement réciproque. Mais il existe entre les usagers de langues d'origine latine une solidarité culturelle, à laquelle sont aujourd'hui parties prenantes les nombreux pays autres qu'européens où le français, l'espagnol et le portugais se sont répandus au cours des siècles. Certes, on ne peut exiger de tous ceux qui ont une langue latine pour idiome maternel qu'ils connaissent les autres langues latines. Mais l'usage de l'anglais pour communiquer entre francophones et hispanophones, par exemple, produit une sorte de gêne. L'importance du patrimoine commun recommande d'autre part, dans l'effort de promotion du français, la plus grande modération à l'égard de l'espagnol et du portugais, dont les usagers peuvent fièrement rappeler qu'ils sont aussi des langues à vieille vocation internationale. Il importe d'effacer toute impression de rivalité. On notera que cette solidarité culturelle a été rappelée encore lors du Colloque de l'Union latine, organisé à Rome en mai 1986, et auquel la presse francophone, hispanophone, italianophone et lusophone a fait un large écho. Il convient d'étendre cet intérêt au roumain, frère d'Orient qui n'a pas autant rayonné, mais qui n'a cessé de clamer sa nostalgie exilique à l'égard de la latinité.

nés et les hommes en citoyens libres et populations administrées. Par opposition à cette mentalité, le projet d'O. Reclus, dont les ouvrages sur le français dans le monde s'échelonnent de 1880 à 1904, était, pour son temps, tout à fait neuf et hardi. En effet, il ne prenait pas pour critère de classement le statut d'État indépendant ou de colonie, mais la langue que chacun parlait dans sa vie familiale ou sociale. Il créa le terme de francophonie pour désigner une propriété des territoires où l'on parlait le français.

Il proposait de distinguer les francophones de naissance des francophones par destination, ces derniers étant les usagers pour qui le français n'est pas langue maternelle, mais moyen de participer à la vie internationale. D'emblée, il fixait un des contenus essentiels du mot dans son emploi contemporain : l'universalité qui s'attache à la francophonie ne se mesure pas en termes démographiques, puisqu'il y a par exemple, comme on l'a rappelé, bien plus de sinophones que de francophones, mais en termes de puissance d'internationalisation. Une langue parlée uniquement ou presque uniquement par ses nationaux, fussent-ils en très grand nombre, crée, exprime et entretient entre eux des liens historiques et culturels profonds, mais ne fait pas, comme une langue à vocation internationale (ainsi le chinois même, jadis, en Asie), l'objet d'un choix qui établisse un dialogue des cultures et permette une fécondation réciproque. Une autre implication encore était déjà présente chez O. Reclus : la diffusion du français n'est pas seulement celle d'une langue en soi, mais celle d'une certaine civilisation, laquelle, pour un homme nourri de la mystique républicaine de la fin du XIXe siècle, portait des idéaux de libération et d'humanisme, sinon de révolution.

Cela dit, le contexte dans lequel se manifeste cet intérêt d'O. Reclus pour la francophonie est celui d'une recherche de contrepoids à la puissance allemande, consacrée par le Traité de Versailles après la défaite de la France en 1870. Toutefois, c'était non seulement dans l'entreprise coloniale qu'O. Reclus, comme beaucoup de ses contemporains, voyait la possibilité d'une restauration de prestige, mais aussi dans la rencontre des civilisations, qui peut être une conséquence de cette entreprise, mais ne la suppose pas comme préalable. En tout état de cause, la notion de francophonie devait paraître encore insolite, puisqu'après O. Reclus, si tant est qu'on doive la faire remonter à lui, elle subit une éclipse de près d'un siècle. C'est dans une contribution à la revue *Esprit*, intitulée « Le français dans le monde », que l'écrivain et homme d'État sénégalais L.S. Senghor, en novembre 1962, réintroduit la notion de francophonie. Qu'il s'agisse d'une reprise ou d'une recréation fortuite, elle allait connaître un brillant avenir. Très vite, d'autres hommes politiques prestigieux s'en servent à leur tour : le prince N. Sihanouk (Cambodge), les présidents H. Bourguiba (Tunisie), C. Hélou (Liban), H. Diori (Niger), ce dernier obtenant que la réunion exploratoire de l'Agence de coopération culturelle et technique (v. ici p. 190-191), ainsi que la cérémonie de sa fondation, aient lieu à Niamey, en 1969. Peu après, le terme de francophonie allait connaître la consécration de l'entrée dans les dictionnaires.

Cette situation, pourtant, est l'aboutissement d'un itinéraire long et complexe. Les incidences politiques sont nombreuses. Ainsi, on vit bientôt Wallons et Québécois, qui avaient suivi le mouvement dès ses débuts, s'y joindre activement. Ce n'est pas un hasard. Car, pour eux, la francophonie est une arme importante dans la lutte politique pour la reconnaissance. Tel n'est pas le cas, évidemment, en France, lieu de domination du français, où ne pouvait exister cette fièvre des périphéries : la cause francophone est une de celles, plutôt rares dans l'atmosphère présente d'affrontement, qui rallient à peu près tous les courants et n'apparaissent pas comme un enjeu électoral entre la gauche et la droite. En outre, ce n'est pas non plus par hasard que la promotion de la francophonie fut d'abord le fait d'hommes d'État et d'intellectuels étrangers. Au début des années soixante, c'est-à-dire au moment même où elle s'amorçait, la France commençait seulement à conduire ses anciennes colonies sur la voie de l'indépendance. Le moment était délicat. Dans la mesure où les jeunes États, à peine émancipés et dégagés de ce que leurs élites considéraient comme le joug colonial, voyaient dans l'accession à l'indépendance un passage à l'âge adulte, la prise en charge immédiate et résolue de la cause francophone par le gouvernement français n'aurait pas manqué d'être interprétée comme une résurgence de colonialisme, déguisé sous le visage avenant de la culture. La France devait donner l'image d'un engagement entre égaux, auquel elle prenait part parce qu'elle se trouvait être le berceau historique du français, et non parce qu'elle aurait été à la recherche d'un levier politique ou aurait ruminé le dessein d'un super-État dirigé de Paris, ou le projet d'un mécanisme de domination et de division. Il convenait de se comporter avec assez de discrétion pour que chacun des pays intéressés se sentît

211

libre d'annexer spontanément à son profit une langue qu'autrefois l'histoire lui avait imposée.

Les faits ont favorisé la prise de conscience de cette nécessité, sinon par la population française dans son intégralité, du moins par les gouvernements successifs en France. Dès lors que ces derniers ont su l'admettre, ils n'avaient plus lieu de redouter les accusations de néo-colonialisme culturel qui auraient pu avoir quelque fondement si la francophonie était apparue dès le début comme une affaire française. Le général de Gaulle, alors au pouvoir, avait bien vu que les circonstances recommandaient une stricte modération. En 1965, il fit à l'UNESCO, qui célébrait son vingtième anniversaire, une déclaration sur les travaux qu'elle conduisait en faveur du français, dans laquelle il prenait soin de tenir séparées, bien qu'évidemment solidaires, la politique francophone et la vocation de la France : « Ce qui inspire à la France une exceptionnelle sympathie pour vos travaux et pour vos actes, c'est qu'ils ont pour raison d'être de servir l'unité humaine et que cela répond essentiellement à notre propre vocation. » Même écho dans ce mot d'E. Faure : « La francophonie n'est, ne peut être et ne sera qu'une libéro-phonie », et dans ce titre de cahier de M. Jobert : *La francophonie, œuvre collective pour la liberté*[1]. Et c'est en 1982 que le président Mitterrand pouvait parler de sa « passion » pour la francophonie. A cette date, un tel mot sur de telles lèvres n'avait plus lieu de choquer quiconque.

Aujourd'hui, la langue française doit apparaître comme un patrimoine universel et non comme un instrument de pression. Elle appartient, à des titres divers, à l'histoire et à la culture de nombreux pays[2]. On connaît plus d'une litanie à la gloire du français et de sa mission[3]. Il faut, certes, garder quelque mesure

---

1. Ces trois citations sont extraites de X. Deniau, *La francophonie, op. cit.*, p. 94, 21-22 et 22 respectivement.

2. Parmi les meilleures sources sur ce point, il faut ajouter aujourd'hui, au *Guide culturel* d'A. Reboullet et M. Têtu (Hachette, 1977) et aux *Littératures de langue française hors de France* (Gembloux, Duculot, 1978), le *Dictionnaire des littératures de langue française* de J.-P. de Beaumarchais, D. Couty, A. Rey (Paris, Bordas, 1984).

3. On peut rappeler, parmi bien des mots célèbres, ceux de Renan : « La liberté, les droits de l'homme, la fraternité ont pour la première fois dans le monde été proclamés en français », Paul VI : « Le français permet la magistrature de l'essentiel », L. S. Senghor : « La francophonie, c'est cet humanisme intégral qui se tisse autour de la terre » (cités par X. Deniau, *La francophonie, op. cit.*, p. 21).

devant ces chapelets. Ce qui pourtant se révèle sous l'enflure de la forme et l'outrance du dithyrambe, c'est la conscience, largement partagée, que la langue française a donné voix, dans le passé lointain et récent, à des idéaux qui la font apparaître comme un lieu de ralliement pour beaucoup d'esprits. C'est même elle qui a nourri, par les textes révolutionnaires dont elle est l'instrument formel, tous les hommes qui ont conduit contre la France le combat de l'indépendance nationale[1]. Qu'on le regrette ou non, qu'on ait ou non la nostalgie de l'entreprise coloniale, on ne peut manquer d'être frappé par le mot du président tunisien H. Bourguiba montrant dans son bureau un certificat d'études françaises entouré des portraits des résistants qui versèrent leur sang dans la lutte contre le statut de protectorat : « Voilà grâce à quoi et à qui j'ai libéré mon pays[2]. » Lorsque l'on songe qu'en l'an 2000 la population de l'Afrique du Nord dépassera la centaine de millions alors que celle de la France demeurera à peu près ce qu'elle est aujourd'hui, on a une raison supplémentaire de croire que la belle carrière qui attend peut-être le français dans le monde de demain est liée à une conception égalitaire du patrimoine qu'il représente, solidairement géré par toutes les parties prenantes, sans que l'une d'elles se flatte d'apparaître comme le centre régulateur.

Il est capital, pour l'avenir de la francophonie, que tant d'anciennes colonies françaises aient élu le français comme langue officielle ou langue privilégiée de l'enseignement. Il était à redouter que les guerres d'indépendance, parfois cruelles et meurtrières, n'eussent pour effet de creuser un infranchissable fossé. Il faut savoir gré aux jeunes gouvernements des pays du Maghreb, d'Afrique noire et d'ailleurs d'avoir perçu très tôt que la langue française était un bien à vocation universelle, non nécessairement lié au pouvoir français qu'ils venaient de combattre par les armes. C'est leur choix même qui a contribué puissamment à purifier la francophonie : entreprise culturelle, et non

---

1. Cela ne signifie pas, cependant, qu'en adoptant la langue française, on adhère nécessairement à la totalité des contenus culturels qu'elle transmet, ainsi que l'impliquait autrefois, par exemple, l'enseignement des psalmodies sur « nos ancêtres les Gaulois » aux Africains, Vietnamiens ou Maghrébins. D'autre part, les idéaux de liberté et de fraternité que le français véhicule n'ont pas nécessairement suscité partout la même inspiration : les dirigeants albanais et khmer E. Hodja et Pol Pot ont été formés dans l'université parisienne...
2. Cf. X. Deniau, *La francophonie, op. cit.*, p. 18.

manœuvre néo-coloniale. Il n'est pas dans la nature propre d'une langue d'être impérialiste, mais plutôt dans les tentations du pouvoir qui s'en sert. Cela dit, malgré les élans lyriques, certes admirables, des chantres antillais ou sénégalais de l'humanisme francophone et de sa portée universelle, des considérations plus objectives, parfaitement compréhensibles du reste, ont également pesé : le choix du français permet l'insertion dans les circuits économiques du monde d'aujourd'hui, et par ailleurs, dans le cas particulier de l'Afrique, il apporte une solution aux graves problèmes de communication que pose à la plupart des pays, tant que l'unification linguistique ne s'est pas réalisée autour d'une langue à vocation fédérative, le foisonnement des idiomes rivaux. Le choix du français, par ailleurs, est rendu assez naturel par les importantes relations de commerce et d'assistance avec la France. Mais en outre et surtout, le français, justement parce que les élites maghrébines, africaines et autres n'ont plus lieu de redouter une politique de domination par le biais de la culture, dont la France n'a plus ni l'intention ni les moyens, apparaît partout comme un autre choix, humaniste, face à toutes formes d'hégémonie. C'est là ce qu'expriment diverses voix : « Le français nous intéresse comme langue non alignée », déclarait en février 1981 M. B. Boutros-Ghali, ministre d'État égyptien aux Affaires étrangères ; et le cinéaste égyptien Y. Chahine, en septembre 1982 : « Si la francophonie a perdu son caractère colonialiste, c'est précisément parce qu'elle est devenue un instrument, un lien, un liant entre les identités nationales des bords de la Méditerranée, face au rouleau compresseur venu de l'Atlantique[1]. » Cela dit, les chances du français sont liées au respect des cultures. A. Martinet mentionne[2] les propos suivants du professeur M. A. Lahbadi, doyen honoraire de la faculté des lettres de Rabat : « Le français est pour nous un enrichissement, et il le demeurera tant qu'il ne cherchera pas à nous déraciner de notre histoire et de notre culture, mais à s'y greffer. »

---

1. Cités tous deux dans *Le Monde,* 12 décembre 1984, p. 2, par J.-P. Péroncel-Hugoz, qui note lui-même, *ibid.,* que « la diffusion sur une grande échelle, à travers la planète, des mille produits de l'industrie culturelle nord-américaine a fait [...] apparaître la culture et la langue françaises sinon comme un moindre mal, du moins comme les seuls éléments en mesure d'épauler des identités nationales souvent fragiles, surtout dans le Tiers Monde ».

2. *Cités unies,* n° 110, juin 1983.

Il n'est pas facile d'admettre que l'on n'est pas le propriétaire exclusif d'une langue dont la naissance et l'essor ont eu pour théâtre le pays où l'on est né soi-même. Les Français y sont-ils préparés ? Sont-ils en mesure de penser leur langue comme un lieu plus international que leur armée, qu'un bon nombre d'entre eux ne souhaite pas voir s'insérer dans une politique de défense intégrée ? En consentant à se penser comme **dépositaires** du français et non comme ses **propriétaires,** les Français rendraient à leur langue un important service. Car dès lors qu'elle est conçue comme un bien aliénable, dès qu'on trouve qu'elle s'incarne aussi dans les nations qui l'ont élue pour moyen d'échange, c'est ensemble et solidairement que tous ses possesseurs peuvent assurer son avenir. Et le déclin de l'un d'entre eux, si d'aventure il survient, ne peut plus entraîner le déclin du français.

Les visages du français

La situation présente du français dans le monde peut, selon le tempérament et le degré d'information de chacun, paraître lourde de menaces ou grosse d'espérances. Doit-il ou non croître en l'absence de toute norme, et peut-il se maintenir sans contrôle ? Des français régionaux assez différents du français de la bourgeoisie parisienne et assez éloignés les uns des autres existent en France comme dans les autres lieux de francophonie. Les plus pessimistes se demanderont ce que serait une langue française qui, un jour, ne permettrait plus, à ceux qui sont censés la parler également tous, de se comprendre. Y a-t-il une conciliation possible entre la normalisation que les plus puristes considèrent comme une nécessité faute de laquelle le français se dissoudrait dans la multiplicité, et l'ouverture à la vie telle que la représentent les francophonies multiples du monde d'aujourd'hui ? Il se trouve que l'Académie, précisément parce qu'elle a pour tâche et vocation de veiller à l'intégrité du français tout en assurant son avenir par les encouragements prodigués à sa vitalité, est dans la position la plus favorable pour montrer les voies d'une modulation. Il est déjà révélateur qu'elle ait accueilli en son sein L.S. Senghor, écrivain de style et de tradition classiques, certes, mais apportant aux lettres françaises, à travers une forme élégante et pleine d'éclat, la sève des cultures africaines. Il s'agit, au surplus, d'un illustre promoteur sénégalais de la francophonie, ce qui donne à son élection valeur éminente de symbole. Mais, en outre, la manière dont l'Académie conçoit et construit son dictionnaire montre qu'elle a pris pleine conscience de la force nourricière des courants que drainent en français les francophonies des antipodes. Les dénonciations de la censure vétilleuse du Quai Conti paraissent bien, aujourd'hui, appartenir à un autre âge.

Cela dit, il ne s'agit évidemment pas de contraindre la norme française de France à absorber des formes de français qui s'éloignent d'elle au point qu'elles risquent de faire obstacle à la compréhension. Du moins n'est-il pas question de les introduire par une action concertée. Mais nul ne sait si, dans le brassage des mondes de demain et d'après-demain, une évolution spontanée échappant à tout contrôle ne produirait pas des français dispersés incompréhensibles les uns aux autres. Pour le moment du moins, le français ne paraît pas menacé de se dissoudre dans les formes particulières qui en sont issues, du Canada à l'Afrique et des Antilles à la Réunion. Il n'y mêle pas son cours et n'a guère accueilli les traits de ces neveux picaresques, impatients de vivre leur vie propre, produits féconds du passé : on trouve aujourd'hui plusieurs langues françaises.

Il a toujours existé dans l'histoire du français, comme dans celle de la plupart des langues de civilisation écrite, un état de diglossie ou partage entre deux usages, l'un littéraire et plus proche du style livresque, l'autre parlé et plus familier. Ces deux usages apparaissent comme deux droites qui, bien que parallèles et ne fusionnant pas, sont, tout au long de leur parcours, rejointes l'une à l'autre par de nombreux segments. Autrement dit, le français écrit et l'usage parlé se sont toujours fait beaucoup d'emprunts. Rien ne dit qu'ils ne doivent pas s'en faire davantage encore, à la faveur de l'élargissement du second, nourri par le pullulement des francophonies. Ce dernier est un fait qui ne peut s'esquiver. Il est dans la nature des langues de se ramifier à partir d'un tronc unique, car elles sont soumises à une aventure universelle : elles vivent de la variation. Ce dont on a vu l'exemple pour l'anglais (cf. p. 151-152) est donc tout aussi vrai du français. La variation, cependant, peut produire des situations de hiérarchie qui bloquent l'emprunt. Ainsi, on ne voit pas, pour l'heure, quels emprunts le français pourrait faire à cette variété née dans les quartiers commerçants des villes subsahariennes, et que l'on appelle « français populaire africain[1] » ; il est issu du français par régularisation simplifiante de sa morphosyntaxe, mais non compréhensible aux francophones de France, qui le rejettent comme dévalué alors qu'il est pour ses usagers, locuteurs de langues africaines dans les relations familiales, un signe valorisant d'accession à la francité. Une telle situation est d'autant plus regrettable que cette variante, même marginale par rapport à la francophonie de France ou de Belgique, étendrait à de larges populations une certaine forme de français.

En outre, le français pourrait beaucoup recevoir des usages régionaux qui, quant à eux, appartiennent bien au vaste ensemble de la francophonie proprement dite. Rien ne devrait l'empêcher d'accueillir, en même temps que les réalités humaines et culturelles qu'ils portent, beaucoup des vocables nés sur d'autres rivages que ceux de la Seine : des Québécois il pourrait recevoir le *vivoir* déjà cité (« salon », traduisant l'anglais *living-room*) ou la *claque* (revêtement protégeant les chaussures contre la neige boueuse), des Wallons l'*aubette* (kiosque à journaux) et bien d'autres. C'est un sang nourricier qui peut affluer ainsi dans le lexique, la zone la plus ouverte aux influences, qu'elles viennent de Kinshasa, d'Abidjan, de Liège, de Lausanne, de Tunis, de Beyrouth, de Tananarive ou de Québec. Loin d'épurer, il faut assimiler ce qui est assimilable, dans la mesure où le critère de la compréhension permet de définir tous ces usages comme appartenant au français. La souplesse d'absorption de l'anglo-américain, qui lui donne une grande force par opposition à l'effroi virginal des défenseurs d'un français pur rebelle à se laisser féconder, devrait ici servir d'exemple, sinon de modèle.

Il ne s'agit pas, évidemment, d'admettre sans discernement des usages qui, très caractéristiques de telle ou telle zone de la francophonie, feront sourire certains des lettrés qui les identifieront comme venant soit de Kinshasa (Zaïre), par exemple *deuxième, troisième ou quatrième bureau* (deuxième, troisième ou quatrième des petites amies d'un *citoyen* [individu donné], ran-

---

1. Cf. G. Manessy et P. Wald, *Le français en Afrique noire, tel qu'on le parle, tel qu'on le lit,* Paris, L'Harmattan-Ideric, 1984 ; S. Lafage, *Le français parlé et écrit en pays éwé (Togo),* Abidjan, Inst. de Linguistique Appliquée, 1976 ; F. Jouannet, *Le français au Rwanda,* Paris, Gerla-Selaf, 1984, et bien d'autres.

gées par ordre de préférence), soit d'autres parties de l'Afrique, où l'on rencontre couramment des dérivations sauvages de verbes à partir de noms, telles qu'il s'en trouve aussi dans la langue parlée en France : *cadeauter*, de *cadeau, torcher quelqu'un*, c'est-à-dire « l'éclairer avec une lampe-torche », et même *lauber*, soit « sortir, danser, s'amuser jusqu'à l'aube[1] » ; à l'île Maurice (il s'agit du français mauricien, non du créole), on rencontre des emplois comme *pointeur* (« prétendant, amoureux »), *ma pièce* (« ma fiancée ») ou *mon dix-sept* (« ma femme préférée »)[2].

En France même, bien entendu, innombrables sont les particularités lexicales des usages régionaux, qu'il faut considérer comme des variétés locales du français, et qui ne se confondent ni avec les dialectes d'autres langues, ni avec les patois (issus historiquement, comme on l'a dit, de langues romanes qui ont suivi une voie plus ou moins indépendante par rapport au francien d'Île-de-France, ancêtre du français) : en français ardennais, *cliffer* (« éclabousser »), *loyette* (« cordon de capuche ») ; en français lorrain, *grossine* (« petite pluie fine »), *camp-volante* (« diseuse de bonne aventure »), *charpagnate* (même sens, de *charpagne,* « grand panier de bohémienne »), *tognard* (« homme bourru »), *nachon* (« enfant toujours mécontent »), *faire le quoireuil* (« bavarder avec les voisins ») ; en français poitevin, *courrail* (« verrou »), *landier* (« chenet »), *marienne* (« sieste », du latin *[somnus] meridianus,* « somme de midi », avec dérivation

---

1. Remerciements à M.M. Le Houx, qui, dans une correspondance privée, signale *lauber* comme utilisé en Casamance (Sénégal). On notera à ce propos, signe des temps et de l'adaptation des bons dictionnaires à l'évolution des états de langue, que l'édition 1985 du *Grand Robert* est nettement plus accueillante que la précédente, et que les autres ouvrages lexicographiques, aux « régionalismes » et généralement au « variationnisme » (cf. Préface d'A. Rey, en particulier p. XXIII). On y trouve, notamment, les africanismes *banco* (« français d'Afrique: Matériau de construction traditionnel en Afrique sahélienne, pisé " fait de terre argileuse délayée avec de la paille hachée et parfois du sable et du gravier " (in *Inventaire des particularités lexicales du français en Afrique noire*) ») ; *gâter* (« français d'Afrique : Détériorer, gâcher ») ; *poto-poto* (« français d'Afrique : 1. Boue, sol boueux [...] 2. Zone humide, marécageuse »). Cette politique d'ouverture mérite d'être soulignée (cf. N. Gueunier, « Francophonie : du conservatoire au concert des langues (I) », *Le français aujourd'hui,* n° 77, mars 1987, p. 100-107).

2. Ces illustrations ont été données lors de l'émission « Paroles d'homme », réalisée sur France-Inter les 7 et 14 décembre 1985 par R. Arnaud, avec le concours de C. Hagège.

au féminin), *métiver* (« moissonner », d'où le patronyme Méti-vier, fréquent dans le haut Poitou), *nigeant* (« ennuyeux, pesant »), *pouiller* (« se mettre sur le corps » ; l'usage régional a emprunté ce verbe aux patois pictons [de l'ancien Poitou], qui l'avaient eux-mêmes tiré du latin *despoliare,* source de son antonyme *dépouiller,* seul hérité du latin par le français, qui ne possède pas *pouiller* en ce sens)[1]. Les usages locaux présentent même des particularités morphosyntaxiques qui demandent à être « traduites » en français, comme le *d'après que chez tonton Paul sont venus* de la région Poitou-Charentes et d'autres régions (« il paraît que l'oncle Paul et les siens sont venus [vous voir] »).

Tous ces mots et tournures, dont on ne donne ici qu'un très petit nombre d'exemples, et qui remplissent des dictionnaires entiers, n'appartiennent certes pas à la norme française propre-ment dite. Mais il convient de connaître et de respecter ces usages si divers ; il faut éviter de les regarder avec la condescen-dance de certains qui négligent de se demander s'ils ne pour-raient pas, un jour proche ou lointain, contribuer à façonner un nouveau visage du français : « Les normes nous unissent, nous tous les francophones dispersés sur la planète », écrit A. Guiller-mou[2]. « Ni le créole, ni le joual ne servent la transparence. Ils segmentent, ils isolent. Le charabia, le franglais, l'hexagonal ne favorisent pas la communication non plus. » Il est vrai, certes, que le maintien des normes a, pour quelque temps, le pouvoir d'unir. Mais ce n'est pas assez pour que l'on tourne le dos aux héritiers bigarrés, comme l'implique le ton de ce passage. Le pro-blème du franglais, que l'on a évoqué dans la première partie du présent livre, est tout autre que ceux du « charabia » (qui peut, certes, s'alimenter aux anglicismes mais se définit d'abord par une méconnaissance du français) et de l'hexagonal (nom donné par R. Beauvais[3] à l'usage ridicule de mots provisoirement pri-sés, comme *hexagone* pour *France* ou *rural* pour *paysan*) ; le joual (d'après le nom que l'on y donne au cheval) est le dialecte populaire franco-québécois, assez différent de la norme cana-dienne par son lexique riche en anglicismes et surtout par sa

1. Cf. J.-M. Charpentier, « Approche ethnolinguistique d'un parler poite-vin », *Cahiers d'ethnologie de l'université de Bordeaux II,* 1986.
2. Article de *Vie et langage,* 1973 ; cf. Trescases, *Le franglais, op. cit.,* p. 119.
3. *L'hexagonal tel qu'on le parle,* Paris, Hachette, 1970.

phonétique ; il est tout aussi respectable que les patois nés sur le sol de France.

Les créoles (et non *le* créole, au singulier de subsomption condescendante) sont un problème distinct. Il est temps que le public prenne conscience de ce que les linguistes savent en général : les créoles martiniquais, guadeloupéen, guyanais, dominicain, réunionnais, mauricien, seychellois, etc., ne sont pas des exemples de « petit nègre », de parler bébé ou de patois indigent. Ces langues, nées dans les sociétés de plantocratie qui vivaient du travail d'une main-d'œuvre servile, ont une grammaire originale, assez différente de celle du français et dans laquelle se reconnaît, à travers les particularités de structure, un substrat africain[1]. Le lexique d'origine française compose avec cette grammaire un visage tout à fait nouveau. Le français est trop différent des créoles pour pouvoir, du moins à l'étape actuelle, confluer avec eux en une langue mixte. Ce sont eux, plutôt, qui lui font des emprunts, comme il arrive souvent dans les situations de diglossie. Diglossie plutôt que continuum, ce dernier terme impliquant, chez les créolistes qui s'en servent[2], une situation dans laquelle les usagers n'auraient de cesse qu'ils n'aient enfin atteint cet état de proximité puis de fusion avec le français qui mettrait un terme définitif à la dérive d'où sont nés les créoles ! A cette illusion s'oppose la réalité de l'attachement des Antillais et des autres à leur langue maternelle[3]. La situation de diglossie répartit strictement les sphères d'emploi : c'est en français que l'on disserte, que l'on s'adresse à l'administration, que l'on aborde des inconnus ; c'est en créole que l'on plaisante, que l'on parle à ses proches ou à ceux que l'on aime, que l'on s'émeut ou s'énerve, que l'on écoute ou dit les récits traditionnels, les contes, les devinettes.

Ainsi, les francophones de France doivent être accueillants à la diversité des usages, qu'il s'agisse de parlers régionaux ou de

---

1. Incontestable pour les créoles antillais (cf., notamment, J. Barnabé, *Fondal-Natal, Grammaire basilectale approchée des créoles guadeloupéen et martiniquais*, Paris, L'Harmattan, 1983), le substrat fait l'objet, pour les créoles de l'océan Indien, d'un vif débat entre créolistes, selon qu'ils sont favorables ou hostiles à cette notion (cf. P. Baker, C. Corne, *Isle de France Creole, Affinities and origin*, Ann Arbor, Karoma, 1982).

2. Cf. C. Hagège, *L'homme de paroles, op. cit.*, p. 34.

3. Cf. M.-J. Cérol, *Le créole guadeloupéen, un exemple de planification linguistique par défaut*, manuscr. de thèse, 1987, p. 280 s.

langues nouvelles qui, bien qu'issues historiquement du français, s'en sont fortement distinguées, comme les créoles. Avec tous, la langue française est solidairement engagée dans un même destin.

Les pièges du bilinguisme officiel

Dans les régions où coexistent le français et l'anglais, l'adoption d'un statut officiel de bilinguisme n'est pas sans risque pour le français. Le problème des fonctions d'une langue et de son avenir ne se pose pas dans les mêmes termes selon qu'il s'agit de l'individu ou de l'État. Bien que l'on puisse douter qu'il existe vraiment des bilingues parfaits chez qui chacune des langues ne découpe pas une sphère d'emploi spécifique et complémentaire de l'autre, il n'est pas douteux que ceux dont le bilinguisme n'est pas le produit d'une situation familiale ou personnelle à symboliques de conflits, et n'a donc pas d'incidence fâcheuse sur la personnalité, y puisent un enrichissement intellectuel et un élargissement culturel. A l'échelle des États, la situation est loin d'être aussi simple. Lorsqu'une des langues en usage est minoritaire et n'existe qu'à l'intérieur des frontières, il est légitime que l'on s'efforce d'atténuer l'inégalité qui la voue à la disparition du fait du prestige de la langue dominante. C'est une des raisons qui doivent recommander l'action en faveur des langues minoritaires en France et ailleurs. Mais il ne saurait être question d'instituer un unilinguisme en faveur du breton en Bretagne ou du basque au Pays basque. Car ces langues (qui sont, au demeurant, compartimentées en groupes de dialectes) ne peuvent assurer à leurs usagers une communication avec les étrangers.

Il en va tout autrement lorsque les deux langues parlées dans un pays ont toutes deux vocation internationale et que, par ailleurs, les usagers de l'une constituent un ensemble plus nombreux et économiquement plus puissant que ceux de l'autre. Dans ce cas, le bilinguisme apparaît comme un danger redoutable pour la langue la moins favorisée. Les discours qui le prônent risquent de camoufler la réalité du rapport de forces en vertu duquel le choix massif d'une des deux langues, à plus ou moins brève échéance, loin d'être purement linguistique, est celui d'une adhésion au groupe dominant[1].

C'est pourquoi il convient, si l'on entend favoriser la francophonie, de garder la plus grande prudence à l'égard du bilinguisme franco-anglais, quoi que l'on pense par ailleurs des bienfaits intellectuels de tout bilinguisme pour l'individu. En inscrivant dans sa Constitution l'unilinguisme officiel en faveur du français, le Québec a manifesté une claire saisie de la gravité des enjeux. Le français paraît ainsi préservé, au moins officiellement, du sort qui menace, à court, moyen ou long terme, les langues dominées. La célèbre loi 101 du Québec a, en principe, radicalement modifié la situation du français, qu'elle protège contre le péril du bilinguisme. Cette disposition légale, qui constitue, sous le nom de « Charte de la langue française », le chapitre C 11 des *Lois refondues du Québec* dans son édition la plus récente (septembre 1985), a connu depuis 1977 de nombreux remaniements tendant tous à en faire un instrument de plus en plus efficace pour la défense de l'unilinguisme en faveur du français dans la province du Québec. La principale raison de cette sollicitude est, évidemment, que, même si la majorité des Québécois sont francophones de naissance, la situation caractéristique de l'Amérique du Nord, où ils constituent un îlot de francophonie dans un océan anglophone, est loin d'être favorable à la survie du français dans un avenir prévisible.

La précarité de la situation, même avec le renfort d'une telle loi, apparaît, en outre, à ceci que, depuis la défaite, le 2 décembre 1985, du Parti québécois aux élections, les commerçants de la minorité anglophone, concentrée dans l'ouest de Montréal en particulier, ont mené campagne pour obtenir des libéraux vainqueurs, connus pour leur « souplesse » à l'égard de l'anglais, une révision de l'article 58. Celui-ci porte sur l'affichage et la publicité commerciale. Mais plus généralement encore, les anglophones remettent en cause les articles 51 à 71 du chapitre VII, intitulé « Langue du commerce et des affaires », qui ne sont

---

1. On peut rappeler ici, bien qu'il ne s'agisse pas d'idiomes à vocation internationale, le cas des langues dites de minorités en Union soviétique. L'avenir y est sombre pour les langues autres que le russe : ce dernier, par la force des choses, est le seul bénéficiaire du bilinguisme officiel instauré dans plusieurs Républiques, où une loi de 1958, mannequin de liberté, laisse aux parents le choix d'une langue d'éducation, ce qui revient, indirectement, à imposer le russe, dont le poids social est évident pour tous.

évidemment pas favorables à l'anglais. Or, c'est en anglais que ces commerçants « font des affaires », précisément. La Cour d'appel de Montréal a permis le retour à l'affichage bilingue en déclarant inconstitutionnel (fin 1986) l'article 58, déjà peu appliqué. La francophonie, qui avait, depuis 1977, consolidé ses positions à Montréal, risque d'être exposée à de nouveaux affrontements, même s'il est vrai que le chef du gouvernement fédéral, M. B. Mulroney, qui a succédé en 1984 à M. P.-E. Trudeau, a plusieurs fois[1] affirmé son ouverture au français. Cette attitude peut-elle suffire à le sauver quand les chaînes commerciales de télévision anglophone, pour près de la moitié des jeunes Québécois, peuplent tout l'espace culturel ?

Sensibiliser l'opinion en France

Considérer la France comme une terre de francophonie parmi d'autres bien que lieu privilégié des enfances, cela n'exclut évidemment pas que l'on s'efforce d'animer le plus possible de Français en faveur de cette cause. Or, par une sorte de paradoxe, l'opinion publique n'y est guère préparée à comprendre l'importance du débat. Il est possible qu'une des raisons en soit la situation linguistique de la France, seul pays du monde totalement francophone pour les parties où n'existent pas de langues régionales. Les Français, de ce fait, ont pris l'habitude, contrairement aux francophones du reste du monde, de vivre au centre de leur langue, sans s'inquiéter démesurément de son avenir, puisqu'ils ne la voient pas mener de lutte apparente en France même. Dans les autres pays concernés, la presse est aux écoutes de tout ce qui est entrepris en faveur de la langue française, alors qu'en France, les médias ont longtemps ignoré ces efforts, ou, pis encore, les ont parfois tournés en dérision. Plusieurs membres du Haut Conseil de la francophonie ont récemment dénoncé

---

1. En particulier à l'occasion du récent sommet francophone de Paris : dans un entretien avec un journaliste (cf. *Le Monde,* 15 février 1986, p. 1 et 2), M. Mulroney déclarait que « la francophonie a maintenant des chances de devenir un instrument productif pour tout le Canada, anglais ou français » et que « le sommet de Paris devrait baliser la naissance d'un nouveau club international plus ou moins analogue au Commonwealth ».

cette attitude. Les Français, qui sont réputés, on ne sait trop pourquoi, être un peuple de grammairiens, ne paraissent guère préoccupés par l'avenir de leur langue, alors qu'ils sont si soucieux de celui de leur niveau de vie. Est-ce à dire qu'ils verraient, sans s'émouvoir en masse, une autre langue supplanter un jour le français sur le territoire national ? Non, sans doute. Mais ils ont la conviction, peu consciente, que leur langue est éternelle, et qu'il est donc vain de s'engager dans une action énergique en vue de défendre ses positions. Contre-vérité dont tout fait apparaître le péril. Il n'est que temps, pour les médias en France, de faire à la francophonie la place qui lui revient et de la prendre au sérieux, à l'exemple des médias d'autres pays francophones.

Une évolution récente de l'opinion pourrait, si elle se confirmait, encourager cet effort. Si l'on en croit un sondage du mois de mai 1986[1], 68 % des Français d'un groupe témoin de quelque 900 personnes, âgées de 15 ans et davantage, savent ce qu'est la francophonie ; sur ce même groupe, 52 % jugent « très important » et 36 % jugent « assez important » d'accroître l'usage du français dans le monde. D'autre part, 73 % des personnes interrogées considèrent que la promotion du français sera réalisée par l'enseignement et la culture, tandis que 20 % n'en attribuent le pouvoir qu'aux facteurs économiques. Que ce sondage donne ou non un reflet exact de l'opinion, il convient de se persuader, même si l'on pense que la diffusion d'une langue est directement liée à la puissance économique et politique des pays où elle se parle, ainsi qu'au prestige qui en est ordinairement[2] la conséquence, qu'inspirer aux Français l'amour de leur langue est le préalable à leur engagement en faveur de sa promotion[3]. Or un

1. Cf. *Francophonie et opinion publique*, compte rendu de la Session des 28, 29 et 30 mai 1986 du Haut Conseil de la francophonie, brochure ronéotypée, p. 175-213.
2. Ordinairement, mais non toujours. Ainsi, la puissance de l'Union soviétique n'a pas autant servi le russe, en dehors de ses frontières, que celle des États-Unis l'anglo-américain. Une image défavorable l'explique peut-être.
3. On voit se multiplier les initiatives pour faire connaître la francophonie. Il faut au moins mentionner l'*Annuaire biographique* et le *Dictionnaire général de la francophonie* (Nathan, 1986, et Letouzey, *id.*) ou la revue *Qui-vive international*, aux concours prestigieux, mais aussi l'émission annuelle de télévision « Espace francophone » (chaîne FR3) et des actions comme les « Francofolies » de La Rochelle, où 57 000 jeunes spectateurs ont entendu chanter en français (1985), ou le Festival francophone de Limoges.

moyen aussi simple que fondamental de leur donner, ou de leur rendre, cet amour, est d'accroître la place du français dans l'enseignement.

Celui-ci ne fait que ressasser les satisfecit brouillons et les brèves mentions, qui n'ouvrent pas les yeux sur la réalité des dangers et sur les chances du français. Il convient de rendre leur place à la langue et à la littérature latines et grecques. Elle s'est réduite au point qu'il est moins banal et moins vain aujourd'hui qu'hier de rappeler que les humanités ont nourri la plupart des écrivains français, dont les œuvres, à travers les siècles, ont tissé la trame de la langue. Bien entendu, cette suggestion, qui concerne les écoles de France, n'implique rien quant à l'éminente qualité des contributions contemporaines au destin de la langue française qui sont dues à tous les écrivains francophones chez qui l'inspiration s'alimente d'autres traditions. Car c'est justement l'apport fécondant de ces traditions qui, s'associant aux humanités classiques, fera la sève de la langue française de demain. Quoi qu'il en soit, les grands livres ne sont pas des esquisses désinvoltes. Il faut donner aux Français le goût de l'expression la plus juste, que les meilleures œuvres n'atteignent qu'au .prix d'un labeur obstiné. Abreuvés aux sources de leur langue et à ses plus belles illustrations, ils ne seront que plus naturellement déterminés à servir et à encourager son rayonnement.

Mais pour que l'opinion puisse, à la faveur de l'enseignement, se convaincre de l'importance d'une action résolue, il faut aussi que le pouvoir lui-même en soit convaincu. Il l'est dans ses discours. Il l'est également par son soutien financier aux organes de diffusion de la langue française dans le monde. Mais, d'une part, comme on l'a dit, ce soutien décroît depuis quelque temps. D'autre part, le français, dont il faut répéter qu'il est une des rares causes ralliant l'ensemble des opinions politiques, est pourtant exposé, aujourd'hui, à faire les frais de la petite guerre des partis. En réplique aux nationalisations massives qu'il reproche au gouvernement précédent, le gouvernement actuel de la France dénationalise tout aussi consciencieusement. Il ne s'agit pas d'approuver en bloc la première de ces politiques, ni de blâmer tout entière la seconde. Mais il faut rappeler que le service public est le pilier de l'entreprise culturelle. Il est seul en mesure, par la puissance de ses moyens, de donner au français une dynamique à la mesure de la compétition. Le moment est donc mal venu pour dénationaliser les chaînes de télévision TF1 ou FR3, alors qu'il faudrait plutôt augmenter leurs moyens[1], pour leur permettre de créer des émissions soutenant la chanson française et la musique plus savante des compositeurs français d'aujourd'hui, ainsi que des jeux et concours télévisés sur la langue française et des banques de données sur la francophonie.

En outre, dans des secteurs précis où s'engage l'avenir de la langue, on relève d'étranges et fâcheuses défaillances. Ainsi, nul ne doutera que les étrangers qui ont consacré de nombreuses années de leur vie à l'apprentissage du français, qui ont déjà atteint un bon niveau par leur seule étude et qui, n'étant jamais venus en France, désirent y accomplir un séjour avec la ferme intention de servir ardemment, à leur retour dans leur pays, la langue qu'ils ont choisi d'enseigner, méritent toute l'aide possible de la part de la France. Or, de nombreux spécialistes étrangers dont c'est là le profil ne parviennent pas à obtenir la moindre bourse ou subvention leur permettant de parfaire un niveau de connaissance déjà honorable qui ne demande qu'à devenir excellent. Quand on cherche à savoir pourquoi tel francisant chinois, indien, ghanéen, tanzanien, indonésien ou philippin n'a pas obtenu les moyens nécessaires à son séjour, la réponse que l'on reçoit revient à dire, sous les formulations lénifiantes, que faute de ressources suffisantes, il a fallu faire des choix, et que les sciences dures ont été favorisées aux dépens des sciences humaines. Ce décalage entre les intentions proclamées et les actes, dont le français est évidemment une des victimes désignées, prendra-t-il fin un jour ?

La réforme de l'orthographe, ou l'amputation comme médecine

Il est, en matière de francophonie, des évidences qu'il importe, parfois, de rappeler. L'une d'elles est celle-ci : à vouloir

---

1. Devraient y concourir des mesures que seul l'État peut prendre, comme la défiscalisation des produits culturels français destinés à l'audiovisuel, et même une augmentation de la redevance. A cela devrait s'ajouter une aide accrue à des organes précieux, comme l'Institut national de l'audiovisuel et la Société française de production. Pour l'heure, on ne songe qu'à les affaiblir...

défendre le français par tous les moyens que recommande l'urgence, il ne faut pas en venir à perdre de vue le français lui-même. Or un débat essentiel pour son avenir et sa diffusion est celui de l'orthographe. Il paraît simple si on le formule dans les termes suivants : la difficulté d'apprentissage de la forme écrite est une des causes indirectes du plus grand rayonnement de l'anglais ; car ce dernier, bien que loin de posséder une orthographe purement phonétique, n'a cependant ni accents, ni tréma, ni cédille, ni lettres « -s » pour le pluriel des noms et « -nt » pour celui des verbes, présentes dans l'écriture et auxquelles rien ne correspond dans la prononciation. L'apparente évidence de ce raisonnement dissimule les véritables enjeux. Les hommes de culture qui, à travers le monde, dans leurs pays, travaillent à la diffusion du français consentiraient-ils à poursuivre leur effort en faveur d'une langue dont l'orthographe deviendrait, par simplification, toute différente de ce qu'elle est aujourd'hui ? On se contentera ici, en relation avec le thème du présent livre, de quelques observations sur le problème de la réforme de l'orthographe française, assez grave évidemment et assez chaudement débattu par les spécialistes dans d'innombrables publications pour qu'il n'y ait pas lieu de l'aborder autrement qu'à l'aune de la francophonie.

Les signes diacritiques qu'on vient de mentionner, et qui sont parmi les difficultés de l'orthographe française, n'existent pas sous ni sur les consonnes et voyelles de l'anglais écrit. Des spécialistes font remarquer que, de ce fait, un clavier d'ordinateur doit contenir, pour l'informatisation du français, 25 % de signes typographiques de plus que pour celle de l'anglais. Le coût de construction des ordinateurs capables d'absorber tous ces signes serait tellement élevé que certains ingénieurs et linguistes proches de l'informatique, mais certains seulement, préconisent purement et simplement une réforme qui débarrasserait l'orthographe française du *ù,* du *à,* du *ë,* du *ê* (éliminé par la généralisation de *è*), et substituerait au *ç* le groupe *ce*[1]. Ils assurent que cette simplification servirait la diffusion du français à l'étranger, sans compter que, pour faire face au raz de marée de données qui risque de submerger, en France, tous les organismes brassant de gigantesques masses d'éléments d'information (Sécurité

---

1. Un des plus brillants représentants de ce courant est le professeur M. Gross, spécialiste de linguistique française de l'université de Paris VII.

sociale, Bibliothèque nationale, etc.), l'économie de traitement sur ordinateur est une urgence vitale. Certes, il ne manque pas d'autres arguments encore à l'appui d'une simplification, au moins partielle, de l'orthographe française. Il existe même des précédents littéraires qui donnent à penser, bien qu'il s'agisse de jeux, qu'on peut se passer de bien des signes. Le célèbre lipogramme de G. Perec, son roman *La disparition,* n'est-il pas là pour attester que l'on peut écrire tout un long texte sans un seul *e,* et par conséquent sans un seul des accents aigus, graves et circonflexes dont le *e* est, de loin, le support le plus fréquent ?

Cependant, le débat n'est pas aussi facile à trancher. Ce n'est pas la première fois, dans l'histoire, que les machines peuvent avoir une incidence sur l'état de l'orthographe. La mise en cause de la légitimité des formes écrites est fort ancienne en France. On rappellera, pour ne citer qu'une seule période, l'étonnante floraison de projets de réformes orthographiques qui occupe les dernières années du XVIIe siècle. De N. Bérain (1675) à A. Nicolas (1693), en passant par le P. Pomey (1676), C.P. Richelet (1679-1680), et D. Vairasse d'Allais (1688), nombre d'écrivains et de lexicographes réclament des réformes qui se heurtent aux résistances des imprimeurs, peu soucieux d'accroître le coût des travaux par la diversification des caractères[1]. On voit que la situation paraît inverse de celle d'aujourd'hui, puisque les réformateurs demandaient non des mesures d'économie, mais des mesures d'accroissement. Cependant, les réformes finiront par entrer dans les mœurs grâce au zèle des imprimeurs hollandais, connus pour leur dynamisme et leur esprit progressiste. Mais une fois consacrées, les graphies distinctives deviendront la norme, et l'on aboutira à la situation d'aujourd'hui, où de nouvelles machines paraissent exiger une simplification. Pourtant, ce n'est là qu'une apparence : il existe nombre d'informaticiens pour qui le coût prétendument énorme des signes diacritiques de l'orthographe française est une illusion[2].

D'autre part, quel écho une réforme de l'orthographe pourrait-elle trouver dans le public ? Un faible écho, selon toute apparence. Les Français, en particulier les moins favorisés,

---

1. Cf. F. Brunot, *Histoire de la langue française, op. cit.,* t. IV, 1re partie, p. 112-126.

2. Telle est, par exemple, l'opinion du professeur M. Nivat, spécialiste d'informatique théorique de l'université de Paris VII (communication personnelle).

investissent assez de peine, assez de temps, assez d'argent dans l'apprentissage de l'orthographe, d'une génération à l'autre, pour se considérer, en quelque manière, comme possesseurs inaliénables de leur propre écriture. Il s'agit pour eux d'une propriété aussi précieuse, aussi jalousement surveillée, que les biens le plus chèrement acquis. L'orthographe n'est pas loin d'être un objet obsessionnel dans les milieux les plus simples, auxquels elle apparaît comme un moyen d'accession à un statut respectable, sinon aux lieux de pouvoir. De là le succès, habilement exploité par les marchands, que rencontrent les ouvrages sur l'art d'écrire correctement, ainsi que les cours d'orthographe par correspondance. Même une réforme timide n'est pas assurée de rencontrer une large audience[1], pour ne rien dire des chances d'une métamorphose radicale comme celle qu'entraînerait l'adoption d'une écriture purement phonétique. Tout ramène au mot souvent cité du lexicologue A. Rey, selon lequel une réforme de l'orthographe en France est à la fois techniquement nécessaire et socialement impensable. L'orthographe est en France un puissant héritage, mieux, une institution, sinon même une religion. C'est ce qui peut expliquer qu'en dépit de ses incohérences et des scories qu'y a accumulées une histoire capricieuse, elle exerce indéfiniment son pouvoir de fascination.

Que faire, dans ces conditions, qui ait des chances, en rendant l'orthographe moins complexe, d'élargir l'audience du français dans le monde d'aujourd'hui? La meilleure attitude est sans doute la tolérance mesurée. En d'autres termes, sans revenir à l'état de liberté relative d'avant le XVIe siècle, où, par manque d'une réelle codification antérieure à l'imprimerie[2], la notion de faute d'orthographe ne faisait pas grand sens, il faut relâcher quelques-unes des contraintes. Il est vrai pour une large part, même si on ne peut soutenir avec certains[3] que ce le soit absolu-

---

1. Il n'a pourtant pas manqué, dans l'histoire, d'interventions réussies sur les techniques d'écriture. Il est vrai qu'elles ont le plus souvent consacré des pratiques déjà admises, comme le fit une des toutes premières que l'on connaisse, à savoir la décision par laquelle Archinos, en 403 avant J.-C., institutionnalisait à Athènes, dans les documents publics, l'écriture de gauche à droite.

2. On pourra, sur ce point, consulter G. Roussineau, « L'évolution des habitudes graphiques avant l'imprimerie », in *Fantasmographie*, Eidolon 26, Laboratoire pluridisciplinaire de recherches sur l'imagination littéraire, université de Bordeaux III, 1985, p. 47-64.

3. Cf. A. Chervel, *...Et il fallut apprendre à écrire à tous les petits Français, Histoire de la grammaire scolaire*, Paris, Payot, 1977.

ment, que les nécessités de l'apprentissage de l'orthographe sont responsablés de la rigidité traditionnelle de l'enseignement de la grammaire française aux écoliers. Un assouplissement dicté par un esprit de tolérance mesurée ne bouleverserait pas les habitudes ni ne choquerait les sensibilités. Il consacrerait, de surcroît, une tendance déjà existante. Ainsi, la prochaine édition du *Dictionnaire* de l'Académie doit, si l'on en croit les informations que l'on en a, autoriser *il ficèle* et *il étiquète* à côté de *il ficelle* et *il étiquette*.

Ces mesures peuvent paraître dérisoires tant elles sont ponctuelles. Mais c'est une banalisation par étapes qui ouvrira des brèches à un nombre croissant d'entreprises. Une circulaire de 1977, à laquelle il semble que se soient intéressés les services compétents du précédent ministère de l'Éducation nationale, tolère en outre l'absence d'accent circonflexe dans les cas où elle ne produit pas d'ambiguïté : *bacler, félure, connaitre, coutant* (mais elle laisse intacts les couples [phonologiquement explicables] comme *grâce/gracieux, infâme/infamie, pôle/polaire*, etc.). Elle admet aussi le pluriel *gardes-chasses*. Sur tous ces points, il s'agit de mesures souples et non de contraintes : on considérerait comme officiellement admise une nouvelle graphie, ce qui devrait mettre fin à l'infamie frappant les infractions à l'ancienne, tout en n'obligeant pas les partisans nostalgiques de cette dernière à s'en déprendre. Peut-être devrait-on même, en usant d' « autorité » sur ce seul point, imposer la graphie la plus simple, généralement moderniste, dans les cas où elle coexiste avec une autre, plus complexe et plus archaïque, par exemple pour le *h* initial des mots comme *(h)erminette, (h)olographe, (h)ululer* ou pour le *h* médian de *lit(h)uanien*. Il n'y a pas d'harmonie entre les dictionnaires sur ce point, ni sur beaucoup d'autres[1], ce qui rend plus complexe encore le problème de la réforme.

Bien entendu, il ne s'agit pas de bousculer les habitudes, surtout lorsque l'on peut invoquer pour leur défense quelque apparence d'argumentation. Ainsi, il est vrai qu'au pluriel, le « -s »

---

1. Aucune décision de caractère exécutoire ne s'est encore dégagée des travaux de la commission du Conseil international de la langue française qui étudie depuis plusieurs années les moyens d'une harmonisation. La France n'a pu, jusqu'ici, se donner une réforme comparable à celles, pourtant limitées, qu'ont adoptées l'Allemagne, la Norvège ou l'Union soviétique.

pour les noms et le « -nt » pour les verbes du premier groupe créent de véritables catégories visuelles dans l'orthographe française, puisqu'aucune distinction orale par rapport au singulier ne leur correspond[1]. Il convient, plus généralement, de ne pas majorer la gravité des inconvénients attachés à l'orthographe du français. D'une part, il ne va pas de soi qu'une simplification soit appelée à améliorer la diffusion du français face à l'anglais. D'autre part, même si on le croit, cet argument n'est pas assuré d'emporter la conviction des Français.

Certes, on aime à dire que le temps considérable qui s'investit dans l'apprentissage de l'orthographe est autant de perdu pour les disciplines scientifiques qui formeraient les ingénieurs dont on a besoin. Mais qui prétendrait que l'efficacité technique et économique du Japon soit compromise par la longueur des études que nécessite pour chaque Japonais l'acquisition d'un système d'écriture fort compliqué, associant aux deux syllabaires distincts un ensemble de 1 850 caractères chinois importés (pour chacun desquels il existe une, mais souvent deux, et parfois trois, formes orales distinctes !), dont 881 sont appris pendant six ans à l'école primaire et le reste à l'école secondaire ? N'a-t-on pas vu les Chinois, qui, au XXᵉ siècle, ont à plusieurs reprises tenté de substituer l'alphabet latin à l'écriture idéographique, ne concéder finalement à la notation phonétique romanisée qu'un rôle d'auxiliaire occasionnel, qui n'a pas, jusqu'ici, remis en cause le moins du monde l'empire des caractères ? Pourquoi faudrait-il abandonner des signes que le français est loin d'être seul à posséder ? Songe-t-on à supprimer les accents et les trémas des voyelles hongroises, dont ils indiquent la longueur ou le timbre, les trémas des voyelles allemandes ou turques, les accents du tchèque, notant la quantité vocalique, le *l* barré du polonais, les cédilles du *t* et du *s* dans l'écriture roumaine, etc. ?

Dans l'état actuel des choses, le mieux serait plutôt d'améliorer l'enseignement de l'orthographe. Il serait profitable, par

---

1. Cela dit, si l'évolution notée précédemment (cf. p. 39), qui tend à supprimer, en langue parlée, l'accord du participe après *que,* devait se confirmer, la graphie, suivant ce mouvement, pourrait un jour devenir invariable : *les actes qu'il a fait, les mots que tu avais dit,* etc. Le seul fait d'imaginer pareil tableau a de quoi faire gronder plus d'un puriste peu soucieux de l'arrêté de 1901, alors qu'il ne s'agit que d'un retour à un très vieil usage. Le linguiste a pour tâche d'observer les évolutions, de les prédire même quand il le peut. Cela ne signifie pas qu'il en souhaite les résultats ni qu'il s'efforce d'en hâter l'échéance...

exemple, d'instituer un apprentissage gradué : un certain lot de connaissances requises serait attribué à chacune des classes successives de l'école primaire. Nombreux sont ceux qui se lamentent sur la mauvaise qualité de l'orthographe des adolescents ; rares ceux qui préconisent des méthodes efficaces d'acquisition. Pourquoi ne pas recourir à l'informatique ? On ne retiendrait alors que la face utile du paradoxe de l'ordinateur. Celui-ci, en effet, est une menace pour l'orthographe si on décide de la mutiler pour réduire les coûts de fabrication ; mais, en même temps, il est, si on ne choisit pas cette voie, un solide garant, puisque, comme chacun sait, l'ordinateur ne peut accepter que des données à l'orthographe correcte, ce qui oblige à la connaître si l'on veut profiter des services de l'informatique. Mieux, l'ordinateur peut être lui-même un instrument d'apprentissage direct. Dans certaines écoles[1], il en existe dont le programme est fait de leçons traitant les règles classiques et suivies d'exercices d'application. L'enfant, sachant qu'il obtiendra sur l'écran la réponse « bravo » en cas de succès et la réponse « insuffisant » en cas d'erreur, est par là puissamment incité à acquérir de bons mécanismes. Et la fascination de la machine donne à l'austère orthographe le prestige d'un jeu à commandes électroniques. Adapter l'ordinateur à l'orthographe, cela ne vaut-il pas mieux que d'adapter l'orthographe à l'ordinateur en se soumettant docilement aux impératifs de techniciens confrontés à des matériels sans cesse renouvelés, assaillis par la concurrence et avides de normalisation internationale ? Du moins, l'ordinateur serait-il mis ici au service d'un apprentissage de caractère mécanique, alors que, dans beaucoup de ses autres emplois, dont notre imprudente ingénuité se flatte de tirer jour après jour toutes sortes de profits, il risque d'aboutir à des conséquences redoutables pour l'esprit humain, transformé en une sorte de gare de triage[2] : « Si vous obtenez tel résultat, allez à la touche X, et ainsi de suite... »

C'est en partie conjurer une telle menace que de contrôler l'usage de l'ordinateur en le mettant au service de l'orthographe. L'industrie peut parfaitement, sans se laisser distancer par d'autres inventions, produire dans de bons délais des machines capables de traiter tous les diacritiques de l'écriture française,

---

1. Cf. *Le Point*, n⁰ 552, 18 avril 1983, p. 61.
2. Cf. B. Lussato, *Le défi informatique*, Paris, Fayard, 1981.

contrairement à ce que déclarent certains techniciens. Des ordinateurs se construisent, qui contiennent, pour d'autres langues, des signes plus nombreux et plus complexes que ceux de l'orthographe française. Généraliser l'emploi de l'ordinateur adapté à l'orthographe anglaise, ce serait aussi laisser pénétrer sans réagir les usages étrangers au français, et par exemple les abréviations anglaises déjà fort répandues en France, comme « Mr » au lieu de « M. » pour « Monsieur », que l'autorité des machines consacrerait définitivement, puisque la touche « Mr » figure, comme une parmi les autres, sur les machines américaines. La réforme de l'orthographe est certainement en France un problème grave, et bien antérieur à la révolution informatique. Mais il ne faut pas se hâter de croire que la réforme servirait la diffusion du français, ni surtout qu'elle le ferait d'autant mieux qu'on aurait mis plus de zèle à s'aligner sur les graphies anglaises sous prétexte de simplification.

Le français et la recherche scientifique

Ce n'est qu'au milieu des années soixante que les autorités françaises ont commencé à s'émouvoir d'un phénomène étrange autant que symptomatique : le français était évincé des sciences en France même. La chose était demeurée longtemps inaperçue, car les communications entre savants ont leur réseau propre, assez indépendant du public et des pouvoirs, et que le mode de circulation des recherches scientifiques est le plus souvent, au moins au début, le mode mineur de la discrétion, non par calcul mais par nature. On pourrait, en minimisant les risques, considérer que le déclin du français dans les sciences, illustré de façon frappante par ce phénomène, n'est qu'un cas particulier, et ne dit rien sur son sort dans les autres domaines. On ferait alors valoir que, pour les scientifiques, la langue est d'abord un outil, auquel on demande, comme à tout outil, de fonctionner, c'est-à-dire, ici, de faire largement connaître les résultats obtenus. Or, l'outil qui répond le mieux à ce but est aujourd'hui l'anglais. La diffusion de la *science* française, ajouterait-on, ne doit pas être confondue avec celle de la *langue* française, et cela d'autant moins que la première est plutôt desservie par la seconde dans les circonstances actuelles, alors qu'elle la sert en servant le prestige français.

D'autre part, on pourrait arguer d'un fait notoire : un obstacle à la diffusion du français est que le niveau de connaissances plus ou moins explicitement exigé d'un étranger est élevé, ce qui est de nature à en décourager beaucoup[1] ; au contraire, l'anglais scientifique international est une langue surtout pratique, dont la barre de correction exigible, pourvu que le message soit transmis, est loin d'être élevée[2]. Dès lors, le risque d'aliénation culturelle des scientifiques français qui s'en servent dans leurs écrits et en public est faible, sinon nul. Enfin, on ne peut soutenir qu'il existe une façon française, opposée à une façon allemande, américaine, etc., de poser et de résoudre les problèmes scientifiques, même si certains cas particuliers donnent à réfléchir[3].

Cela dit, il est vrai, comme on l'a vu, que, dans d'autres domaines que la science, la langue est bien davantage qu'un outil par tout ce qui s'y investit de valeurs symboliques. Mais le plus important est ici que l'amélioration de la qualité d'une recherche peut avoir pour effet d'inverser la situation. On l'a vu plus haut par l'exemple des mathématiques. Il est vrai que la recherche mathématique n'exige pas, en principe, de moyens techniques onéreux et perfectionnés, puisqu'elle n'a pas, ou pas directement, recours aux expériences complexes qui sont le tissu de l'activité du physicien, du chimiste ou du biologiste. Cependant, de deux autres domaines où le français maintient ses positions d'autrefois, à savoir l'histoire et l'orientalisme, l'un au moins, l'orientalisme, requiert des techni-

---

1. Le comportement même des auditeurs francophones n'est pas toujours de nature à encourager les étrangers qui font l'effort de s'exprimer en français. Le cas n'est que trop fréquent de chercheurs étrangers que l'on invite, dans une salle d'université française, à passer à l'anglais alors qu'ils ont commencé en français !

2. Cependant, cet anglais, et parfois ce sabir à base anglaise, peut, dans les cas les pires, faire obstacle à la compréhension. Un professeur de Liverpool, cité par T. Kenec'hdu, *op. cit.*, p. 48, dénonce cet anglais opaque aux anglophones.

3. On connaît l'exemple classique de la découverte de la loi de Boyle-Mariotte sur la compression des gaz : volume × pression = constante. Boyle parvient à cette loi par le biais de très nombreuses expériences ; Mariotte atteint un résultat semblable en passant par un long raisonnement qui ne s'appuie, en dernier ressort, que sur une seule expérience. Bien entendu, les cas semblables n'ont pas peu contribué à alimenter les stéréotypes sur l'Anglais pragmatique et le Français cartésien.

ques assez élaborées, bien que non comparables à celles qu'exigent les sciences « dures ». Quoi qu'il en soit, puisqu'à l'évidence ce qui manque en France, ce ne sont pas les cerveaux, mais les moyens financiers et matériels, il est clair que, pour trouver un dynamisme comparable à celui des spécialistes américains et favoriser par là même la diffusion du français dans les recherches savantes, la science française devrait être soutenue par un ensemble d'actions précises.

Celles-ci peuvent avoir des points d'application très divers. Avant même les interventions officielles, on mentionnera déjà les simples procédures de construction des articles scientifiques, comme celle qui consiste à faire référence, dans une publication de portée générale en anglais, à d'importants résultats et expériences, qui fournissent à cette publication sa force démonstrative, et qui sont publiés en français. Ainsi, le lecteur, n'ayant connaissance que d'une conclusion s'il s'en tient à l'article en anglais, devra se reporter aux travaux en français s'il souhaite savoir sur quoi se fonde cette conclusion. En outre, des mesures peuvent être adoptées pour assurer au français une plus large diffusion dans les sciences[1]. La valeur d'un article scientifique est largement fonction de la rigueur et de la clarté de sa construction. Celles-ci devraient donc faire l'objet d'un enseignement spécifique donné dans les universités en vue d'apprendre aux chercheurs comment exposer leurs résultats et leurs découvertes[2]. Certaines mesures pourraient permettre de mieux atteindre cet objectif : concertation entre directeurs de revues afin de trouver un consensus quant aux moyens d'améliorer la qualité, institution de prix accordés à celles dont la valeur aurait le mieux servi le rayonnement de l'édition scientifique française. Certains[3] recommandent même que les auteurs participent aux

---

1. C'est à l'occasion du colloque de Montréal sur « L'avenir du français dans les publications et les communications scientifiques et techniques » (organisé par le Conseil de la langue française du Québec, 1er au 3 novembre 1981) que M. J.-P. Chevènement, alors ministre de la Recherche et de la Technologie, déclarait : « C'est dans le domaine de la technologie que le français doit d'abord être défendu, pour qu'il demeure une langue de culture internationale. »

2. On pourra consulter le *Guide pratique de la communication scientifique*, sous la direction de R. Bénichoux (v. note suivante), Paris, Éd. G. Lachurié, 1985.

3. Cf. *Le Monde*, 31 octobre 1981, p. 2, article du professeur R. Bénichoux, président du Collège français de rédaction et de communication médicales.

frais des revues qui les publient, afin d'encourager la brièveté des articles, qui est souvent un garant de leur efficacité, et de faciliter également la gestion financière. Il est souhaitable d'utiliser une langue simple et dépouillée plutôt que chargée d'éléments décoratifs : la valeur d'un article scientifique, si elle est fonction de sa clarté et de sa rigueur, n'est pas fonction du caractère littéraire de sa langue ; le français ne peut à la fois prétendre élargir son audience dans le monde scientifique et conserver les traits d'un code de luxe dans les travaux de recherche à caractère technique[1].

Il conviendrait aussi que les subventions accordées aux revues scientifiques soient assorties de l'engagement à pratiquer une rigoureuse sélection parmi les articles qui leur sont soumis. Une étroite coordination entre les divers ministères intéressés devrait également permettre une aide financière accrue aux organismes de recherche les plus dynamiques, en ce qui concerne aussi bien leur équipement en infrastructures (dont la faculté d'accès aux plus importantes banques de données mondiales) que la diffusion de leurs travaux. Mais hélas, la politique présente de restriction, loin de consentir à ce surcroît d'effort, ne cesse d'éroder les budgets de recherche. Cela fait peser sur la science française et sur sa capacité de défi une très lourde menace. C'est pourquoi l'action publique devrait être relayée par l'initiative privée, encore singulièrement timide en France (malgré certaines prises de conscience) si l'on songe à l'importance, aux États-Unis ou même en Italie, du mécénat scientifique et de l'investissement que bien des industriels consacrent à la recherche fondamentale. Mais quelles qu'en soient les sources de financement, il faudrait

---

1. « En France », écrit le professeur J. Mantsinen, de l'Académie des sciences de Finlande (« Économie du français de l'économie. Point de vue contrastif d'un statisticien finlandais », *Discoss, op. cit.,* p. 103-106), « [...] l'information est rare et chère [...]. En d'autres termes, la *productivité* de la langue française peut être considérée comme basse, comparée à celle des pays anglophones par exemple, — et même à celle de communautés de locuteurs moins nombreuses (les pays nordiques) —, ce qui explique qu' [...] un usager de langue de diffusion restreinte (ici le finnois) préfère quasi automatiquement l'anglais au français pour la communication en langue de spécialité [...]. Un *français simplifié* [permettrait de] ralentir le déclin actuellement perceptible dans l'utilisation du français comme langue scientifique » (p. 105-106). J'ajoute que ce type d'usage, limité au monde scientifique, ne saurait, évidemment, avoir d'incidence sur la diffusion souhaitée du français littéraire.

encore réserver un budget important à l'accueil d'un nombre beaucoup plus grand qu'aujourd'hui de chercheurs étrangers de qualité, venant recevoir une formation spécialisée, et non obtenir de jurys paternalistes des diplômes de complaisance.

Les chercheurs français, en outre, ne doivent pas oublier l'importance de l'enseignement universitaire. Il ne faut pas se contenter de la recherche que l'on conduit et de sa diffusion dans le monde savant. Il faut aussi s'efforcer de la faire connaître aux apprentis chercheurs par la publication, de préférence collective, de manuels de haut niveau écrits en français à l'usage des étudiants préparant un doctorat. Faute de cela, ces étudiants n'auront plus que des titres de manuels en anglais dans leurs listes bibliographiques. Cette situation n'est pas de nature à convaincre ceux qui feront à leur tour de la recherche de publier en français. Peut-être serait-il judicieux, également, de se ménager, dans la recherche, des créneaux où l'industrie française serait en mesure de s'assurer une prééminence, tout comme les mathématiques françaises ont acquis un niveau élevé. L'urgence est grande si l'on songe que dans de nombreux domaines de pointe, la France, et solidairement avec elle le monde francophone, se sont laissé devancer. C'est ainsi, par exemple, qu'ont été manquées deux étapes de la nouvelle révolution industrielle que peut représenter, si l'humanité sait en garder la maîtrise, l'aventure robotique. Ces deux étapes sont celles des robots industriels et des robots cosmiques, en attendant la troisième, déjà dessinée par nombre de percées, à savoir celle des robots domestiques.

A toutes ces entreprises que l'on peut préconiser pour rendre à la langue française son prestige d'autrefois dans les sciences, il doit s'en ajouter d'autres, plus directes. Ainsi, il est urgent que l'on unifie la néologie dans le vocabulaire des sciences et, plus généralement, dans celui de tous les domaines où se créent des mots nouveaux. Il devrait sembler évident qu'une action concertée des quelque quarante pays francophones d'aujourd'hui s'impose, en vue d'aboutir aux mêmes mots nouveaux dans les nombreux champs du savoir où l'on ne cesse d'en introduire à raison des progrès de la connaissance et des inventions.

Mais pour donner à toutes ces actions une base sociale solide, sans laquelle elles manqueraient leur but, ce qui s'impose, c'est, ni plus ni moins, une réforme des mentalités. Il est probablement utopique de la croire possible, alors que les états d'esprit s'enracinent dans de très vieilles habitudes, génératrices d'un système rigide. Mais si ce système, et les mentalités qui le nourrissent, ne sont pas au moins assouplis, la science française, et avec elle la langue française, seront en position moins favorable pour assurer leur rayonnement. Il ne faut pas désespérer de voir la situation changer. C'est souvent en croyant aux utopies qu'on les a transformées en réalités[1].

---

1. Rappelant que l'édition scientifique japonaise « s'appuie surtout sur l'ambition et le patriotisme japonais », P. Rossillon écrit (*op. cit.*, p. 354) : « On a coutume, dans ces affaires, de considérer d'avance la partie perdue : l'exemple japonais démontre cependant qu'on peut travailler chaque jour davantage dans sa langue et non pas en anglais : on estime à 70 % la part des publications scientifiques et techniques japonaises éditées en japonais. » Il ajoute plus bas : « La France a, quant à l'information scientifique et technique en français, dépassé le stade de la velléité pour atteindre celui du bricolage... » Pour modifier cette situation, indique ce même auteur (p. 329), il faudrait investir un milliard de francs, « soit presque autant que le chiffre d'affaires de pâté en boîte pour chiens et chats » (on sait, en effet, que les animaux domestiques intéressent beaucoup plus les Français que la science). Il est vrai que l'on ne peut faire davantage, en faveur de la langue, que ce qui est permis par le produit national brut. L'anglais est défendu par 4 500 milliards de dollars de PNB, le japonais par 1 300, le français par 600... (chiffres donnés, p. 345-346, par le même auteur, qui ne cite pas ses sources). Il n'est pas sans intérêt de rapprocher ces données de celles que fournit un tableau d'inspiration toute différente, mais qui utilise également le produit national brut par habitant, puisqu'il le compare avec les taux de scolarisation en français dans les différentes aires géographiques et culturelles du monde (*Rapport 1985* sur *L'état de la francophonie, op. cit.*, p. 98) : selon ce tableau, les deux variables tendent à évoluer en raison inverse l'une de l'autre, ce qui donne une indication révélatrice sur la faiblesse économique (actuelle) du monde francophone dans sa globalité (cf. ici p. 239-249).

Le français
face à son destin

Ce qui anime certains des défenseurs français de la pureté du lexique et de la francophonie, ce sont moins des craintes pour l'avenir de la langue française qu'une nostalgie de la grandeur passée. Celle de la France elle-même. Expression sublimée de l'attachement à la patrie française, leur passion pour sa langue, comme miroir de l'imaginaire, lieu des symboles nationaux et ultime refuge des rêves, est surtout inspirée par le refus du détrônement au profit de l'anglo-américain, c'est-à-dire des États-Unis. Or, il ne semble pas que ce nationalisme déguisé en idéaux internationalistes soit partagé par tous les Français. Le récent mouvement d'intérêt pour la francophonie, révélé par le sondage dont on a fait état précédemment, ne semble pas inspiré chez les Français par une nostalgie d'imperium politique. Du reste, même quand les usagers s'intéressent au sort de la langue au point d'y investir des valeurs symboliques liées à la nation, il est rare que ce souci les occupe plus que celui de leur bien-être matériel. La mort à peu près totale du français en Louisiane prouve que l'assimilation linguistique, au bout de quelque temps, finit par être acceptée, si elle est la condition de l'intégration économique ou, plus encore, de l'accès à l'aisance. C'est seulement alors que l'on peut, comme il est arrivé aux Acadiens, prendre conscience du danger de laisser disparaître un patrimoine culturel. Cependant, l'attachement à la langue comme symbole de la patrie risque de constituer un obstacle dans l'entreprise de promotion de la francophonie. En effet, si langue et patrie françaises peuvent êtres pensées solidairement par les Français, tel n'est pas le cas pour les autres pays francophones. C'est pourquoi la notion de patrie devrait prendre ici un contenu culturel et linguistique plutôt que politique. C'est d'une *patrie francophone* qu'il doit s'agir. Elle correspond non à une entité politique, mais à un vaste espace géographique et culturel, auquel participent tous les francophones du monde.

Un avenir est promis, semble-t-il, à cet espace. On peut en apercevoir un indice dans le besoin, aujourd'hui ressenti par de nombreux peuples, d'une troisième voie d'expression entre celles qui traduisent les idéologies des deux blocs, soviétique et américain. Comment vouloir choisir un de ces modèles, alors que ni l'un ni l'autre n'est digne de choix? Et comment le seraient-ils, puisque l'un promet à la liberté de dire et de penser un sort plus que précaire, et que le second, en abandonnant tout à celle d'acheter et de vendre, engendre des sous-produits culturels dont les Américains les plus conscients dénoncent la vulgarité et l'effet délétère sur les masses, aux États-Unis comme dans les autres pays docilement soumis à cette pression? Il existe aujourd'hui une aspiration à l'indépendance culturelle. Puisque l'espace francophone est dans le monde contemporain un des lieux susceptibles d'y répondre, il faut se demander quelle est la réalité de cet espace.

Or, sur ce point, un danger redoutable de l'information est la désinformation. A répéter les avertissements et les menaces, on en vient à masquer les signes d'espérance. Cette attitude peut, parfois, n'être pas innocente, ou servir de canal, volontairement ou non, à une campagne organisée d'intoxication. Mais même quand il n'est pas une stratégie préméditée de désinformation à puissant effet psychologique dans la guerre culturelle, le lamento plus qu'ambigu sur le déclin du français méconnaît une réalité fondamentale : en cette fin de XXᵉ siècle, où l'on aime tant à redire que le français, partout évincé, cède la place à l'anglais sur la scène internationale, en cette étape même de son histoire qui voit l'hiver du deuxième millénaire, il arrive au français de connaître un degré d'universalité dont nul n'aurait, jadis, osé rêver, ni Rivarol, ni les maîtres de l'école de J. Ferry, ni les colonisateurs sublimant la conquête en rêves de civilisation. Que l'on s'en réjouisse ou que l'on s'en chagrine, jamais le français n'a vécu, au cours de son histoire, cette situation remarquable qui fait qu'aujourd'hui la francophonie non française dépasse numériquement celle de France. Les nostalgiques de l'aventure coloniale ne peuvent ignorer cette réalité : c'est justement au moment où la France perdait sa prépondérance politique et économique dans les pays de son ancien empire que la voix du français se trouvait renvoyée par les mille échos qui la démultipliaient, avec l'apparition, dans les assemblées internationales, de délégués francophones de tous ces pays.

Le français, enseigné à des millions d'écoliers de par le monde, ne cesse aujourd'hui d'élargir partout son domaine. Son modèle de diffusion n'a rien de commun avec le prestige qui fut autrefois le sien, lorsqu'il était, certes, langue diplomatique, mais qu'en réalité son usage ne dépassait guère les élites de cours. Aujourd'hui, il ne cesse de s'étendre au-delà de la quarantaine de pays (membres, pour la plupart, de l'Agence de coopération culturelle et technique) dont il est langue maternelle unique, langue seconde, parlée couramment, ou officielle. Quarante-six délégations aux Nations unies demandent leur documentation en français. Il existait en 1980 dans les seuls pays non francophones 250 000 enseignants de français (soit le quart des maîtres de langues vivantes du monde), répartis dans 78 États, et formant 25 millions d'écoliers ou étudiants. Les élèves des écoles de l'Alliance française dans le monde ne cessent d'augmenter en nombre : ils étaient 400 en 1884 et 300 000 en 1983, recouvrant une centaine de pays, de la Colombie à la Hongrie et de l'Inde à Cuba en passant par le Japon[1]. Et une autre institution, plus vieille encore, l'Alliance israélite universelle, apporte à la francophonie, depuis près de cent trente ans, un puissant renfort[2].

Il importe de ne pas céder, devant cette situation, à la tentation des satisfecit ou à la complaisance des élites. Le message culturel dont le français est porteur n'est pas le seul des grands messages que diverses civilisations ont délivrés aux hommes ; et

---

1. Cf. M. Bruguière, « Le français dans le monde. Langue et culture françaises : les éléments d'une politique internationale », *Encyclopædia Universalis*, Symposium 1985, p. 1020 (également source des chiffres donnés p. 242).

2. Le 27 septembre 1791, trois jours avant la fin de son mandat, la Constituante avait admis les Juifs au rang de citoyens actifs. Cet épisode fit beaucoup pour le prestige de la France parmi les populations juives. C'est en français que se fera l'enseignement dans les écoles de l'Alliance israélite universelle, fondée en 1860 à Paris pour favoriser l'émancipation des Juifs du monde entier. Entre 1865 et 1912, l'Alliance crée 115 écoles en Turquie, de sorte que, dans tous les pays du Levant qui seront issus de l'empire ottoman, la langue de culture des minorités juives sera le français. L'attachement à une langue élégante comme voie d'appropriation de la francité est évident chez elles : « Mes parents ayant appris le français dans les livres », écrit S. Baruk (« Article mots », in *L'écrit du temps 2*, Paris, Éd. de Minuit, 1982, p. 156 [155-183]), « j'étais nourrie d'une langue dense, pleine, ornée, princière puisque directement issue du grand siècle. »

d'autre part, la caution du passé ne peut à elle seule garantir l'avenir. Si l'on pense que ce message est une des causes (mais évidemment une parmi beaucoup d'autres, assez complexes) du rayonnement actuel du français, il convient de le perpétuer et d'en proroger la diffusion. A cet égard, un signe encourageant est le nombre des titres imprimés : plus de 20 000 au catalogue des livres disponibles en 1984, 26 000 publications chaque année, dont 11 000 premières éditions, pour la France seule, c'est-à-dire sans compter les pays francophones les mieux placés de ce point de vue, comme le Québec, la Suisse, la Belgique. Dans certains secteurs essentiels pour l'avenir de l'humanité, le français est fortement présent[1].

Le français est non seulement en progression rapide dans des territoires où sa présence est traditionnelle, mais encore solidement installé, depuis peu, dans des pays où il apparaît comme un nouveau venu : Koweit, Qatar, Irak, Indonésie, Sri-Lanka, parties anglophones et lusophones de l'Afrique (Nigéria, Ghana, Kénya, Angola, Guinée-Bissau, îles du Cap-Vert, îles de Saint-Thomas et du Prince), et de l'Asie (Hong Kong, Malaisie), et même pays non anglophones où l'anglais est en forte position : Japon, Corée. Certes, il se pourrait que ces percées du français répondent à de simples modes, et qu'il soit un jour victime de leurs caprices. Mais à ces implantations s'ajoutent les progrès réalisés dans des pays où une autre langue avait supplanté le français, autrefois présent : tel est le cas de l'Égypte, où des fenêtres s'ouvrent de nouveau sur le français, vieux pôle d'attraction

---

1. Médecine, océanographie, agriculture, mathématiques, humanités, démographie, histoire, telles sont ces clés (cf. M. Bruguière, « Le français dans le monde », *op. cit.*, p. 1024). La saisie de l'universel comme gage de longévité du français, c'est aussi un des thèmes du livre de G. de Broglie, *Le français, pour qu'il vive*, Paris, Gallimard, 1986. A propos de cet ouvrage, on y découvre (p. 281), non sans stupeur ni quelque curiosité quant aux sources (non citées), une nouvelle langue appelée le « juif » et attribuée aux 600 000 Juifs vivant aujourd'hui en France. Or chacun sait que 93 % de ces derniers ne parlent que le français ; le yiddish, langue alémanique, est connu de 2 %, les judéo-arabes maghrébins de 4 % et le judéo-espagnol de 1 %. Quant à l'hébreu israélien, il est étudié par un dizième, environ, de la population juive de France, mais il n'y est parlé nulle part comme langue familiale ou de la vie courante. D'idiome qui réponde à l'appellation de « juif », point. On cherche donc ce qu'a bien pu vouloir dire cet auteur (qui ne dispose pas, apparemment, d'informations linguistiques : dans le même passage, il appelle le corse « langue partiellement latine » et le basque, mais non le breton, « langue indigène »).

avant que la culture américaine n'y pénètre à son tour avec une rare impétuosité, ou du Vietnam, où le russe a partiellement évincé le français mais lui cède de nouveau du terrain. Aux États-Unis, l'espagnol, idiome d'importantes communautés d'immigrants[1], avait remplacé le français, comme première langue étrangère enseignée, à partir du milieu des années soixante, mais si l'on étudie la situation par secteurs, on note que dans les universités, le français, avec quatre ans d'études, est en toute première position. Un pays qui vit présentement certaines des heures les plus sombres de son histoire et que le monde francophone, en dépit de sa bonne volonté, n'a pas le pouvoir de beaucoup secourir, demeure très attaché au français : le Liban, où 80 % des écoles enseignent le français comme première langue étrangère, où 3 des 5 universités arabes sont en majorité francophones, et où 60 000 des 73 000 étudiants parlent le français[2].

---

1. La résistance à l'assimilation chez les hispanophones, Portoricains de l'est et surtout Chicanos (Mexicains) du sud-ouest, est certainement un trait frappant dans la société américaine d'aujourd'hui. Il ne faut pas, cependant, en prendre prétexte pour parler, un peu trop vite, d'hispanisation d'une partie des États-Unis. La conservation de l'identité culturelle et linguistique chez les communautés hispanophones peut n'être que la conséquence provisoire du caractère encore récent de l'immigration. Le degré d'hispanisation de certains États dépendra de l'importance de l'immigration clandestine, et de la poursuite du mouvement de résistance volontaire à l'américanisation. Quel qu'en soit l'avenir, on doit déjà noter l'existence de cent vingt stations entièrement hispanophones aux États-Unis, auxquelles s'en ajoutent trois cents qui émettent en espagnol au moins vingt heures par semaine. D'autre part, la chaîne de télévision « Spanish National Television Service », à capitaux mexicains, contrôle dix-huit stations et émet en espagnol nuit et jour. Enfin, la presse quotidienne de langue espagnole tire à deux cent mille exemplaires (données fournies par P. Rossillon, op. cit., p. 338). Cependant, une campagne de défense s'est développée depuis quelque temps, et a réussi, en novembre 1986, à imposer l'anglais comme langue officielle en Californie. En effet, la Constitution du pays ne stipule rien de tel, et seuls six États du sud et du centre avaient, jusqu'ici, adopté cette mesure. Il est question de l'étendre à la Floride, autre État à forte population hispanophone comme la Californie, ce qui dévoile les craintes cachées sous les déclarations officielles d'ouverture.

2. On notera d'autre part qu'un colloque franco-libanais sur l'enseignement du français au Liban s'est tenu en automne 1986, en vue de dégager des schémas de coopération qui soient de nature à répondre à l'importance de la demande libanaise, formulée, notamment, par les parents d'élèves du lycée d'Achrafieh : selon ces derniers, une éducation francophone fait « partie intégrante de l'identité libanaise », et les enseignants français au Liban donnent « l'exemple d'une éducation laïque dans un pays ravagé par les luttes confessionnelles » (Le Monde, 13 août 1986, p. 3).

La francophonie est donc en bonne voie. Beaucoup plus qu'on ne croit, et pourtant beaucoup moins qu'on ne désire. Car il ne faut pas s'imaginer qu'il n'y ait pas d'ombres à ce tableau. Pour des raisons d'économies, du moins officiellement proclamées, car il en est peut-être d'autres plus cachées, on ferme des lycées français pourtant fréquentés par une population nombreuse et déterminée ; ou, comme à Tanger, on en réduit d'autres à l'abandon, annonce de leur décrépitude ; ou encore, on laisse s'accumuler les menaces sur celui de Bonn, enjeu de conflits locaux en Allemagne, ou sur celui de Tokyo, auquel l'importance de la demande fait courir un risque d'asphyxie, et qu'il est urgent d'agrandir. Il ne suffit pas de s'enorgueillir de ceux qui réussissent, comme le lycée français de Madrid, pépinière d'élites espagnoles depuis près d'un siècle. D'autre part, l'image du français risque d'être ternie par le lien qui s'établit entre lui et des potentats impopulaires, comme il semble que ce soit actuellement le cas en Haïti, où l'anglais occupe dans les médias et dans les manifestations publiques une place croissante[1]. Enfin, le choix résolu du bilinguisme ne va pas sans problèmes, si l'on songe à l'exemple de la Tunisie, où le français et l'arabe portent chacun une culture différente, ce qui crée dans le pays une véritable fracture sociale : le désir, chez les éléments les plus favorisés, de conserver une ouverture sur le monde extérieur grâce à l'enseignement approfondi du français est dénoncé par beaucoup comme un risque d'aliénation de la personnalité arabe et musulmane. La même dénonciation s'entend en d'autres lieux, de Madagascar à la Guinée. Cette personnalité qui, par la voix d'intellectuels d'origine souvent modeste, clame son opposition à toute aliénation, c'est évidemment celle des masses, qui ont un

---

1. Indépendamment même de ce phénomène de conjoncture, la place de l'anglais, bien qu'il s'agisse d'un pays officiellement francophone, est prépondérante, en Haïti, dans de nombreux domaines techniques. Dès l'exorde d'un article récent (« Petit lexique créole haïtien utilisé dans le domaine de l'électricité », *Cahiers du Laboratoire de langues et civilisations à tradition orale*, Paris, LACITO-CNRS, I, 1986, p. 178 [177-197]), H. Tourneux écrit : « Les techniciens supérieurs ne disposent que d'ouvrages américains. De même, les commerçants passent leurs commandes sur des catalogues rédigés en anglais. Dans ces conditions, il est presque miraculeux que des termes d'origine française se soient maintenus. » En tout état de cause, face au français, dont le statut est officiel, et à l'anglais, qui bénéficie de la civilisation technique avancée dont il est le vecteur, la langue qui se parle le plus à Haïti, et dont la progression est la plus constante, est le créole.

accès inégal à l'école. Elles n'ont pas de mal à déceler la contradiction entre les rêves de développement et de démocratie et le caractère élitiste d'une culture francophone minoritaire qui se complaît souvent dans les schémas d'un classicisme désuet, aussi bien pour la langue elle-même que pour l'action artistique dans les centres culturels français ici et là. Une attitude plus lucide et plus courageuse est nécessaire. Elle doit prendre pour préalable, sans complaisance et au risque de quelques déceptions, une **juste évaluation des besoins réels des pays demandeurs de français**. Les identités francophones sont variables. Une partie des francophones du monde ont appris le français par choix, d'autres parce qu'il leur était imposé, d'autres encore parce qu'ils jugent qu'ils y ont momentanément intérêt, et non par pur amour. Il importe de ne pas oublier ces vérités. Peut-être même faut-il adopter une attitude à laquelle le présent livre, bien qu'il ait pris pour thème la francophonie elle-même (dont il faut donc bien qu'il parle !), entend apporter son soutien : moins parler de francophonie, moins proclamer par des discours la solidarité francophone, et l'illustrer davantage par des actes en faveur des membres les plus défavorisés de cette association de pays autour d'une langue.

Il est essentiel, également, de ne pas se laisser abuser par les mots. La notion de monde francophone apparaît comme un leurre si l'on ne prend pas soin de dire exactement quelle réalité elle recouvre. Les quelque 380 millions d'habitants de la quarantaine de pays dits francophones sont très loin de parler tous le français. L' « Afrique francophone », ce sont, dans chacun des pays concernés, quelques poignées d'intellectuels et de fonctionnaires de divers niveaux. Parmi les habitants de la brousse, qui constituent la plus grande partie d'une population encore largement campagnarde malgré le développement des villes, le français est une langue étrangère, connue d'un tout petit nombre d'individus, dont l'instituteur ; encore le français de ce dernier est-il souvent une variante régionale, qui surprendrait bien des francophones d'autres origines[1]. Il en est ainsi, également, aux

---

1. L'ouvrage d'A. Salon, *L'action culturelle de la France dans le monde*, Paris, Nathan, 1983, évalue à 10 % de la population totale de l'Afrique dite francophone le nombre de ceux qui parlent le français, à condition, encore, d'inclure ceux qui en ont une pratique fautive et réduite... D'autre part, un ouvrage comme celui de P. Dumont, *L'Afrique noire peut-elle encore parler français ?* (Paris, L'Harmattan, 1986), apporte l'antidote utile à tout triomphalisme nourri de chimères autant que d'information lacunaire.

Antilles, où le créole est la véritable langue, et où le français est étranger à la majorité des populations. Tel est aussi le cas, parfois, au Maghreb lui-même, du fait de la mauvaise qualité de l'enseignement du français, notamment. L'effort à accomplir pour améliorer cette qualité fait certainement partie aujourd'hui des tâches les plus urgentes de ceux qui en ont ministère. Certes, on doit admirer la profusion verbale, non exempte de pureté classique, des œuvres de ceux qui ont enrichi le français de sève et de sang en le prenant pour support de leur imagination et de leur éloquence, du Sénégalais L. S. Senghor aux Algériens M. Feraoun, K. Yacine, en passant par A. Césaire (Martinique), E. Maunick (Maurice), A. Kourouma (Côte-d'Ivoire), Tchicaya U Tam'si (Congo), les Libanais A. Chedid et G. Schéhadé, auteurs consacrés la première comme le second, honoré en décembre 1986 du grand prix de la francophonie par l'Académie française. Il faudrait citer encore de nombreux autres écrivains. Mais les masses demeurent à l'écart de cette littérature, qui ne leur est pas destinée dans les pays d'origine et intéresse d'abord les comités de lecture des éditeurs parisiens.

Il convient de ne pas oublier cette situation. C'est à condition d'être guidées par une vue lucide des réalités que les entreprises en faveur de la francophonie ont quelque chance d'aboutir à des résultats concrets. Certes, on peut, déjà, faire état des 350 attachés linguistiques auprès des ambassades, des 120 instituts et centres culturels, des 352 établissements d'enseignement français à l'étranger, ou du succès de la campagne de promotion du français menée en Suède par le ministère des Relations extérieures durant l'année 1985[1]. Cependant, partout où le français peut rayonner, il faut agir avec détermination. Il faut accroître l'effort

---

1. Ces données (voir aussi p. 191 ici même) sont fournies par M. T. de Beaucé, qui souligne (*Le Monde*, 3 janvier 1987, p. 1 et 6) l'importance des actions conduites au Quai d'Orsay par la Direction générale des relations culturelles, scientifiques et techniques, dont il avait alors la charge. Il indique également que le Maghreb et le Proche-Orient absorbent, à eux seuls, 20 % et 10 %, respectivement, des moyens de cette Direction. L'effort de diffusion du français s'assortira-t-il un jour de respect pour la civilisation arabe ? L'épisode colonial a laissé un lourd passif. Fidèle reflet de cette situation, le niveau stylistique des emprunts contemporains à l'arabe, péjoratifs ou argotiques (*baraka, bled, clebs, fatma, nouba, toubib,* etc.), dit clairement l'image dévaluée du monde arabe dans la représentation des locuteurs français, par opposition aux emprunts savants du temps où cette civilisation portait des valeurs de prestige (*algèbre, chimie, élixir, zénith,* etc.).

de promotion dans les parties du monde où le français est absent ou en recul. De nombreuses aires géographiques et culturelles sont, malgré ce qu'on vient de rappeler (p. 242) à propros de certains des pays qui les composent, des « déserts francophones », selon l'expression employée dans le *Rapport 1985* sur *L'état de la francophonie* : Afrique non francophone, Antilles, Amérique latine (en dépit du dynamisme des Alliances françaises), Asie (quoiqu'il y ait quelques bastions, comme la Turquie avec ses 100 000 Stambouliotes francophones et sa dizaine de lycées franco-turcs), Europe de l'Est (surtout URSS) et même Europe méditerranéenne, de l'Espagne à la Grèce, où l'anglais menace le français, autrefois bien installé.

Mais c'est sur les pays dits francophones que doit porter l'essentiel des efforts, puisque les chances du français y sont beaucoup mieux établies. Or, un regard cursif sur la carte de la francophonie (concept dont on vient de rappeler le peu d'adéquation) montre immédiatement qu'en dehors des quatre ou cinq pays riches qui apportent les plus importantes contributions financières (encore bien insuffisantes, pourtant), la majorité des États qui composent cette « franco-faune[1] » sont pauvres. Ce serait beaucoup faire pour le français que de se mettre au service du développement d'économies fort éloignées d'avoir pris leur essor, dans des pays où le corps social est alourdi par une longue série d'archaïsmes. La France, en particulier, où le budget de la francophonie, loin de s'accroître, ne cesse de se réduire en dépit des rhétoriques officielles, pourrait prendre exemple sur les actions d'assistance et de coopération qui, en dehors d'elle, lient entre eux divers membres de la francophonie : Canada et Haïti, Belgique et Seychelles, Belgique et Vietnam[2], etc.

Une langue vit de la culture qu'elle exprime. Il importe donc que le français serve de véhicule à des œuvres qui aient une vocation universelle, comme ce fut le cas autrefois pour la *Déclaration des droits de l'homme*. On a vu que, dans des domaines

---

1. L'expression est citée dans un article de J.-A. Fralon, *Le Monde*, 16 et 17 février 1986, p. 5. A. Rey, de son côté, critiquant certains abus de la notion de francophonie, dont il est loin de méconnaître cependant l'intérêt, a parlé de « francofolie» (« Situation d'une langue : le français », in *Encyclopædia Universalis*, Symposium 1985, p. 1012 [1009-1017]). Les rencontres de La Rochelle ont également adopté cette étiquette, mais lui donnent une acception ludique et festive (cf. p. 224, n. 3).

2. Cf. M. Bruguière, *Pitié pour Babel, op. cit.*, p. 94-95.

essentiels, le français demeure fidèle aujourd'hui à cette vocation. Il faut que ce mouvement créateur se maintienne et s'amplifie. Le suivisme culturel, qui répand, sur les marchés de consommateurs francophones, des disques donnant à la chanson américaine une hégémonie quasi absolue, ainsi que d'innombrables émissions radiodiffusées et télévisées, peut servir les producteurs d'origine ; il ne sert pas la langue française. Mais le danger pour cette dernière ne vient pas de cette seule concurrence, à laquelle il est trop commode de réduire le débat. Il vient surtout d'une insuffisante confiance des francophones quant à leur propre créativité et à la santé de leur culture. Au lieu de se retrancher dans un purisme sourcilleux et dans la défense ombrageuse d'un passé prestigieux, il est urgent que les francophones fassent de leur langue le laboratoire de nouvelles créations qui la rendent capable de retrouver un prestige plus grand encore par les modèles qu'elle proposerait. Aux « écueils » de l'orthographe, aux emprunts américains et à tous les autres défis, il convient de répondre par le dynamisme inventif, non par l'inféodation aux pesanteurs.

On peut s'interroger sur l'efficacité des organismes créés, développés ou restaurés sous d'autres noms, par les présidents successifs de la Vᵉ République française. Il n'est pas évident que la multiplication des centres d'impulsion et leur dispersion présente soient une réponse adéquate à la situation[1]. On lit ou on entend des déclarations d'intention, mais les moyens consentis restent modestes et l'on attend encore des résultats convaincants. Peut-être est-on fondé à mettre de grands espoirs dans le projet d'espace audiovisuel francophone lancé en 1985 et qui suscite en particulier l'intérêt de la France et du Canada. Car la francophonie sans l'audiovisuel risque d'être un leurre. Il convient de multiplier des actions qui tendent à un but unique : **dérober au silence des mots français**. On peut beaucoup attendre de l'extension de la chaîne francophone TV5 au Maghreb et à l'Amérique du Nord. Pour donner le français à voir et à entendre sur le plus grand nombre de points possibles, il conviendra de tirer parti de

---

1. Un secrétariat d'État à la francophonie, rattaché au Premier ministre et non au Quai d'Orsay (où il existe déjà, du reste, une importante Direction, cf. p. 246 n.), est venu, en mars 1986, allonger la liste déjà respectable des organismes chargés de la francophonie en France. Il faut espérer qu'ils feront converger leurs efforts vers la cause qui les anime, plutôt que de la dissoudre en rivalités.

la mise sur orbite de seize nouveaux satellites en Europe dans les deux années à venir. Une attention toute particulière doit également être accordée à ce que l'on appelle les **industries de la langue,** c'est-à-dire l'application industrielle du traitement de la langue, en tant que matériau, par les machines informatiques, afin de répondre à un certain nombre de besoins de secteurs tels que l'éducation, la santé, la sécurité, etc. Si le français ne s'industrialise pas, ses chances de se maintenir au niveau d'une langue internationale iront en s'amenuisant, du fait de la pression croissante qu'exerceront, dans tout type de communication industrielle, commerciale et scientifique, les ordinateurs capables de manipuler l'anglais, c'est-à-dire la langue des ingénieurs qui construisent actuellement le plus d'ordinateurs.

La promotion du français, d'autre part, pourrait bénéficier d'une évolution objective dont on aperçoit les signes. Contrairement à ce qu'impliquent les prédictions des futurologues, dont beaucoup ont pour méthode de prolonger le présent dans l'avenir, l'outrance porte en elle les germes de sa correction. La puissance de domination de l'anglo-américain dans le monde d'aujourd'hui est telle qu'il n'est pas évident qu'elle doive se maintenir indéfiniment à son niveau actuel. On prend conscience, aux États-Unis, de l'avenir du plurilinguisme et de la vanité des chimères unitaires. On s'y avise qu'il est important de développer l'héritage étranger, au sein duquel le français a une grande place. « La survie américaine, après 1976 ou 2076 », écrivait R.-J. Cormier[1], « dépend de notre volonté de nous cultiver et d'affirmer la force de notre propre héritage étranger ». Il est révélateur que les institutions américaines les plus réputées investissent des sommes considérables dans les banques de données plurilingues, et que d'excellents journaux et périodiques aient lancé des éditions françaises. On a dit l'importance croissante de l'espagnol aux États-Unis, lié aux mouvements de populations. Loin de devoir s'en alarmer, ce pays aurait plutôt lieu de s'en réjouir, car la diversité des cultures est une condition de la richesse du monde de demain.

La diversification naturellement inscrite dans les langues comme dans tout ce qui est vivant réduit à néant les visées unitaires : il ne saurait y avoir de langue internationale unique chassant toutes les autres ; et s'il devait en exister une, on ne se serait

---

1. *New York Times,* 15 octobre 1975.

pas plus tôt aperçu de son existence qu'elle se serait déjà rami-
fiée en plusieurs langues nouvelles. Cette fin du xxᵉ siècle est
une ère de nationalisme linguistique (car politique) exacerbé.
Beaucoup de peuples entreprennent une lutte juridique, ou
même militaire, pour que leurs droits linguistiques soient recon-
nus. Les Albanais du Kosovo (Yougoslavie), les Hongrois de
Transylvanie, les Turcs de Bulgarie, pour prendre des exemples
européens, rappellent périodiquement l'oppression linguistique
et culturelle dont ils jugent qu'ils sont victimes. En Inde, le hindi
n'a pu, malgré la Constitution, s'imposer face à la revendication
nationaliste des usagers du bengali, du pendjabi, du marati, de
l'assamais, de l'oriya, du tamoul, du kanara. Et dans le conflit
qui déchire aujourd'hui Sri-Lanka, la lutte des autonomistes
tamouls s'appuie, pour une large part, sur la langue. On pourrait
multiplier encore les exemples. Tous attestent que la domination
de l'anglo-américain n'a nullement entamé l'attachement nationaliste des peuples les plus divers à leur langue comme lieu défi-
nissant leur personnalité politique et culturelle.

Si la francophonie est une cause digne que l'on s'y engage,
c'est à condition de respecter ces particularismes. Il convient en
outre de fixer des limites raisonnables aux succès possibles de
cet engagement. Il faut adapter les buts aux moyens, à égale distance des utopies mégalomanes et des timides poussées.
Aujourd'hui, la vérité n'est pas que le français recule, elle est que
l'anglais avance plus vite que lui. C'est le maintien du français à
un bon niveau international qui apparaît comme un dessein
rationnel, et non sa « victoire » sur l'anglais. Telle devrait être
une des inspirations sous-jacentes au second sommet de la francophonie, qui, dans la continuité du premier, tenu à Paris en
février 1986, est prévu (septembre 1987) à Québec, où il réunira
quarante-cinq délégations. L'engagement actif en faveur de la
francophonie ne saurait prendre pour cible les États-Unis en
tant que tels. Toute langue autre que l'anglo-américain qui serait
un jour en position de dominer le monde devrait susciter le
même type de réaction. L'absence d'une politique de domination de la part de la France contemporaine, ainsi peut-être que
sa moindre puissance, impliquent des garanties, en même temps
qu'elles permettent au français d'être autre chose et mieux qu'un
espéranto de commodité. Le français semble être aujourd'hui à
la disposition de l'Europe (dont le déclin n'est pas aussi évident
qu'on aime à dire), comme langue assez bien placée pour donner

voix à un grand dessein partagé, d'autant plus que, malgré la présence de la Grande-Bretagne, qui rend la situation complexe, l'adoption de l'anglo-américain en tant que langue principale de l'Europe retirerait beaucoup de sa force persuasive à l'action de la Communauté européenne en vue d'édifier son autonomie. Ainsi, la cause du français comme langue de l'Europe peut raisonnablement être plaidée, sans rodomontades ni subreptions. La vocation européenne du français diversifierait encore son assise en ajoutant son continent d'origine aux ensembles africains, arabes et autres qui sont issus d'une longue histoire commune. Telles sont aujourd'hui les considérations qui modèlent l'attente ou cisèlent l'espoir.

A l'illusion de la langue universelle, dont l'anglo-américain incarne l'avatar moderne, la francophonie oppose le réalisme d'un espace culturel où sont assumées les différences, à travers l'idéal qui les transcende et les réunit. La défense du français signifie aussi celle des autres langues. S'efforcer d'assurer son rayonnement, c'est du même coup offrir un modèle d'alternance, en même temps qu'un espoir de promotion, à toutes les langues qui subissent elles aussi la pression d'un moyen de communication laminant les individualités. Un sain réalisme fait vite apercevoir que l'engagement actif au service des différences contribuerait, dans le monde d'aujourd'hui, à l'équilibre des langues, c'est-à-dire à celui des pouvoirs.

Le présent ouvrage s'ouvrait sur 1783, date du *Discours* de Rivarol. Il peut se clore (c'est-à-dire se rouvrir) sur 1989, année du bicentenaire de la Révolution française. Par-delà les âpres débats que cet événement a souvent suscités en France, où il est lourdement chargé de symbolisme politique, chacun sait que l'attachement de nombreux étrangers à la culture et à la langue françaises est lié à l'image de liberté que la Révolution a imprimée dans les esprits. Le français a beaucoup à gagner, on peut l'imaginer, aux manifestations qui célébreront, partout dans le monde, ce bicentenaire. C'est alors, peut-être, qu'il apparaîtra avec éclat comme une langue universelle, ce que son ancêtre roman ne pouvait évidemment pas être quand survint un événement dont le Gotha des lettres a fait quelque fracas durant l'année 1987 : la fondation du royaume de France par Hugues Capet, voici mille ans. Cette langue française qui, sous ses formes successives, a tant fait parler d'elle, tant fait parler en elle, n'offre pas de mauvais gages à son avenir, elle qui possède un tel passé. Et ce n'est pas un médiocre titre à l'universalité que d'apparaître comme celle qui, loin de supplanter les autres langues du monde, leur donne occasion d'être plus aimées encore de ceux qui s'en servent. Car elle leur est un miroir, et comme un modèle de survie.

Index des notions

Index des langues

(dont dialectes, usages régionaux, patois et parlers)

259

Index des noms

INDEX DES NOMS

Table

AUBIN IMPRIMEUR À LIGUGÉ
DÉPÔT LÉGAL SEPTEMBRE 1987 — Nº 0015 (L 25431)